从**希腊方阵**到**罗马军团**，从**恺撒**、**拿破仑**到**毛奇**，从**第一次世界大战**到**越南战争**

当代分散指挥理论的奠基之作

# 战争指挥

# COMMAND IN WAR

[以] 马丁·范克里韦尔德 著
(Martin van Creveld)

吴丽 朱勤芹 译

## 2500余年来西方战争的指挥艺术

新华出版社

## 图书在版编目（CIP）数据

战争指挥 /（以）马丁·范克里韦尔德著；吴丽，朱勤芹译. — 北京：新华出版社，2022.2
书名原文：Command in War
ISBN 978-7-5166-6210-6

Ⅰ. ①战… Ⅱ. ①马… ②吴… ③朱… Ⅲ. ①军队指挥 Ⅳ. ①E141.1

中国版本图书馆CIP数据核字（2022）第036796号

著作权合同登记号：01-2021-6208

COMMAND IN WAR
by Martin van Creveld
Copyright © 1985 by the President and Fellows of Harvard College
Published by arrangement with Harvard University Press
through Bardon-Chinese Media Agency
Simplified Chinese translation copyright © 2022
by East Babel (Beijing) Culture Media Co. Ltd (Babel Books)
ALL RIGHTS RESERVED

## 战争指挥

| | |
|---|---|
| 作　　者：[以] 马丁·范克里韦尔德 | 译　者：吴　丽　朱勤芹 |
| 出 版 人：匡乐成 | |
| 责任编辑：江文军　樊文睿 | 特约策划：巴别塔文化 |
| 责任校对：刘保利 | 特约编辑：张建恩　何梦姣 |
| 封面设计：张庆锋 | |

出版发行：新华出版社
地　　址：北京市石景山区京原路8号　　邮　　编：100040
网　　址：http://www.xinhuapub.com
经　　销：新华书店、新华出版社天猫旗舰店、京东旗舰店及各大网店
购书热线：010-63077122　　中国新闻书店购书热线：010-63072012

照　　排：胡凤翼
印　　刷：天津鑫旭阳印刷有限公司

成品尺寸：145mm×210mm　32开
印　　张：12.25　　　　　　字　　数：273千字
版　　次：2022年5月第一版　印　　次：2022年10月第二次印刷
书　　号：ISBN 978-7-5166-6210-6
定　　价：68.00元

版权专有，侵权必究。如有质量问题，请与出版社联系调换：010-63077124

谨向莱昂和格雷塔·范克里韦尔德致以敬意和问候

越过卢比孔河的不是罗马军团,而是恺撒。

——拿破仑·波拿巴

# 推荐序

以色列的马丁·范克里韦尔德教授是当代著名的军事历史学家和军事理论家,他著作等身、成就斐然,在军事学术界堪称翘楚。他的代表作包括《战争指挥》(Command in War)、《战争后勤》(Supplying War)、《战争的转变》(Transformation of War)、《战斗力》(Fighting Power)等。其中尤以《战争指挥》这部杰作对当代世界军事理论影响最大。20世纪80年代后,西方国家军队陆续推行"任务式指挥"(mission command)理念,相关军事学术研究成果中引用率最高的就是范克里韦尔德的《战争指挥》。可以说,这部著作是当代分散指挥理论的奠基之作。美国海军陆战队《军事职业阅读指南》(A Book on Books)给予本书极高的评价:"如果你打算只读一本关于指挥与控制的书,那就是这本书。如果你打算把指挥与控制作为一生的研究对象,这是你应该读的第一本书。"

在这部罕见的以军事指挥为专题的著作中,范克里韦尔德研究了从公元前490年的马拉松会战到20世纪60年代的越南战争,重点分析了近代以来的拿破仑战争,德意志统一战争,第一次世界大战,第三、四次中东战争和越南战争的作战指挥,从中寻求指挥的本质属性和指挥方式的演变规律。他认为，从古到今，指挥的本质是对确定性的无尽追求，包括敌军部队状态和意图，天候、地形等影响作战环境的种种因素，以及己方部队的状态和行动。指挥的终极目的在于搞清每个因素，然后将其协调起来以实现最佳结果。指挥方式演变主要体现在组织、程序和手段的不断完善。

范克里韦尔德认为，确定性取决于决策所需信息的数量和任务的性质，任务规模越大、复杂程度越高，决策所需要的信息就越多。因此，指挥的历史可以被视为决策的信息需求与指挥系统满足需求的能力之间的竞赛，这种竞赛是永恒的，存在于所有的军事组织和每一个指挥层级。一方面，战争是敌对双方实力和意志的对抗，不确定性是战争的本质属性，这就构成了指挥对确定性追求的逻辑障碍。另一方面，为了获得确定性，指挥机构需要掌握所有的相关信息，信息越多，处理信息的时间就越长，区分相关与不相关、重要与不重要、可靠与不可靠、真实与虚假信息的难度就越大，这就构成指挥对确定性追求的现实障碍。

19世纪前，战争的规模和范围有限，指挥官尚且可以独立处理这些信息。自拿破仑战争之后，随着军队组织结构的日益复杂和战争规模、空间的不断扩大，需要处理的信息远远超出了指挥官个人的极限，此时只有两种选择：第一种方式是提高信息处理能力，包括扩大参谋机构和使用新的技术手段；第二种方式是重构指挥体系，在确保不降低效率的前提下，减少决策所需的信息。在面对不确定性时，指挥官的直接反应经常是选择第一种方式，但往往第二种方式更有效。选择第二种方式时，指挥官可以将任务分解赋予下级，由下级自主决策、独立行动，也就是分散指挥，这样上级和下级决策所需的信息都减少了。

那么如何保证分散指挥体系有效运行呢？范克里韦尔德从作战指挥的历史中总结出5条相互关联的原则：①尽可能降低决策门槛，赋予底层行动自由；②尽可能在较低级别上建立能独立遂行任务的合成部队，使其指挥官能独立决策、独立行动；③建立自上而下和自下而上的信息传输系统；④上级指挥机构积极搜集信息，用以补充下级例行报告的信息；⑤在体系内部建立正式的和非正式的沟通渠道。

普鲁士军事思想家克劳塞维茨（Clausewitz）在其名著《战争论》（*On War*）中深刻指出："战争是充满不确定性的领域，危险、疲劳、地形、情报、偶然性和敌人的抵抗都会产生阻力，而战争中的行动像是在阻力重重的介质中的运动。这种可怕的阻力，不像在机器中那样集中在少数几个点上，而是处处同偶然性接触并且会引起一些根本无法预测的现象。没有经历过战争的人对这种阻力是不会有正确概念的。而阻力大体上可以说是区别实际的战争和纸上的战争的唯一概念。指挥官必须了解这种阻力，以便在可能时予以克服，在行动时不强求达到因为这种阻力而不能达到的准确性。"可以说，不确定性是战争本质属性，这一属性并不随着技术进步而改变。正如范克里韦尔德所言："自公元前500年以来发生的许多次组织变革，以及自1850年前后出现的技术进步，都没有显著改变或减少任何指挥系统所面临的核心问题，即如何应对不确定性。从旗语到观测气球，类似的进步常常误导同时代的人，让他们认为这一问题会得到解决，或至少会减少，但希望最终都化为了泡影。"

范克里韦尔德最后总结说，处理不确定性有集中与分散两种基本方式，如果2500多年的历史经验能够提供任何指导，那么可以说，分散处理不确定性比集中处理不确定性效率更高，这也正是分散指挥的优势所在。历史上最成功的指挥官不是将下级仅仅视为执行命令的工具，也不试图自上而下地控制一切，而是给下级足够的自主权；他们认识到确定性是时间和信息两者的产物，宁愿依靠较少的信息决策，以节省时间；他们只向下级明确任务和意图，由下级根据现实情况自主决定完成任务的方法；他们克制自己不随意越级发号施令；最重要的是，他们认识到由于战争充满极大的不确定性，混乱不可避免，而混乱中蕴含着胜利的机遇。

与范克里韦尔德同时代的另一位著名军事思想家约翰·博伊德（John Boyd）通过详细研究军事历史也得出了同样的结论。博伊德研究认为，指挥体系是一个有机的整体，从步兵排到战区，每一级都有自己的"观察—判断—决策—行动"周期，控制的层级越多、越细，这个周期就越长，也就是说各级有不同的作战节奏。集中指挥方式是让较快的下级适应较慢的上级；而分散指挥方式是上级用任务和意图提供一种较宽松的约束，让下级保持行动自由和较快的作战节奏，不是追求无时无刻的协调一致，而是追求宏观和整体上的协调一致。这样既可以加快作战节奏，又可以有效防止各自为战。

海湾战争后，关于信息技术发展可以消除"战争迷雾"的观点甚嚣尘上。1995年，美国国防部净评估办公室主任安德鲁·马歇尔（Andrew Marshall）提出了一个著名问题，即在过去的几十年中，战争阻力或者说战争的不确定性是否减少了？1996年，诺斯罗普·格鲁曼公司分析中心主任、退役空军中校巴里·瓦茨

（Barry D. Watts），发表了《克劳塞维茨的"阻力"与未来战争》（*Clausewitzian Friction and Future War*）研究报告。瓦茨运用非线性动力学、进化生物学等理论，采取定性与定量相结合的方法，研究信息对决策的影响，得出三点基本结论：①即使在信息极大丰富的环境中，人类在特定的时间内只能吸收、消化和运用有限的信息。人的压力越大，忽略、误解的信息就越多，也就越容易导致困惑、迷茫和意外。②战争中决策所需信息在时间和空间上的广泛分布，决定了在特定的时间和地点，有一些关键信息不可获得。③作战过程的非线性特征导致长期结果的不可预见性，出现类似于"蝴蝶效应"那样的混沌现象。瓦茨比较了德军闪击法国、日军偷袭珍珠港、朝鲜战争、越南战争、第四次中东战争和海湾战争的情况。他认为，从20世纪40年代到90年代，尽管技术取得了巨大进步，但战争阻力在战略、战役、战术层面并没有减少，未来不论技术如何改变战争的方式，不确定性仍然是战争最本质的属性。2004年，这份研究报告经过修订再版。瓦茨在报告最后写道："21世纪初，关于技术进步能否'揭开战争迷雾'仍然存在着严重分歧，这表明克劳塞维茨去世后，军事理论没有取得多少进步……一种更令人满意的理论注定与牛顿力学毫无相似之处。"

20世纪90年代中期，美国国防部开展了一项指挥与控制研究计划（CCRP），先后出版了系列丛书，其中包括2003年出版的《放权到边：信息时代的指挥与控制》（*Power to the Edge: Command and Control in the Information Age*）。该报告集成了指挥与控制研究计划前期成果，也是整个计划中最重要、最具有影响的成果。美国助理国防部长约翰·斯坦比特（John Stenbit），在报告序言中开宗明义指出："人类的历史可以被视为一个权力不断下放的过程，特别是当技术进步与社会改革结合起来共同消除有害的限制时，就会出现具有划时代意义的关键点。"该报告总结了指挥控制方式的发展演变，分析了信息技术发展对指挥控制方式的影响，提出了一些重要观点：①工业时代指挥控制的主要方式是集中计划、分解任务、消解冲突，以及不同程度的干预，这种指挥控制方式不能适应信息时代日益复杂、快速变化和充满不确定性的战场。②21世纪军队最显著的优势是灵活性，转变指挥控制方式是增强部队灵活性的主要途径，实现方法就是"放权到边"，即由中心向边缘分散权力和责任。如果一个指挥系统不能有效分散权力和责任，不能调动组织和个人的主动性，势必导致效率下降，甚至功能瘫痪。③在信息时代，指挥官的主要作用是提供一致理解的意图，动态分配作战资源（包括信息），制定交战规则和其他旨在减少对部队限制的控制机制。部队基于对指挥官意图的一致理解和对战场态势的共同认知实现自主协同。④推进指挥控制方式向"放权到边"转型，不仅取决于如何发展信息技术和利用信息优势，还需要在组织、条令、教育、训练等方面实现转变。

2012年，美军参联会主席邓普西（Dempsey）上将在《任务式指挥白皮书》（*Mission Command White Paper*）中指出，实施任务式指挥是为比敌人决策更快，这是博伊德OODA理论的精髓。同时，他警告说："在网络化部队中，指挥官很容易直接插手最基层的指挥，这样做是危险的，没有什么指挥控制技术可以有效消除战争迷雾，微观管理会破坏任务式指挥的信任基础。"

中国历代军事思想博大精深，其中不乏"任务式指挥"之精神。如《孙子兵法》所言,"途有所不由,军有所不击,城有所不攻,地有所不争,君命有所不受""将能而君不御者胜"。又如曾国藩所言,"一军之权全付统领,大帅不为遥制;一营之权全付营官,统领不为遥制"。再如毛泽东在《抗日游击战争的战略问题》中所言,"游击战争的指挥原则,一方面反对绝对的集中主义,同时又反对绝对的分散主义,应该是战略的集中指挥和战役战斗的分散指挥……这个原则也一般地通用于正规战争的作战……根据上述原则,一般的方针集中于上级;具体的行动按照具体情况实施之,下级有独立自主权"。解放战争中,辽西战役的胡家窝棚之战,我军部队在进攻中完全打乱建制,指挥不灵。四野指挥员林彪接到报告后果断指示,乱不乱不用管,找到廖耀湘就行。三纵司令员韩先楚要求各部队以乱对乱,乱中取胜,师自为战,团自为战,各级指挥员都要靠前指挥。我军高级指挥员敢于接受战争的不确定性,大胆下放权力,让一线指挥员放开手脚,在战斗中充分发挥主动性,堪称"任务式指挥"的成功典范。

20世纪80年代以来,英军、美军、以军、法军和北约陆续将"任务式指挥"写入条令,标志着这一源于19世纪普鲁士军队的指挥理念在信息时代重新焕发出生机。不仅如此,一些基于军事指挥成功经验的领导管理学著作也吸收"任务式指挥"理念,例如,曾任美军联合特种部队司令部司令的斯坦利·麦克里斯特尔(Stanley McChrystal)与他人合著的《赋能:打造应对不确定性的敏捷团队》(中信出版社2017年11月出版),曾任美海军第七舰队潜艇指挥官的L.大卫·马凯特(L. David Marquet)所著的《授权:如何激发全员领导力》(中信出版社2019年6月出版)。因此,相信不论职业军人或者企业管理者,都能从范克里韦尔德的《战争指挥》中获得教益和灵感。

杨 虎

军事历史研究学者

# 序

这本书能够出版离不开许多人的帮助和支持,但囿于篇幅,许多人无法一一介绍。在这里,要特别提出感谢的人有:耶路撒冷希伯来大学(Hebrew University)的阿姆农·塞拉(Amnon Sella),他首先提出了 $C^3$ 的历史,而我当时几乎连 $C^3$ 的字母涵义都不知道;华盛顿特区的爱德华·勒特韦克(Edward Luttwak),他知道如何在我绝望的时候说出正确的话;同样来自华盛顿特区的史蒂文·坎比(Steven Canby),他从一开始就支持这个项目;还有安迪·马歇尔(Andy Marshall),他并没有因为我早期奇怪的游历而却步,而是耐心地等待我完成这项工作。我在希伯来大学的几位同事——本杰明·凯达尔(Benjamin Kedar)、戴维·阿舍里(David Asheri)和阿姆农·林德(Amnon Linder),已经阅读了部分或全部手稿,从他们的建议中我受益匪浅。我与斯蒂芬·格利克(Stephen Glick)、塞思·卡勒斯(Seth Carus)、欧文(Irving)和弗洛伦斯·格利克(Florence Glick)、戴维·托马斯(David Thomas)和阿维娃·海(Aviva Hay)等人进行了许多精彩的讨论,并受到他们的盛情款待。拥有这些朋友,我是多么幸运!

最后，要感谢德芙拉（Dvora），是她一直陪着我直到这本书顺利出版。没有她，没有她的善意、鼓励和爱，这本书就不会这么顺利地出版。在这里，对她表示深深的谢意！

# 目 录
## CONTENTS

推荐序 / 01

序 / 09

**第一章　引言：论指挥** / 001

　　第一节　指挥的特点 / 008

　　第二节　指挥的演变 / 012

　　第三节　指挥的研究 / 014

**第二章　指挥的"石器时代"** / 023

　　第一节　战略的决定因素 / 026

　　第二节　参谋团队发展停滞不前 / 036

　　第三节　战斗的实施 / 051

　　第四节　结论：背负枷锁的战神 / 068

## 第三章　战略的演变 / 089

第一节　"战争之神" / 095

第二节　帝国总部的构成 / 098

第三节　1806 年：对普鲁士的战争 / 113

第四节　1806 年：耶拿战役 / 126

第五节　结论：抛掉枷锁的战神 / 133

## 第四章　铁路、步枪和电线 / 149

第一节　技术的分水岭 / 152

第二节　参谋部的诞生 / 158

第三节　1866 年：计划和部署 / 164

第四节　波希米亚战役 / 171

第五节　摩拉维亚战役 / 177

第六节　柯尼希格雷茨战役 / 182

第七节　结论：方法的胜利 / 191

## 第五章　刻板的战争 / 207

第一节　"当代的亚历山大大帝" / 209

第二节　索姆河战役 / 217

第三节　德皇的战役 / 230

第四节　结论：机器时代的战争 / 246

## 第六章　运动战大师 / 259
- 第一节　"速度加数量" / 261
- 第二节　权宜之策 / 266
- 第三节　1973 年：计划和准备 / 276
- 第四节　1973 年：反击 / 291
- 第五节　结论：反向选择性控制 / 300

## 第七章　直升机与计算机 / 319
- 第一节　错综复杂的年代 / 323
- 第二节　多少才够？ / 331
- 第三节　迷失方向的"定向望远镜" / 341
- 第四节　结论：信息病态 / 347

## 第八章　结语：反思指挥 / 357
- 第一节　追求确定性 / 362
- 第二节　指挥的本质 / 366

# 第一章
## 引言：论指挥

## Introduction: On Command

本书研究的是一项军事职能的历史演变，它获得现在的名称也仅 10 年左右，这就是：指挥自动化（$C^3$），即指挥（Command）、控制（Control）、通信（Communication）。不过，我不喜欢使用专业术语，因此我在全书中会一直使用"指挥"一词，而不是写整个术语或使用英文缩写，这与人们在描述各种企业经营活动时通常都使用"管理"一词的方式大致相同。

乍一看，"指挥自动化"的概念如此之新，着实令人吃惊。其实，指挥和控制武装部队，与在武装部队之间和内部建立有效通信的问题，同战争本身一样古老。石器时代的酋长必须找出最优的组织结构，选用合适的方法和技术手段来指挥他手下的部队。从他们的时代到我们的时代，都必须思考并解决这个问题，否则就会招致灾难——的确，甚至会让部队无法存续。

尽管这个问题已经是老生常谈，但到了近现代，尤其是自 1939 年以来，它的重要性才与日俱增。这种增长是由多种因素造成的：（1）现代战争对指挥系统[1]提出的要求不断增加；（2）技术的发展成倍产生了更多可供指挥系统使用的方式方法；（3）由于（1）和（2）因素的相互作用，指挥过程的性质改变了；（4）新武器系统的出现，加上指挥系统内部结构的改变，加剧了指挥系统的脆弱性；（5）由于（1）至（4）等因素的原因，导致了成本上升。我将依次对各个因素进行讨论。

（1）对指挥系统要求的增加，是因为现代武装部队的复杂性、流动性和分散性都有了极大的提高。一支现代高科技军队的组成包括不计其数的专业化部队、单位、功能和装备设施。以今天[①]联邦德国国防军的一个师为例，它包含大约 900 种不同的军事专业岗位，而相比之下，1939 年的纳粹德国国防军一个步兵师仅包含 40 种岗位。这使得全面协调和控制变得更加重要也更加困难。同时，现代武器的速度和射程也将协调和控制的时间减少到只有数十年前的几分之一，甚至在某些情况下，指挥职能——如拦截导弹或低空飞机——只能依靠机器的自动运行来实现，它们快速精准的计算能力远远超过人类的大脑。反过来，速度、射程和威力倍增的攻击力也使得军队部署更加分散。现代的一个营可以轻易防守的战线长度可能 10 倍于它 200 年前的前辈们，再算上它部署的纵深，则可能意味着它所占据的空间扩大了数百倍。[2]

（2）给指挥带来革命性变化的第二个因素是通信和数据处理技术的发展。在过去 30 年中，大量的新设备已经出现在人们的手中，包括电视、电脑、移动电话、数据传输器、图像增强器和远程控制传感器等。这时出现了两个问题，实际上是一个硬币的两面，即新设备对现有方式方法的影响是什么，以及如何最好地使用这些设备？

在指挥问题上，技术革命产生的意义甚至更加明显。在过去的 30 年中，人们史无前例地目睹了人造设备不仅成功地复制或放大

---

[①] 本书英文版于 1985 年首次出版。——编者注

了人类四肢和感官的功能,甚至还更进一步拓展到了人类的大脑。这就产生了大量的问题,而且对此几乎没有先例可循。哪些是人类的强项,哪些又是新机器的优点?因此,工作量应该如何在二者之间进行分配呢?人类与机器、机器与机器之间的通信(或"对接")应该如何建立呢?

(3)一方面由于现代军队和现代战争提出的需求变得日益复杂,另一方面是能够满足这些需求的技术设备不断出现,二者共同导致了指挥系统需要处理的数据量急剧增加,以执行被赋予的任务。随着数据量的爆炸式增长,决策准备所需的数据处理难度也随之增加,这就造成了参谋人员和电脑各自要做的工作越来越多。为了应对数据洪流,从操作搜索和系统分析到控制论和博弈论,各种新兴技术应运而生。指挥系统的规模和复杂程度持续增加,也带来了新的管理难题,学习处理这些问题已变成一种终身课题。任何熟悉现代参谋队伍规模和工作方法的人都会意识到,指挥本身会作茧自缚的危险的确存在。[3]

(4)如何保护指挥系统,使其在敌方影响的不利条件下也能有效运转,一直以来都是至关重要的问题,但这个问题在近年来也产生了新的外延。总部往往体型庞大,且不断向外发出电子信号,使其容易成为新兴精确制导弹药(PGM)的主要目标。此外,指挥系统对电子传输数据流的高度依赖也导致它们容易受到电子战的攻击,而这种电子战的主要思路就是切断这些数据流。[4]尽管制式的计算机语言提高了速度和精确度,但对它的日益依赖也导致了指挥系统缺乏日常语言中的灵活性和冗余性,这就产生了一些令人头疼的问题,即系统是否有能力在某些部分被删除后继续正常运行。如果要通过建立更多的通信节点或利用数据流之间的自动切换来解决这个问题，反而会导致复杂性进一步加剧。然后如此循环往复。

（5）这些发展造成了一个非常重要的结果，即成本在呈几何级数增长，这导致对它们的研究已迫在眉睫。传统上，在指挥系统方面的花销只占军队总开支的一小部分，几乎微不足道。在过去，一个相对较小的参谋团队（甚至在1870年老毛奇的总参谋部中也只编有大约70名军官，而与法国战争期间，它需要应对的是旗下百万大军），几辆装有文件柜和地图的马车，一队传令骑兵，再加上诸如野外望远镜、军旗、军号、战鼓、信鸽（后来换成了电报机和电话）等技术物资，就构成了全部的指挥系统。

然而，随着第二次世界大战的爆发及其后续局势的发展，情况开始发生了变化。可以说，与收集、储存和传输信息相关的装备和设施逐渐被武装部队所接受，并得到了大幅发展。到目前为止，它们已经成为空基和海基武器系统开支中最重要的组成部分，并且在陆基系统中所占的份额也在逐年上升。在1950年至1980年这30年间，数据处理的每比特成本每10年就下降10倍，[5]但矛盾的是，指挥系统的支出成本却急剧上升，以至于现在有可能会吞噬整个国防预算。现在看来，有些事情已经是完全错误的，而且错得相当离谱。如果按照这个趋势继续下去，可能很快就会出现历史上首个完美的指挥系统，只不过是因为没有东西可供它指挥罢了。

尽管存在难以管理甚至灾难性失败的风险，但这些发展也带来了各种机遇。正因为武装部队的复杂性及其任务的多样性（涵盖从反暴乱到核威慑等全部行动）使得统筹协调变得比以往更重要，并且由于现有装备也前所未有的丰富，所以指挥在决定现代军事冲突的成败方面是至关重要的。一个良好的指挥系统可以使军队更加快捷精确地掌握情况，更加有效合理地分配资源，从而成倍增加战斗力，并弥补其在其他方面存在的缺点，如人数处于劣势或出于政治诱导的目的而需要把主动权留给敌人等。举一个简单的例子来比较一下成本效益：是应该再造一艘核动力航空母舰，还是建立一个可提高现有效率的通信与数据处理系统呢？是应该把钱投资在更多的坦克上，还是花在电脑上来模拟它们的使用情况呢？这类问题绝对无法轻易回答，但它们经常会被问及，而且次数会越来越多，这一事实本身就表明，指挥系统变得越来越重要。考虑到成本会持续上升，这种两难的困境在未来可能会变得更加突出。

本书的目的不是要挑起一场关于现代军队对指挥有何需求的辩论，也不是要给这些需求开出良方。我写这些文字的目的是在思考西方大陆军事史，尽管很多人已经从许多不同的角度做过分析，但我是从指挥系统的演变及这些系统的运作方式等角度进行研究。这样的研究当然不会完全解决现代军队所面临的指挥问题，但是它很可能会进一步阐明现代军队的性质，确定其中涉及的主要因素以及它们在演变中的互动方式，有助于指明正确的改革方向。此外，和以前的历史学家一样，我也做了一些尝试。最初"materialism"是指在政治和战争领域的"物质主义"（当然也可以指我们奢华的卧室），后来被卡尔·马克思（Karl Marx）用来指"唯物主义"后，历史就把它改到了生产和消费方面。同样，弗洛伊德（Freud）刚推出无意识理论，历史上的"俄狄浦斯情结"（Oedipus complex）就有了新的内涵。指挥遇到的情况与之类似。我们可以透过新的理论来看过去的事件，然后再利用那些事件来更好地理解这些理论，毕竟，这样会让历史变得更有意义。

## 第一节　指挥的特点

指挥可以定义为一种几乎需要持续行使以保障军队生存和行动的职能。这是一个恰当的定义，因为它揭示了指挥无与伦比的重要性。在武装部队对外或对内行使的其他职能中，几乎没有哪一项能在生存和行动两方面都如此重要。

对于指挥的需求程度，会根据军队的规模、复杂程度和差异性而存在差别。只有一个人的军队无需指挥，至少不用像一百人的军队那样进行指挥。如果一支军队是作为一个统一、紧密、同质的队伍（方阵）进行作战，那么对它的指挥相对来说就很简单，事实也是如此。也就是说，如果军队笨拙不灵活，能执行的任务数量非常有限，那就可以对它进行充分的指挥。但是，一旦一支较大规模的军队被划分为若干小单位，那么为每个单位分配任务并确保所有单位之间都协调有度，这个问题就变得困难得多。这些困难还会随着单位数目、武器威力和射程、移动速度、作战空间大小等因素的增加而增加。如果上述单位变得更加专业化，即拥有特殊的性质和任务，那么在保持整体凝聚力的同时统筹协调各种因素的难度还会继续增加。[6]换句话说，指挥的作用会随着军队复杂程度的增大而增大。正如前文所述，这也是它近年来越来越受关注的重要原因。

除了"自身发展"这一项自然却艰巨的任务之外，指挥的职责通常分为两部分。首先，指挥必须要安排协调好军队赖以生存的一切事务——食物供应、卫生服务、军事司法体系等。其次，指挥要能够确保军队发挥自己应有的作用，即在自身损失最小的情况下，在最短时间内最大程度损伤和消灭敌人，如情报收集、作战的计划和监控都属此类。我们可以把第一种称为与职能相关的职责，第二种是与结果相关的职责。这二者相辅相成又彼此关联——试想一支军队怎么离得了情报，或在自身司法体系不健全的情况下打败敌人呢？这是理所当然的事。但这种分类也有其价值并很实用，即我们在实践中经常依据这两项职能对组织结构进行划分。

对于认识指挥，另一种同样实用的方法是不管它的职责是什么，只问它做的是什么。事实上指挥意味着要做很多事情，其中并非每件事之间都泾渭分明。首先，要收集自己部队情况的信息，这是一个绝对不容低估的问题，还要收集关于敌人和诸如天气、地形等外部因素的资料。等收集完信息，还必须找到信息储存、检索、过滤、归类、分发和展示的方法。基于处理好的信息，则要对形势进行预判，然后设置目标并制订多个预案。必须定下作战决心，并制订详细计划。在拟定和发出命令之后，必须与接收者核对是否收到命令并正确理解。必须通过反馈系统监控执行情况，并重复以上步骤。

如果把这个指挥流程比喻成一个循环，这种做法其实是把很多事情描述得过于简单了，因为它未能认识到，实际上收到的这些信息并非同等重要。也许99%的信息很快就烟消云散，而剩下的1%则可能会对行动产生深远的影响——这是否意味着即使这1%在没有那99%时仍有价值，已完全是另一个不同的问题。[7]阶段的划分并不固定：一些研究者把它们分成更多的部分，而另一些人则把它们压缩得更少。[8]尽管各种工商管理书籍中绘有漂亮的图表,但是各个阶段的界限实际上难以明确标出,而且它们很可能或者至少在部分上会同时开展而非交替进行。最后,这些阶段的划分并不仅仅依据当时形势下的目标需求,它们彼此之间也会相互作用和相互影响,例如观点立场会影响对信息的解读,并随之可能决定数据收集和分类的方式。尽管如此,这个比喻确实从理论上很好地阐明了指挥的所有方面。

认识指挥职能最有趣的方式是尽量归纳出一种假想的或"理想的"指挥系统所应有的特点。这种方法可以用于反推现实情况,就像牛顿力学可以通过一个假想的物体在(不存在的)空间中以(不存在的)恒定速度沿着(不存在的)直线运动而计算出实际物体的运动。

那么,一个理想的指挥系统应该能够准确、连续、全面、有选择地、快速地收集信息。必须开发出可靠的方法来区分真假、辨别相关性并提炼有用的材料。信息显示必须清晰、翔实和全面。无论是个人还是集体,在分析信息并将其转化为形势预判的心理定位上,都必须与当前的世界相对应,而不是25年前的世界或者根本不存在的世界。[9]所选择的目标必须是可行又可取的,但这两项要求有时不可兼得。向指挥官及参谋们提出的备选行动方案应真实有效,不能是例行公事的应付。(正如毛奇对他的助手所说,敌人似乎总会面临三种选择,而他通常选择第四种。)一旦做出决定,就必须坚持原则,不过并不是在任何情况下都要如此。命令应清晰准确,必须告诉下属他们应该知道的一切,但也仅此而已。监督应贴近一线单位,确保命令得到可靠的执行,但又不能过于密切,以致破坏命令的权威性或扼杀下级各指挥官的积极性（有时甚至会扼杀其行动能力）。

正如上述所探讨的，不同指挥系统之间的差异通常可以归结为其处理问题的不同方式。综合起来，包括应对复杂性日渐增长的方法、对职能和结果两种职责的关注、对指挥过程中特定部分的重视，以及理想系统所呈现的具体优势和劣势，所有这些特点都有助于阐明特定指挥系统的性质。无论采取何种解决办法，对指挥系统提出要求显然是重中之重。当一切都按其应有的方式运行，并且各个部分相互协调、相互结合时，指挥就可以成倍地提高部队的战斗力。拿破仑（Napoleon）的敌人——这在很大程度上可归于布吕歇尔（Blücher）和威灵顿（Wellington）——曾经说过，他在战场上一个人就抵得上4万大军。相反，任何失败都有可能导致整个指挥链陷入危机——例如基于一条过时信息所做出的决定。如果错误多次出现，它们很可能会错上加错，当然如果指挥官够幸运的话，也会遇到它们相互抵消的情况。由于战争本身的混乱和指挥过程的复杂，波折和错误几乎不可避免。一个明智的指挥官会思考和接受这一事实，否则很可能招致灾难，同理，即使是历史上最伟大的胜利也不是由一个完美的指挥系统或类似事物带来的；事实上，在许多情况下，胜利的取得并不是因为军队的指挥系统运行得当，然而，失败却往往是因为指挥得不当。过去是如此，并且毫无疑问，尽管引入了现代通信和数据处理系统，未来也将如此。

## 第二节　指挥的演变

正如前文所述，指挥的职能是永恒不变的。如果一位石器时代的酋长能够拥有一支相当规模的军队供其调遣，那么他也会像现在的同行们一样要面对所有这些职能，一个也不少。只不过是他所指挥的部队规模更小、结构更简单、行动速度更慢（敌人也是如此），因此指挥的职能在落实上也就更容易。另一方面，酋长的问题在于他几乎没有任何文字材料，更不用说双筒望远镜或计算器了。他无法借助这些工具来行使那些职能，这反过来也极大地限制了他所能指挥部队的规模及其战斗力的发挥。石器时代的酋长缺乏行使指挥职能的必要工具，在这种情况下亚历山大（Alexander）出色展示了如何进行指挥，那么相应地，人们几乎没有理由相信，现在的指挥还能怎么更加困难。

尽管指挥职能变化较小（当然可以想象出它们的行使方式千变万化，但它们彼此之间的相对作用和关系仍然保持一致），不过正如今天我们所知道的一样，所有指挥方式无一例外都是长期和持续发展的结果。对于这些方式，一个实用的分类方法是将它们分为三类：组织结构，如设置参谋或召开作战会议等；程序步骤，如总部内部对报告的分发方式等；技术手段，如制定标准或使用无线电等。从理论上说，综合运用这三种类别应该就能够描述在特定时间和地点的所有指挥系统的结构。

然而，指挥系统的演变并不发生在真空中。它的发展在一定程度上是在响应不断变化的需求。一个现代机械化旅在必要时能每天行进150英里①，而拿破仑的骑兵旅只有它五分之一的速度，显然二者不能用同样的技术手段来指挥。以第一次世界大战为例，对于从英吉利海峡到凡尔登的入侵者，法军指挥官已经不可能像过去几个世纪那样通过个人观察来发现，更不用说实施反击的方式了。武器、战术、战略和许多其他因素的发展，要求指挥系统也要与之相匹配。因此，后者是对战争艺术在任何特定时期的反映；它们与当时的战争艺术状况相互施加影响。

然而，就像战争艺术的其他因素一样，指挥也有它自己的历史，并且相对于其他因素，它具有一定程度上的独立自主性。特别是，由于行使方式多种多样，任何一种方式的发展几乎都会导致其他方式的变化。例如，每日提交详细实力报告是在18世纪末出台的一项程序，正是它开拓性地提出了对专业人员的需求，从而产生了第一批参谋人员。一旦参谋团队成立，纸和笔以及桌子和文件柜，都将变得比以前更重要。从口头指挥到书面指挥的转变，主要在1750年至1850年间的这100年内完成，这意味着系统分析得到了进一步重视。因此，指挥系统中的各个要素彼此之间以及与指挥过程之间的相互作用，共同推动着指挥的发展。

最后，指挥的发展往往受到外部因素的刺激，特别是技术因素。例如，望远镜的应用使腓特烈大帝（Frederick the Great）可以在一个俯瞰战场的固定地点建立他的指挥部，而不必像他100年前的古斯塔夫二世·阿道夫（Gustavus Adolphus）那样东奔西跑。塞缪尔·莫尔斯（Samuel Morse）在发明电报时几乎没有考虑过美国

---

① 1英里=1.609344千米。——编者注

军队，但是电报一出现，它的军事意义很快就大受推崇。同样的道理也适用于电话（其最初是一项为聋人提供辅助的研究副产品）和收音机。所有这些发明对组织结构和程序步骤甚至对战争指挥的影响都是深远的。

简而言之，指挥的演变与战争艺术的其他因素同样复杂。此外，在研究过程中也提出了一些独特的问题，这些问题将构成下一节的主题。

## 第三节　指挥的研究

要理解指挥随时间演变的过程，首先必须设计出一个模型，使之能够与在特定时间和地点的指挥系统相适应。有人可能会问，现有的战争艺术状态对特定指挥系统提出了什么要求？怎么做才能满足这些要求？为了这个目标，需要建立什么样的组织结构（如果有的话）？需要采取什么技术手段（即使手臂上下挥动也可称为一种技术手段）和什么程序步骤？情报是如何获取并处理的，又是如何制订计划的？通信手段有哪些，它们的特点又是如何影响信息传播的？如何监督命令的执行情况，指挥官在任务完成期间可以采取哪些控制措施（如果有的话）？正如一位学者所指出的，令人惊讶的是，即使现有的军事文献重点提出了这些问题，也很少有人尝试给出答案。[10] 近年来关于管理和"决策理论"的书籍层出不穷，而出于这样或那样的原因，如本文所述的这种指挥方面的著作却寥寥无几。也许除了在对某些消息进行窃听或出现误解或无线电出现故障等偶然时机外,我们确实有可能在研究军事史多年后,却几乎从没注意到这个问题的存在。举一个常见的例子,通过类比也许可以得出一种最好的解释。比如,很少有人留意如何打长途电话,除非在拨打时出现格外困难或格外容易的情况。事实上,是规模庞大的组织结构加上数十亿美元的设备,才最终使得打电话变成了我们大多数人习以为常的操作。

关于本书界定的这种指挥问题,相关论文一般分为两类。在天平一端的作品,坚持认为应该制订"好"的计划,要遵守一些本就含糊不清的战略原则。在另一端的是些手册和指南,它们会从纯学术上解释"备忘录"和"参谋文件"之间的区别(前者是后者的非正式版本,反之亦可),并坚持地名应该始终用大写字母录入。前一点通常与肤浅的研究联系在一起,后一点则是指挥系统与指挥对象之间分离的产物。它们要么是泛泛而谈,要么是陈词滥调——而我关心的是存在于两者之间的所有其他内容。

历史学不同于一般社会科学,它处理的是具体问题而非一般问题。指挥过程中的思想和行动之间存在无限复杂的相互作用,对其进行笼统的概括在任何情况下都是极其有害的。同一个指挥系统,由不同的人来指挥,很可能会以非常迥异的方式运转;因此,要掌握指挥的过程,而不只是徒有其表的运转方式,不仅有必要了解基于现有方式可以如何完成任务,还要知道在其他不同情况下任务实际会怎样完成。无论这种方法曾一度显得多么老套,再加上现在的历史学家越来越不愿意把军队当成一种军事工具来考虑,[11]但对指挥进行研究都不可避免地要问到这样一些现实的问题:"谁命令谁,做什么,在什么时候,用什么方法,根据什么信息,为了什么目的,以及达成什么结果。"换句话说,对指挥的发展进行研究必须包括大量明确的战史实例,否则就会成为纸上谈兵。

要确认"谁做了什么,为什么做",毫无疑问这是一项苛刻的任务,而且无论信息极度丰富还是极度匮乏都同样难度不小。更糟糕的是,把注意力集中在少数几个"决策"事例上——这是政治学家们经常采用的方法——却容易颠倒事实。根据诺思科特·帕金森(Northcote Parkinson)的说法,(至少)90%的优秀指挥案例中都有虚假成分。[12] 一个师并非从Y到Z的行军途中才瓦解的;它没有受到突然袭击,或至少不会频繁遇到;每天迷路的小分队也是少数,车辆缺乏维护也不会导致如超过三分之一的车辆在某个时间点上集体趴窝。这些事情往往被认为是理所当然的,但实际上这一切与真相相去甚远。在战争中,正如在商业生活中一样,墨菲定律("一切可能出错的事情都会出错")是难以避免的,除非持续不断地保持警惕并付出巨大的努力。正如毛奇(Moltke)曾经写道的,在充满对抗的战争中,即使平庸无奇也是一种巨大的成就。[13] 但一个人想做出成千上万个"故意平庸"的决定,这完全是不可能的。在任何情况下,绝大多数决定都只是在半意识状态下做出来的,只需要例行公事即可。一名优秀的营长不必认真"决定"在夜间设置纠察哨,就像一名称职的军长不必认真"决定"要随身携带地图一样。然而,从长远来看,正是这样的状况,再加上一点点运气,就导致了称职与不称职、胜利与失败等不同的结果。

总之,要研究历史上的指挥方式,在方法和概念方面就会遇到大量困难。为了使这一任务便于管理,我们有必要将分析过程局限在纯军事方面。然而,由于政治、经济、社会(以及越来越多的技术）因素总会影响军事指挥，这就意味着我们对现实情况要采取一种保守态度。此外，很明显可以用来研究的时期也非常短暂，并且一般来说，由于信息的大量冗余，随着我们现阶段研究的开展，这些时期也会进一步缩短，而且研究也会集中在那些高级别的指挥总部身上，包括总司令及其主要下属以及下属的直接下属。同样明显的是，任何指挥官都会做出无数个例行决定，但对此我们毫无参考资料可循，只有一些非常笼统的表述可以用来说明它们的性质和处理方式。最后，历史学家们只能写那些有原始资料佐证的东西，当然这可能已不是什么新鲜话题了。由此推论可知，我们也许只能分析到历史上最"重要"的指挥系统。不伦瑞克（Brunswick）公爵在1806年耶拿战役（Jena Campaign）期间的思想和行动也许和拿破仑的一样具有启发性，只是他没有三十二卷本的书信集可以出版。

　　出于上述这些考虑，并尝试把目光放长远以形成自己的观点和结论（这也是历史女神克利俄最擅长的做法），我最终定下了本书的框架。本书的章节设计旨在说明军事指挥从古希腊到今天所经历过的最重要的阶段。在引言之后，第二章分析了指挥在公元1800年以前的组织形式。在这若干世纪之中，通信手段几乎没有发生变化，事实上也维持了指挥在此期间的一致性。第三章讲述的是拿破仑战争。之所以选择这场战争，是因为它似乎是指挥艺术中有史以来最伟大的一场革命——而且，这场革命几乎没有技术进步的影子。第四章讨论了德国总参谋部的指挥方式。德国总参谋部在同类组织中是第一个建立的，并在很长时间内保持着领先，它的指挥是建立在电报发展的基础之上的。第五章主要关注第一次世界大战期间的指挥问题，特别是由机械化作战和有线通信系统带来的影响。第六章介绍了"现代"运动战，并通过这一领域中的顶级专家——以色列国防军（IDF）在1967年至1973年间的战例进行说明。最后，第七章通过美军在越战中的表现，点评了现代技术（直升机和计算机）和现代组织对指挥产生的影响。

为了让读者有一个更加完整的认识，每一章在开始时会先描述一下"当时的发展情况"，即在特定时间和地点战争的基本特征。接着是对指挥官的个性（有关系的那一部分）和指挥系统的性质所做的评论，其中指挥官就通过这个系统施加自己的影响力。然后在必要的时候分析了指挥系统在战役中的实际作用。基于现有的资料来源，我会尽可能分析得既详细又严谨。凡是对于无法确认的事情——这样的例子有很多——都会对此做出明确的说明。

一旦科技在指挥系统中的主导作用被认可（或者更确切地说，被假定），那么自然就产生了本书这样的章节划分，但为每个章节遴选研究战例却变得更加困难重重。如果选取的战例不够典型，那么这种错误肯定会使研究变得毫无意义。但我想不出好的办法，怎么来确定"典型"。解决这个问题的方法之一是收录许多战役，并只研究每个战役中最显著的特点。但这样做有可能会流于肤浅，而这种肤浅对于历史知识或指挥研究同样都是有害的。事实上，想要实际选取的战例真正能说得过去，那么这种选择就要基于前文所述的考虑因素（材料的可用性、简洁性等），而不是出于阐述某个观点的需要。相比其他也可能入选的战例来说，这些例子或许应能恰到好处地代表其所处的发展年代和阶段。

区别于其他许多军事史作品所采取的流程，本书选取战例研究并不展示双方的整体情况（除非这在某种程度上是读者理解内容的必要条件），因为这种展示会用到一些当时指挥官无法获取的信息。相反地，本书将尽可能通过指挥官的眼睛和他们在书桌后（或开始伏案工作前、或在两军对垒之际）的思考，来跟踪局势的发展。毫无疑问，这并不是对真实历史进行直截了当的阐释，至少不那么全面。这也是事后的分析都无法回避的问题。

这样的一种研究会得出什么样的结果呢？通过分析历史上实施过的指挥系统，我们可能希望更好地了解它们是如何运转的，是否取得成功。我们可能会期待进一步理解技术和其他变化对指挥系统所产生的影响，以及指挥本身在所有战争组成要素中的作用。即使没有明确的结论，讨论本身可能也有价值。研究过去可能只是边际效用的问题，但过去也给了我们知识，我们所有的决策都不可避免地会建立在过去的基础上。如果不对过去进行系统研究，那么我们就只剩下一些个人经验、听闻和直觉了。对于指挥官来说，仅有军事史的知识也是不够的，他还需要更好的工具。

到目前为止，我所说的指挥就好像它只是一个充满理性的过程（或更确切地说，是一系列过程），其中的人员和事务在信息的协调下更好地执行战争任务。然而严格地说，事实并非如此，因为战争本就是一件最不理性的事情。士兵们参加武装冲突，就需要充满动力并经过统筹协调。指挥官的一项核心任务就是把士兵们派去"送死"，此时与追求和平相关的奖励措施往往已不适用，必须换之以非理性的动机激励。[14]但正如历史上无数次败仗所证明的那样，驱使士兵们战斗的动机却很可能导致他们不服从有效的指挥。即使没有发生此类事情，这两种职能之间也存在着矛盾：最好的激励是指挥官把自己置于部队的最前面,而协调则通常需要他在后方一个固定而且安全的位置。最后,激励与协调的不同之处在于,它不包括(至少不完全包括)交易技巧。为了激励他人,指挥官必须激励自己,否则就成了一直在欺骗所有人。用克劳塞维茨的话来说,战争首先是精神力量的冲突。本书并非主要关注精神力量,但如果不时刻牢记它的重要性,就可能会完全误解指挥的本质。

## 注　释

1. 这里理解为指挥官可以支配的组织结构、技术手段和程序步骤。

2. 参见数据:T. N. Dupuy, *The Evolution of Weapons and of Warfare* (Indianapolis, 1980), p. 312,人均面积自拿破仑时代以来增长了400倍,自"二战"以来增长了1.45倍。

3. 例子参见 R. Haasler and H. Goebel, "Das Unbehagen am technologischen Fortschritt in den Streitkräften," *Wehrwissenschaftliche Rundschau*, February 1981, pp. 36–41。

4. 例子参见 H. Dickinson, "Survivability—Key Ingredient for Command and Control," *Military Review*, November 1981, pp. 19–25。

5. 参见 J. A. Welch, "Some Random Thoughts on $C^3$," in C. P. Tsokos and R. M. Thrall, eds., *Decision Information* (New York, 1979), pp.

343–344。

6. 数据显示，即使对只有 300 个变量的结构，也需要一台和地球一样重、每个原子都携带 1 比特信息的计算机花费 60 亿年才能计算出所有可能的组合。参见 S. Beer, *Brain of the Firm* (New York, 1972)。文中指出，找出其中"有意义"的组合可能需要更长的时间。

7. 关于"噪音"和"信息"的概念以及它们之间的关系，参见开创性研究：R. Wohlstetter, *Pearl Harbor: Warning and Decision* (Stanford, Cal., 1962), 特别是 chaps. 1 and 2。

8. 例子参见 H. Wust and L. F. Himburg, *Das militärische Führungssystem* (Frankfurt am Main, 1974), p. 19, 和 R. Zeller, *Plannungs- und Führungssystem* (Regensburg, 1978), p. 8。

9. 这里很难详述（不完全理解）人类思维的运作方式，但有必要就这个问题普及一些常识。斑马究竟是白色条纹的黑色动物还是黑色条纹的白色动物这样的认知问题，答案通常取决于个人意愿。可以说，为了对获得的信息进行分类和排列（即"理解"），我们依赖包含概念及其相互关系的心理矩阵。"理解"意味着按照矩阵排列那些显得"不合逻辑"的信息。每个人心中的矩阵既有自己独享的部分，又有可与他人分享的部分。它的来源既有生物学，也有心理学，还有训练和教育的结合，也有实践经验的结果。矩阵和现实世界之间的联系总是存在一些问题。有些可能是正确的，有些可能是错误的。当超过 50% 都是错误的时候，我们就会认为这个人精神错乱。由于外部世界改变了，矩阵也必须改变。这需要时间，不过矩阵的某些部分会更新得更快。没有万无一失的方法能确保矩阵完全符合现实，但知道这个事实是一个好的起点。心理灵活包括在必要时拥有可以改变自己矩阵的能力和意愿。

10. R. A. Beaumont, "Command Method: A Gap in the Historiography," *Naval War College Review*, Winter 1979, pp. 61–73.

11. 参见 D. Showalter, "A Modest Plea for Drums and Trumpets," *Military Affairs*, February 1975, pp. 71–73。

12. C. Northcote Parkinson, *In Laws and Outlaws* (London, 1962), p. 99. 这可能是有史以来最好的管理著作。

13. 转引自 E. Kessel, *Moltke* (Stuttgart, 1957), p. 515。

14. 关于这个问题，参见 M. van Creveld, *Fighting Power: German and U.S. Army Performance, 1939–1945* (Westport, Ct., 1982), 特别是 chap. 12, section C。

# 第二章
## 指挥的"石器时代"

*The Stone Age Of Command*

摩西·达扬（Moshe Dayan）有一次在谈到他喜欢的指挥方式时，充满激情地说："在过去那些美妙的时光里，战争很简单。随着战斗时刻的临近，指挥官骑上他的白马，有人吹响号角，他就一马当先地冲向敌军。"[1] 达扬极其厌恶冗长的战事讨论，并且他的"管理"方式臭名远扬。他在讲上面那些话的时候，是想起了曾有一段时期，所有组织中最基本的区别——领导者和被领导者之间的差别——还没有体现在战场上，即指挥官的职能还没有变得专业化，也就是当时还需要他持枪上阵杀敌。总的来说，令人惊讶的是，历史上这种变化的发生已经是非常后期的事了。直到17世纪下半叶，高级指挥官们才开始习惯站在士兵的后面而不是前面。腓特烈大帝可能是第一个这样做的总司令，他经常被描述为身着亚麻军服而非盔甲。[2] 从他那个时代到现在，指挥官与部队之间的位置经历了许多变化。

当然，指挥官的实际位置是由他的职责决定的，或者也有可能是因为他不尽责。显然，一个在军队前线挥舞长矛的指挥官，除了履行他的道德职责外——诚然这也非常重要——不可能再行使更多的职责。由这种方式指挥的军队，要么会在战斗中失去严密的控制，要么就是结构或任务过于简单而无需加强控制。反过来，这种简单化的情况与一个事实互为因果：数千年过去了，无论其他领域的发展如何众多或者重大，通信技术手段却没有发生任何根本性的变化。以一个相对独特的视角来看，这几千年拥有一个统一的特点，我称之为"指挥的石器时代"。正是由于当时技术手段对指挥产生的限制，尤其是人们偶尔突破这些限制时所采用的方式，架起了这个时期与现代时期之间的桥梁。

## 第一节　战略的决定因素

在公元 1800 年以前，战略——或者说战略指挥——存在吗？这个问题可能会让一些军事历史学家感到惊讶，因为他们一直致力于从马拉松会战（Marathon，公元前 490 年）以来的所有战斗中提炼例子。然而，在这一章中，我认为拿破仑、约米尼（Jomini）和克劳塞维茨开创的那种经典战略在他们以前的时代是几乎不存在的，这主要是因为战略指挥在那时几乎不可能得以实施。[3]

当然，在某种意义上，战略一直存在。总司令们永远都有很多选择。一旦决定参加战争，指挥官就必须在采取进攻（寻找敌人）和保持防御（等待对方攻击或完全避开）之间做出选择。他可能会决定出动一切力量同敌人战斗并努力毕其功于一役，或者通过消耗战使敌人逐渐衰弱下去。他也有可能决定要在什么样的地形上作战或避开什么地形，这反过来就要求我们对敌方国家及其可能的手段有一定了解。一个指挥官决定采取哪一种方式，大概取决于他所能掌握的信息，包括双方兵力、各自国情、气候状况等因素。从这个意义上说，这种战略（或者有人会说是大战略？）是永恒存在的，

## 第二章 指挥的"石器时代"

从"石器时代"到我们这个时代几乎没有任何变化。

作为战略的决定性因素，这些信息有一个共同点：它们的变化相对较慢。历史上很少有国家能够一夜之间将部队人数增加一倍，或在不延长训练和战备情况下就改变部队的作战方式——实际上改变作战方式可能需要很长时间，因为战术通常是社会和经济因素的产物，而不仅仅是纯粹的军事因素。众所周知，地形和气候的变化非常缓慢；即使它们在变化，也往往需要几代人的时间。当然也有例外，这是事实，但在通常情况下，正是由于战略的主要决定因素是相对难以改变的，所以才有可能通过当时的原始手段有效收集和传递这些信息。

设想一位在公元1800年之前的指挥官，他坐镇首都，准备发动一场战争。[4] 他所能获得的战略情报来源，包括书籍——例如拿破仑在1796年出征意大利之前，曾尽可能地阅读有关意大利概况和军事史方面的书；还有恺撒（Caesar）可能也做过同样的事情，他曾在《高卢战记》中写道"高卢整体分为三个部分……"——以及非常原始的地图。从这些材料和在17世纪初开始出版的报纸中，人们可以了解到有关作战地区及其资源、气候、居民特点等大概信息。口头信息以及商人、艺术家和朝圣者传播的故事也能对这些书面材料进行补充，甚至在某些时期（如几乎没有书籍的中世纪早期）取代这些材料。而为了获得诸如道路、浅滩、桥梁和要塞以及敌人行动和意图等更具体的地理军事信息，则必须依靠外交官和间谍。此二者在过去常常不分彼此，现在仍然如此。[5]

只要粗略地看一下就会发现，这些来源中每一个都有自己的优缺点。有些不够专业，无法为指挥官提供必需的具体信息，而有的可靠性则令人怀疑。即使在最好的情况下，信息的获取也是断断续续的——拿破仑于1798年开始征服巴勒斯坦（Palestine），他把弗朗索瓦·沃尔内（François Volney）13年前在巴黎出版的《埃及与叙利亚之旅》（*Voyage en Egypte et en Syrie*）作为他的主要资料来源——而随着战争的真正爆发，信息可能会进一步减少，但由于前线战斗并非连续不断，军队也无法封锁大片领土，所以信息来源不太可能完全枯竭。

由于没有电信和正规的邮政服务，各种信息传播速度差别很大。传言，特别是关于战役胜负等"重大事件"的传言，其传播速度是最快的——有案可查的最高纪录为每天250多英里——但为此付出的代价是其主要内容既不严谨也不可靠。而书籍、地图和旅行者的速度最快也就是相当于步行速度，即在较长时间内保持每天10英里至15英里。传播速度介于这二者之间的是各种报告，如潜伏在友军、敌军境内或其他地区的密探向上级主管发回的关于某个中立国统治者的行动报告。如果能对这些信息加以适当利用和整合，它们往往能够成为指挥官做出战略计划的基础。但它们具有局限性，特别是在速度方面，因此其在战场上是否有助于实现作战意图，仍一直受到质疑。

而快速、长距离的信息传输系统在公元1800年以前甚至完全不为人知，事实确实如此。波斯帝国的一个显著特点是建立了广泛的传递系统，他们使用骑马的信使，有时也依赖横跨沙漠的哨所接力进行口头传递。[6]后来这些系统被希腊君主以及罗马皇帝奥古斯都（Augustus）所借鉴，例如奥古斯都设立了"公共快差"（cursus publicus），这是一种沿着战略要道来往奔徙于邮站之间的马车，沿用了几个世纪之久。[7]根据记载，这些系统在最佳状态下能够以每天150英里至200英里的速度传递信息。不过要记住，这些性能记录的存在，本身就证明了它们的出类拔萃，而且可靠性往往比速度更重要。[8]这种系统要么接受中央财政拨款，要么通过强制规定的方式由地方人员进行资助，它们总是需要一个强大稳定的政府以及在广袤领土上存在的良好的管控和治安。在从罗马帝国衰亡至16世纪末的这段时期中，西欧并不具备上述条件，这也许可以解释为什么西欧史料中没有此类通信系统的记录。

与信使传递系统同时使用的是以火光或烟雾作为信号的光通信系统，这套系统在希腊文献中被提及次数较多，其次是出现在罗马文献中。[9]这种系统被苏格兰人一直沿用到16世纪末，而黑山共和国则一直沿用到20世纪初。要么借助烽火，当有敌军的部队与舰队出现时，根据预先设定的信息在某座山顶上点燃烽火；或者是一长串火焰，例如在传说中，阿伽门农（Agamemnon）最终征服特洛伊后，就采用这个方式快速通知他的妻子克吕泰涅斯特拉王后（Queen Clytemnestra）。无论哪种方式，传递的信息必须既简单又是预先安排好的，这是一个比较严苛的限制。尽管古人有过许多天才般的尝试，但从未成功克服过这些局限。[10]由于经常使用冗余度较低的符号语言且须依赖良好的天气状况，这些系统的可靠性要低于信使。而且为了使它们的作用得以发挥，接收者必须预先知道消息即将到来并知道大约在什么时候，否则信号可能会被错过。

对于可以被有效传递的军事信息，这些系统的技术特点又对这些军事信息的性质有什么要求呢？首先，这些系统其实更便于被部署在军队后方而不是前线，因此它们在进攻性战争中的作用是相当有限的。由于信使系统的速度相对较慢,他们的最佳作用是传递行政和重大战略方面的信息,因为速度在这些情况下并不那么重要;另一方面,对这些系统的运用也能起到远程控制、指挥军队的目的,但这也许是因为18世纪的指挥官们偏爱采取某种小战略。光通信系统能够更快地传递信息,但它们在空间上只能分布在一些固定点上,并且它们只能传递最基本的内容,这也进一步加大了其局限性。因此,这类系统主要用于宣告一些预期事件中最重要的信息——如战争爆发或战争结束(无独有偶,根据记载,在古典时期和法国大革命期间光通信系统的首次使用都是报告战争结束的)。简而言之,它们更适合被用于战略层面而非指导战场作战方面,用于防御而非进攻,用于静态防御而非动态防御。当然,这也有助于解释为什么在考古中被保存下来最庞大的系统是一个坚固的战略(而非战术)防御杰作——罗马边界墙(Roman limes)。[11]

因此,留在首都的统治者可以依靠信使系统对战场上的军队进行全面管控。地方官员可以使用光通信系统来召集部队增援受到威胁的地区,而驻防或包围一个城镇或营地的部队可以把信号设备放在高塔顶部用于短距离战术通信。[12] 然而,无论信使系统还是光通信系统都不适于战场作战指挥,当然确实也没有任何证据表明历史上曾利用过它们来尝试完成这项任务。为了使野战部队能够正确行动,其指挥官必须亲临战场,并要有足够的空间来做他认为合适的事。相反,如果统治者坚持事无巨细都要他自己点头同意,这本身就会导致作战几乎不可能进行下去。对此,一种对策是让统治者随军行动,他可以直接作为实际的总司令,如亚历山大大帝和两千年之后的腓特烈大帝;或发挥象征、监管之类的作用,如19世纪中叶之前的惯常做法。如果一个统治者有足够的能力行使指挥权，或至少坚持不插手，该对策可能会带来最辉煌的结果；否则，还不如避免这样做。

无论如何，由于技术上的限制，要行使任何一种作战指挥都只能坐镇军中。指挥官会坐在帐篷里分析形势，他所能获取敌人情报的来源，正是腓特烈大帝在18世纪中叶后期所列举的那些，包括旅行者、当地居民（也就是头脑比较灵光的农民）、逃兵、囚犯，以及偶尔被派出探索敌人营地并伪装成商人仆从的间谍。[13] 上文已经指出，其中许多人的行进速度并不比他们需要报告的军队快多少。情报的及时性取决于信息与其标的物的相对速度，而不取决于它们各自的绝对速度。因此，如何向行动缓慢的旧式军队提供最新消息，与现代部队面临的该问题一样尖锐，因为无论现代部队的机动性如何高，也与光速不可同日而语，而光速是大多数信息传播的速度。二者的速度差距如此之大，也严格限制了有效情报活动的范围；即使在最好的情况下并排除了任何意外的可能，情报活动也只适用于敌人在数日行程的范围内。

必须提到的另一个非常重要的敌人情报来源是先遣侦察的骑兵巡逻队。令人惊讶的是，只有到了公元前5世纪末才有了运用这种巡逻兵的证据，而更早的希腊指挥官显然还没有理解如何运用他们。[14] 这种想法也许的确很简单，但也不意味着它总能付诸实践，而且随便就可以举出很多军队的例子，他们都一样缺乏合适的先锋队。此外，尽管小群骑兵的行进速度比大部队快得多，但不应因此就夸大他们所拥有的优势。他们要么必须被预先部署在敌人的行军路线上（这本身就假定了要对敌人可能的行动有所了解），要么就必须四处移动来搜集信息（结果会导致他们的有效行动距离大打折扣）。由于这些限制，在公元 1800 年以前的历史中，几乎不存在军队在 20 多英里以外还受到敌人直接监视的情况。[15]

如何远距离获取敌人情报一直是个难题，同样的困难也发生在与自己部队的通信上。在无线电话和数据连接普及的今天，很难再重现那种直到 1900 年左右才逐渐消失的完全孤立现象，而且对于小股部队，这种现象更是持续到第一次世界大战之后，当时无论是派出分遣队还是将一支军队分成几支部队都会遇到这种情况。举一个极端的例子，据说在罗马人把哈斯德鲁巴（Hasdrubal）的头颅扔进他哥哥的营地之前，身在意大利的汉尼拔（Hannibal）并不知道他这个弟弟率领的另一支迦太基军队在做什么。1813 年，拿破仑在包岑（Bautzen）会战与奈伊（Ney）失去了联系，其实他们的指挥部相距不到 10 英里，但战斗的结果却正取决于后者的推进。甚至到了 1866 年，老毛奇在柯尼希格雷茨（Königgrätz）之战中也遇到了类似的情况，他无法与普鲁士第 2 集团军取得联系，连续好几个小时都在焦躁不安地扫视周围的山头，来寻找它是否还存活的蛛丝马迹。在此之前的数千年里，野战部队之间相互通信的速度基本限制在马匹的速度之内，也就是说，如果条件尚可而且距离也相对较短的话，平均速度不超过每小时 10 英里。

通信速度慢且不安全的状况解释了为什么指挥官们总是不愿意派出分遣队（这个术语一直被沿用到 19 世纪中叶，字面上就表明了它的意思）：一旦分开，它们就几乎不可能再被控制。补救措施——如建立能够独立行动的特殊战略部队——似乎直到 18 世纪末也没有出现。一项对法国大革命前的西方军事史的调查结果表明,未发现存在过任何超过 3000 人的固定编队(即拥有自己的名称或番号而不是简单地根据其将军命名,并拥有某种集体身份的象征,如军旗等)。史料中记载最大规模的编队包括公元前 300 年左右的攸美尼斯(Eumenes)的"马其顿老兵"(又名"银盾兵")和大约 1900 年后的"西班牙方阵",其中后者因过于笨重而很快被荷兰和瑞典规模更小但更敏捷的军队所击败并取代。限制此类编队规模的因素可能是人数,士兵们站在密集的队形中,可以看到并服从同样的视觉信号,因此如果编队规模有限,就会方便指挥。然而,即使这样的部队也只是例外,而不是常态。直到 18 世纪中叶,欧洲军队中还没有一支比"团"规模更大的固定编队,即最多由 2250 人组成。[16]骑兵团由于活动空间更大,机动性更强,其人数甚至从未达到 1000 人。单是这些部队的规模就足以表明他们的目的纯粹是战术性的;他们也从未拥有过参谋人员或实现所有兵种的合同行动,因此也从未成为合格的独立战略部队。比上述规模更大的部队,无论是战斗需要,还是要在部队主要战线以外执行某种"分遣"任务,都只能在必要的时候才能集结起来。直到 18 世纪中叶,这一点都是通过时常发布的"战斗命令"(ordres de bataille)来实现的。只有到了七年战争期间(1756 年至 1763 年)才出现了第一个师,这是由德布罗意(de Broglie)在德国尝试性组建的,并且这一思想又经过了 40 年才变得成熟起来。

不过要说公元 1800 年以前的军队从不分成两支或更多部队行动,也是不准确的。[17]如亚历山大后期在巴克特里亚(Bactria)战役和赫卡尼亚(Hyrcania)战役、安东尼(Antony)于公元前 36 年在亚美尼亚(Armenian)战役、十字军(Crusader)于 1097 年进军小亚细亚（Asia Minor）中的一段时期、3年后亨利五世（Henry V）在向意大利的进军以及其他很多例子，这些军队都进行了分兵。他们先设定一个共同的目标，通常是一些位置确定的著名城镇，然后经由不同的路线前往。然而，通过仔细研究每一个例子，就会清楚地发现，正如一位历史学家所断言的那样，亚历山大并没有先于毛奇发明"分进合击"的原则，[18]他的那些行动并不是意图迷惑、智取或诱困敌军，恰恰相反，可能只是因为他预计会遇到一些来自山地部落的零星反抗。此外，也没有严谨的证据表明，亚历山大的各支纵队——分别由他自己领导和由帕曼纽（Parmenion）领导——在分开行军时彼此之间有过通信。1097年十字军在多利留姆（Dorylaeum）会战的惨状可以充分显示出要取得这一成就有多么困难，当时他们的两支纵队只间隔了五六英里，但就是无法迅速定位对方。[19]在所有例子里，这些军队选择分兵的理由其实都是出于后勤而非战略的原因。和动物一样，能够在一条路线上找到食物的人数总是有限的，并且如果兵多而国贫，就更容易超出这个限制。[20]此外，攻城车和公元1500年以后出现的火炮有时太过于沉重和笨拙，因此必须选择一条距离更短、路况更好的路线（如果可能，最好是水路），而不是非要跟着其他部队前进。[21]不过这算起来属于不得不采取的权宜之策。在公元1800年以前，似乎极少有军队故意分出多支部队，并在战场上针对敌人成功实施战略机动的先例。据说普鲁士的腓特烈大帝就是第一批尝试这样做的人，当时是在1757年波希米亚战役（Bohemian campaign）中，虽然他失败了，但可以肯定那并不是由于缺乏战略协作，不过当时的军事评论家却立即谴责他不应该那样做。[22]

## 第二章 指挥的"石器时代"

当然,战场上的远程通信问题并不是指挥官们不愿分散兵力或采取拿破仑式战略的唯一原因。在 19 世纪以前,世界各地路况好的道路数量都是有限的,这就使得军队除了在越野行进期间外,不可能选择并列纵队的方式行军;同时,能够正确地二维呈现战区情况并详尽标明道路和距离的精细地图,事实上也一直非常稀缺;[23] 而在 17 世纪之前,便携式计时装置还没有诞生,因此指挥官们只能依赖操作不便的天文工具[24]——所有这些因素综合起来,就迫使指挥官们不得不把战略实施局限于那些他们能够直接控制的行动中,也就是保持一支部队差不多能够整体行进,最多安排一个先锋部队和两侧一些分遣队加以掩护。[25] 因此,他们能够实施的战略包括尝试突然袭击或夜间行军偷袭敌人;进军或后退;占领阵地、封锁交通、破坏重要的农业地区,以切断敌人的补给。简而言之,所有这些战略行动都使得 18 世纪的战争变成一种特别缓慢复杂、优柔寡断的过程,而且这种情况很普遍。此外,克劳塞维茨指出,按照上述思想组建的军队通常只会在双方最高指挥官相互达成某种共识后才开始作战;[26] 他们需要进行挑战和应战,这既包括像中世纪常做的那样正式派出信使,[27] 也可以采取在敌人营地前面游行示威等非正式做法,实际上从恺撒直至 18 世纪的指挥官们都喜欢后者。另一方面,如果这些军队采取的战略是包围或包抄敌人,想在战争开始前就让敌人陷入绝境,这就是拿破仑关于"后方机动"战略的核心——这几乎是不可能的,而且据说在 2000 年中只成功执行过一次。[28] 这种战略是多种因素共同作用的结果,它之所以难以实现,关键在于它依赖远程机动作战中各支部队之间的通信和协调,关于这一点已经说得相当多了。

拿破仑前后时期的战略还有另一个不同之处。因为双方军队通常驻扎得很近,而且武器装备的作战威力和范围也有限,因此几英里之外的一支敌军虽然有能力造成威胁,也看起来好像远在天边一样,所以一个非常现实的情况是,战争只有在双方主力——通常是由双方最高指挥官亲自指挥的部队——面对面时才能进行。引用一位著名权威人士的话说,战争在本质上是"长途行军"或"骑马或徒步向战场前进",偶尔出现的一场精心策划的激烈竞赛,则被称为战役。[29]事实上他们的大部分补给都取自周围的农村(无论是通过征用和掠夺等直接方式还是强制进贡以分摊供给费用等间接方式),这意味着他们在激烈战斗中所面临的主要问题并不是如何与敌人作战而是如何在战场上存活。[30]参谋和参谋业务的兴起,正是为了解决这个问题。

## 第二节 参谋团队发展停滞不前

"参谋(staff)"这个词(以前被称为"核心参谋",现在被称为"普通参谋")在英语中有多重含义。[31]从最广泛的意义上说,这个词最初是指"员工",他们服务于任何想要研究重大问题的军界、政界或商界人士。员工和佣人之间可能存在区别:前者是在工作中帮助他们的老板,而后者是为了满足老板纯个人的需要。但秘书们都知道,这种差别在实践中往往是模糊的。此外,这个词的使用非常随意,以至于美国白宫中的任何一个人,从最底层的女服务员到美国权力第二大的人,都可以被称为这里的"员工"。

如果不考虑纯粹的私人佣人，任何级别的员工似乎都可分为两类人：一方面是技术助理（打字员、电话接线员、档案管理员以及其他职责有明确规定的类似人员），另一方面是各种研究人员、计划人员和管理人员等。但是要把所有这些人都归类到标题中的"参谋"人员之中，从历史上看也是种误解，因为前者比后者早出现了好几个世纪。

要把我们的讨论范围局限在军事参谋人员中，一个办法是区分"特殊部门"和"普通部门"，这种做法源自德国体系。[32] 前者由技术专家组成，如炮兵指挥官、工程兵指挥官（如信号、化学战、辎重运输等领域），他们通常身兼两职，既指挥自己兵种的部队又要向协同作战指挥官提供建议；此外还包括副官、军需官、军法官等类似人员。普通部门的人员包括情报军官和作战军官，在较大编队中还有与作战实施最密切相关的后勤与人事管理的军官。与特殊部门相比，普通部门的职能更加广泛，并且在某种程度上还将依赖敌人的行动而不仅是自己一方（例如，食物供给在很大程度上就是这样），它们在预见性、重复性和受制于书面规则的正规性方面也相对较弱。总而言之，普通部门的职责存在更大的不确定性，这反过来就会需要建立一种不同的组织结构，而且还可能需要一种不同的人事类型。

军队参谋的起源已无从考证。不过可以肯定的是，指挥官们，甚至是史前时期的指挥官们，总会安排一些助手来帮助他们分担某些技术型、耗时多或单纯繁重的任务。这些人员的范围从马夫到抄写员，再到负责为将军情妇服务的副官（如一本 18 世纪手册中记载，"如果他养了一个情妇"）。他们的历史在很大程度上是晦涩不清的，但对我们来说也不会造成太大的损失。

最早为我们所熟知的参谋人员当属希腊军队中的参谋。[33] 色诺芬（Xenophon）谈到斯巴达国王（Spartan King，相当于在其他城邦中推选出来的将军）被"那些公务帐篷边上的人"包围着。他指的是"共同住在皇家帐篷的贵族以及先知、医生、部队军官和主动凑上前的同事们"[34]。把这句话翻译成现代语言，一支古希腊军队的参谋队伍——或许我们更应该说"总部"——包括（1）几个高级指挥官，大概是根据个人能力、政治思想或单纯的军人身份而选出来的；（2）技术专家，除上文提到的专家外还应包括信使；[35]（3）趋炎附势的人。在这种组织结构中，很显然既没有特殊部门也没有普通部门。因为希腊各城邦的军队普遍规模较小，都是临时组建而且后勤简单的组织，所以没有设置特殊部门很容易理解；而综合我们已知的材料（必须要知道，历史上的参谋业务直到最近都几乎没有留下蛛丝马迹，这让人非常头疼），在当时很可能也没有那么多行政工作要做。[36]

由于战略实施的特殊性，普通参谋部门在履职方面只能断断续续地开展。这种履职通常一部分依靠指挥官的想法，另一部分则需召开作战会议。前者是否合理只能通过事后分析来解释；后者由高级军官参加，在战斗开始或重大决策前不定期召开，例如，当大流士（Darius）提出放弃幼发拉底河（Euphrates）以西的亚洲部分以换取停战的请求后，亚历山大就向他的指挥官们询问（或假装询问）是否可以接受。[37] 因为希腊军队通常由不同的部队合建组成，毫无疑问，此时的处理方式取决于这个指挥官的个性及其政治地位。很难相信所有这些能涉及多少文书工作。一位希腊指挥官的对外联系似乎主要局限于给家乡的政府写信，而且遣词造句也通常十分简洁明了。[38]

想象一下希腊各个城邦的军队，它们都是"公民兵制"（citizen-soldier）的临时组织，缺乏一个像样的行政机构来运作。亚历山大及其希腊继承者们的军队也是如此管理，却完全是另一回事了。这些由成千上万职业战士组成的军队，他们的动员制度有着广泛牢固的基础，并经常把他们军事殖民者的职业传给子孙。要管理这样的军队，必须依靠丰富的行政学识和大量的文书工作，更不用说相当数量的文员、办公桌、文件柜和档案材料了。众所周知，亚历山大的军队雇用了一名秘书，即卡里亚的攸美尼斯（Eumenes of Caria），他的职责实际上并不像他的头衔所显示的那么专业，他也曾在战场上传递过信息，后来成长为一名著名的骑兵指挥官，并最终成为继任者之一。他的部门负责保存王室日记，[39]还可能参与了支付军饷以及对在亚洲结婚人员的登记工作。[40]希腊军队当然也有他们的发饷员和秘书，但由于我们唯一的史料来源只有莎草纸上的记录，上面只记了他们的头衔，所以不可能从细节上了解他们的工作。[41]

从行政管理到作战实施，我们真正知道的是，亚历山大身边一些"测量员"（bematists），他们的工作大概是搜集路线、经济资源、宿营地等信息，并在军队通过一些以前几乎只在故事中听过的未知国家时测量距离。[42]这些人员也负责收集敌人的情报，至少是收集关于对方人数、军事习惯等一切可能的信息，这项工作的存在是有可能的但却无法被证实，也没有丝毫资料显示是否存在某种负责作战计划的部门。最可能得出的结论是，随着时间的推移，帕曼纽等某些高级指挥官会被委以专业职责重任，如在原来的职责之外又让他们非正式地负责运输等事务。[43]

归根结底，所有这些军队到底需要多少文书工作才能上战场作战呢？答案是，根据现存的少量证据来看，并不需要很多。众所周知，亚历山大写了大量的书信，其中许多是寄往马其顿的家乡，也有一些是寄给在大后方负责通信系统的某个官员。有一次他甚至给大流士写了回信。[44]但是如果说所有这些书信，包括亚历山大寄给他母亲奥林匹亚斯（Olympias）的私人信件，都很频繁，也难以令人信服，因为这样的频率要求必须建立一个专业的信息传递系统，而在目前的史料中并没有发现相关迹象。此外，关于亚历山大发给战场指挥官的公函，或者反过来，由下级指挥官发给亚历山大的书面报告，几乎都没有任何明确的记载。这一点只需要稍加思考就可以明白，在多数情况下，下属指挥官已经在国王的直接控制下进行战斗——毕竟他们通常与国王同住一个帐篷——而且因为战场上各个指挥部都在移动之中，极难在它们之间建立起通信，所以这种情况并不令人惊讶，只是人们总是禁不住猜想罢了。

从一个事实中也可以得出类似结论，即在埃及保存的莎草纸上记录了几百份罗马军队的文件中，没有一份是关于情报或作战的，当然同样不能忽视的是，在奥古斯都皇帝统治时期——现存最早的文献即是追溯到这一时期——埃及几乎完全没有战争。我们手里关于部队的记录全是各种各样的日常驻守生活：完整或部分的部队名册；值勤、杂役等专门名单；每日早晨的查人记录，其中军官是被单独列出的；月度和年度实力报告；以及涉及薪资、晋升、纪律和供给的通信记录等。显然部队有规定要做好日常记录，同时还有关于处理所有事务的指南和标准化手册。我们手头上的这点资料中甚至包括了重要节日列表。[45] 很明显，一支军队如果拥有如此复杂的内部记录制度，那么使用书面信函来制订计划、指挥军队或监控战场就应该不存在什么困难了。然而，我们没有找到类似信函的任何线索。经史料证实最多的是与目标战场有关的密令——公元前46年，恺撒本可以（但事实没有）把这些命令发给即将从西西里岛（Sicily）出发前往非洲的舰队指挥官们。[46]

综合一切因素，罗马军队的作战指挥部具有什么样的组织结构和职能，仍然是一个谜。美国历史学家已经确定了几十种不同类型的军官，这显示了当时已经有细致精准的分工，但其中没有一种类型可被归入现代军队的情报或作战部门。[47] 文献资料也没有多大帮助：只有在极罕见的情况中，我们才会意外发现有对处于工作状态的参谋人员的记录。因此，当阿庇安（Appianus）在公元2世纪初写作并描述西庇阿（Scipio）在300年前的胜利时，他注意到获胜的指挥官身边聚满了"年轻人，有他自己的亲人……也有秘书、副官和扈从等助手们"[48]。

罗马帝国克劳狄乌斯皇帝（Claudius）时期的作家欧纳桑德（Onasander）建议，将军在挑选顾问的时候，要从专门为这一目的而参军的人或从"他手下最受尊敬的指挥官"中进行挑选。然而，关于他们的职能，他说的是，"一个人形成的意见只是基于他自己的判断，这是不安全的"[49]，这大概说明了战争委员会在当时已经以某种形式出现了。[50] 其他史料也记载了一些"高级工程军官"（praefecti fabrum），这种神秘人物可能是一些忠诚的信使，负责绝密信息的长途传递；[51] 以及一些"随从士兵"（contubernales），

041

这是一些出身良好的年轻人，与指挥官共用一个帐篷，由指挥官私人教导，使他们能够顺利通过军旅的实习期。[52] 就这些了，还有别的吗？

在研究西塞罗（Cicero）的书信以及《恺撒全集》（*Corpus Caesarianum*）时，一些现代作家试图重建一个由下级指挥官向总司令再由后者向国内政府定期报告的制度。然而，西塞罗在奇里乞亚（Cilicia）任总督期间，只向国内发送私人信件，有次甚至让他的朋友阿提库斯（Atticus）决定是否需要将它们上交参议院。[53] 恺撒与其在高卢的下属指挥官之间的通信主要是在冬季，此时他作为一名政治家正在意大利编织着阴谋，[54] 有时他也会收到捷报，可能是某个副官执行"分遣"任务时获得了胜利。在史料来源中，很少有定期报告制度的记录，更不用说对书面命令和作战参谋业务的系统运用了。这种情况使得庞培（Pompey）有可能在没有得到参议院授权的情况下就占领了中东的大片土地。同样值得注意的是，一种常设的远程报告传递系统，也就是上文提到的"公共快差"系统，开始在帝国停止扩张、边界趋于稳定的时期建立起来，也就是说，当时运动进攻战已在很大程度上被日常的安全和行政管理工作所取代。[55]

罗马军队处于战力巅峰的时期是在共和时代晚期和元首时代初期这个阶段，我们对此期间的情报组织结构同样缺乏全面了解。间谍的使用时不时被提及，但由于这类事情在当时和今天一样属于机密，所以这些放在明面上的几乎全是对罗马人不利的间谍。[56] 从当地居民那里获取信息虽是重要手段但很不可靠。如果一个指挥官对其产生了误判，可能会导致像克拉苏（Crassus）在美索不达米亚

（Mesopotamia）所遭遇的那种灾难。[57]恺撒在西班牙作战期间（公元前49年）——当然也包括其他许多战争——大量的逃兵在双方之间游荡，他们也带来了各种消息。[58]西塞罗在西里西亚有"监视哨"（praesidia），[59]恺撒在高卢有"侦察兵"（speculatores），[60]也许对这两种人最好的描述方式是被安排或派出报告敌人行动的观察人员，而当"侦察兵"被抓住时则会被当作间谍。[61]除此之外，西塞罗和恺撒有时还会组织起庞大的骑兵先锋队，专门负责跟踪敌人并报告他们的行动。[62]所有这些不同种类的部队，至少是出于行政管理的目的，都会听命于他们自己的指挥官，这一点是完全可信的，但即便如此，史料中也没有提及。另一方面，关于负责系统收集和分析信息的"情报"系统是否存在，也没有留下丝毫痕迹。事实上它们可能确实没有被建立起来，因为恺撒及其千年之后的其他指挥官们都会习惯性地亲自审问逃兵、战俘和间谍。[63]

那么，通过留存下来的证据可以得出一个结论，即精心组建且实际存在的参谋团队主要负责的事务类似于现代军队中副官、发饷员甚至军需官的职责范围，[64]原因可能恰好是这些职能能够被简化为规章制度，或多或少地可以按章行事，而无需与到处机动的指挥部保持远程通信。另一方面，作战情报（一般通过在战前策马上前观察敌军这种信息收集方式就足够了）和作战计划主要由总司令在秘书的协助下实施，有时也会召开作战会议，这一程序一直持续到18世纪，本身也证明了还没有设立专业的计划参谋。换句话说，那些有史料记载的参谋人员首先处理的是与职能相关的事务。在高加米拉（Gaugamela）会战之前的亚历山大和在鲁斯皮纳（Ruspina）会战之前的恺撒，他们都是在完全单独的状态下在帐篷里制订了战术计划，然后把准备好的方案交给聚在一起的高级指挥官们。

西罗马帝国灭亡（公元476年）之后的千年里当然不缺乏变革。法兰克掷斧兵、诺曼骑兵、英格兰长弓兵、热那亚弩兵、瑞士长枪兵和西班牙剑盾兵等接连出现，展示了令人眼花缭乱如万花筒般的武器、战术和编队，但最终都因火药的发明而被扫出历史舞台。在这些变化的背后，一个值得注意的事实是，指挥技术并没有发生任何变化，而军队的组织化程度却急剧下降。中世纪的军队通常规模较小且不固定，其人员组成要么是履行封建义务的骑士，要么是后来取代他们的雇佣兵。相关的文献资料甚至比古代还要稀少，而且军队本身的组建（就其实际组织程度而言）是基于个人关系而非政治关系。在这种情况下，唯一能查到的参谋人员是由亲王们的家人组成的，可以说，这是一种战时做法。[65] 一个参战的亲王身边总是簇拥着重要的家臣，他会在频繁召开的作战会议上向他们征询建议，同时他的身边还有一些官员，从他们的头衔中可以了解到他们（最初）的职能——如负责司法的总管，负责管理军队的元帅，以及治安官和副指挥官等。治安官是最重要的官员，亲王有时可能会把自己的部分职责委派给他，如授权发动秘密突袭等。[66] 有史料可查的参谋的书面业务几乎都是关于军事法、后勤和人事问题，也包括最重要的军饷，后者在英国属于皇家服装保管库的职责。[67] 另一方面，关于情报和作战等专业部门，却没有任何记录。

在黑暗的中世纪之后，参谋人员再度出现。直至16世纪末，许多曾经的限制条件仍然存在。信息传播的速度仍取决于人和马的速度，而因为许多地方的稳固政权变得动荡，远程通信的有效性还出现了下降。情报收集工作没有出现任何新的方法，[68] 即使到了现在，军队也只能在看得见的范围内相互攻击。参谋们所面临的最重要问题仍然是如何存续下去，也正是为了解决这个问题，这一时期的参谋人员才建立起条理清晰的组织结构。

从我们收集的资料来看，拿骚的莫里斯（Maurice of Nassau）、古斯塔夫二世·阿道夫、华伦斯坦（Wallenstein）、克伦威尔（Cromwell）等指挥官的参谋队伍都采用了非常相似的组织结构，显示出他们有着共同的渊源。[69] 他们基本上都是由一些专业人员组成，如供给官、调度员（负责在行军中保持队列有序）、宪兵司令、军法官、财务主管，以及"执法者"（Generalbewaltiger），后者这种军官的工作就是与助手一起从所途径的国家收取贡品，因此这也初具了一个军政府的雏形。有些军队，尤其是奥地利帝国军队，还设置了一名路线负责人来管理向导。因为缺乏详细的地图，所以他们必须在当地招募向导，通过威胁或许诺等方式让其效忠。然后是负责军官人事事务的副官和负责专业化部队的指挥官，如炮兵和工程兵，有时也包括骑兵。还有一些次要的角色，如外科医生、占卜师和刽子手等，最后为这幅色彩斑斓的图画添上了句号。

事实上，在17世纪的指挥部里还有一种军官，他们的职责注定了他们将前途无量：这就是军需官，其法语称谓是"少将"（maréchal de camp）。"军需官"这个词最初指的是一种下级海军军官，负责有序装载船舱。[70] 军需官于1600年首次设立，并在1701年被定为"军需总监"（quartermaster general）衔。顾名思义，他的职责就是每天先行离开军队，选择一个适合扎营的地方，然后用杆子和绳子把营地标记起来。这些职责需要一定的数学知识和一群参谋人员的辅助，而现代的普通参谋正是从这些人中诞生的。

045

也许，皮埃尔·布尔塞（Pierre Bourcet）在他的著作《山地作战的原则》(*Principes de la Guerre des Montagnes*)中对18世纪军需总监的职责作了最好的描述。[71] 军需总监的首要任务是先于军队侦察对方国家，不只是通过向导，更要从"军事"的角度出发，也就是说，要考虑到行军和战斗会遇到的所有可能性和障碍。出于这个职责，军需总监必须先行骑马离开部队，自然也会被委以情报方面的工作，如查问当地居民和逃兵、在友军巡逻队对敌侦察返回时从他们那里获取情报等。布尔塞称，他负责协调所有己方人员向总司令的通信工作（后者反过来会忙于联系作战部长和行动所在国政府），他也负责所有行军命令和作战命令的准备工作。最后，他还要把军队行动、后勤要求和弹药库位置等内容通知军队供货商。要履行这些职责，他必须要通晓几何学、地形学、战术战法以及每个指挥官的习性和各个兵种的特点，特别是各兵种的行军方式可能与大部队整体行军完全不同。为了应对他"数不清的职责"，布尔塞建议军需总监应配备4名助手。他补充说，只要这些人不会被挪作他用，这个数量应该就足够了。

腓特烈大帝说，一名优秀的军需总监"不可能不升官发财，因为他会在实践中掌握成为将军所需要的全部技能……唯一的例外是制订作战计划，但他会亲眼看着这些计划如何落实，因此只要他有良好的判断力，他也有能力制订计划"[72]。但这些话没能阻止他撤职自己的军需总监、著名的冯·施梅陶伯爵（Graf von Schmettau）。

正如布尔塞所指出的，在军需总监手下工作的参谋人员既没地位又不固定，还有可能被吝啬的总司令牺牲掉。事实上，在英语文献中第二次对"参谋"这个名称（1781年）是这样记载的："参谋人员只存在于战时。"[73] 腓特烈大帝在 1756 年至 1757 年的冬季设立了一支参谋队伍（也就是说，此时夏季战役已经结束了；而且这位国王在 1740 年至 1748 年的奥地利王位继承战争中也曾设立过一支参谋队伍，但后来就解散了）。这支参谋队伍由军需总监本人、1 名副军需总监和 4 名军需副官组成。[74] 这些军官中，第一个人被撤职，第二个人在 1757 年夏的布拉格（Prague）会战后不久被杀。并且，国王显然没有再任命继任者，经过这次短暂的实验，他在剩下的战争里也就不再依赖他们了。直到 1768 年撰写《军事遗嘱》（*Military Testament*）的时候，腓特烈大帝才再次领悟到军需总监的实用性。他此刻建议其参谋队伍中应包括 1 名军需官，1 名军需副官和 5 名随时可以根据任何目的进行调用的副官。总共有 7 名军官，负责着一支 6 万多人的军队。

以马尔伯勒（Marlborough）公爵手下的"硬汉"威廉·卡多根（burly William Cadogan）为例，他这位军需总监在历史上赫赫有名。他曾为他的上级拟定战略计划；骑马出去与欧根亲王（Prince Eugene）带来的奥地利帝国盟军取得联系；监督战场上侧翼军队的战斗情况，他不亲自参与指挥，但充当公爵最重要的信使［以防其他使者都失败了，如在 1706 年拉米伊（Ramilles）会战中就曾发生过，当时右翼前锋奥克尼因无视命令而落败］，以及他的"眼睛"；侦察用于渡河的浅滩是否可以通行；当冬天马尔伯勒不在英国的时候，代为指挥军队；指挥一支强大的先锋队，担负修路、架桥、建造桥头堡等任务；带领这支先锋队参加一场（意料之外但是真实发生的）战斗；并在 1709 年指挥运输队满载攻城物资，穿过法军防线，到达里尔镇（Lille）。所有这一切都是为了更好地履行其军需官的职责——制订行军计划、安排行军顺序、确定营地位置并做好标记。他的确是一个全能的人才,不过总的来说,他感觉骑在马背上比坐在书桌后更加自在。[75]

18世纪指挥部中的第二号关键人物——暂时不考虑上文所述的各种技术专家——是指挥官的秘书,这位文职人员通常还配有几名文书助理。最初的任命是协助指挥官处理通信事务,后来随着越来越多的参谋业务需要以书面形式完成,秘书的作用也随之凸显。如马尔伯勒的秘书亚当·卡多内尔(Adam Cardonnel)、腓特烈大帝的秘书艾歇尔(Eichel)、不伦瑞克的斐迪南(Ferdinand of Brunswick)的秘书克里斯蒂安·冯·威斯特法伦(Christian von Westphalen),他们通常都是文职的专业人员,几乎从未当过兵。事实上,正是由于他们没有参军,才使得他们能够多年来一直追随自己的私人将领。

总司令、私人秘书和军需总监之间的工作划分,并没有什么明文规定,而是会根据习俗、环境和相关人物的互动而有所改变。像腓特烈大帝这样一个敢作敢为、雷厉风行的指挥官,很可能会把所有的事情——情报、计划、作战行动、参谋业务——都集中在他自己的手中,而他的秘书处仅作为一个技术机构负责记下他的命令,他不会让任何人介入他的思考。[76]一名指挥官,如果出于这样或那样的原因,希望延缓或回避责任,很可能会绕过秘书和军需总监而经常召集高级军官举行作战会议。根据欧根亲王的说法,作战会议总是一个决定不作为的最佳借口。不伦瑞克的斐迪南(七年战争期间汉诺威军队的指挥官)似乎在相当程度上依赖于他的秘书威斯特法伦律师。他每天都会寄给他多达8份书面信息,并与他进行细致

第二章　指挥的"石器时代"

入微的问答（如制订"应急计划"）来尝试猜测敌人的意图。[77] 德布罗意和他的军需总监、负有雄心的皮埃尔·布尔塞会反复交换备忘录，内容是关于敌我双方的情况和注意事项。[78] 相比之下，腓特烈手下的艾歇尔则被派去执行许多特殊任务，并在军队管理方面也发挥了重要作用，但他没有参与他老板的任何作战计划。可以想见，秘书的工作越重要，军需总监的职责就会越少、越有限，反之亦然。[79]

因此，18世纪的参谋显然是一个正处于转型期的职务。一方面，有一种由来已久的倾向，要把所有的情报和作战事务都集中到总司令手中，由一名秘书协助他（秘书既不是军事专家也不是军队人员，他更像是老板的私人管家，相当于现代的办公室主任），并且他会在认为有必要时召开作战会议。另一方面，在军需总监履行职责时，有很多因素会极大地扩展他的工作范围，他需要骑马先行离开部队——这样自然就非常便于收集敌人的情报——并且他需要有丰富的数学知识，这是公认的战争制胜关键，也是他所拥有的优势。此时在任何一支军队中，不管是秘书还是军需总监哪个人的职责更重要，越来越多的参谋业务，尤其是人事、后勤，有时也包括作战应急计划，都逐渐倾向于采用书面形式。书面的战斗命令[80]、行军命令[81]和日常指令发挥的作用日益突出。前哨所也开始更加频繁地以书面形式传送报告。[82] 然而，其中大部分工作更是基于临时需要。当代许多介绍军需总监必备素质的著作都指出，更重要的因素仍然是人而非组织机构。能进一步显示当时参谋制度尚未确立的证据是，除了出于实验目的，没有建立过任何参谋学院，[83] 而第一本参谋手册一直等到法国大革命时期才出版。[84]

049

文书工作范围的扩大，也使它上升到战争的战略层面。从封建主义向政府专制主义和官僚主义的过渡在 16 世纪就已经出现，这意味着统治者个人的英勇程度在战争中发挥的作用越来越弱。因此君王们开始放弃亲自指挥，而是以各种头衔选拔任命副官长，然后给他们发一堆详细拟定的指示信。[85] 君主和总司令角色的分离使他们之间有必要建立起定期通信，从而促进了皇家邮政服务的兴起。随着十进制运算、对数运算和复式记账法等新型管理技术的普及，如法国的卢福瓦（Louvois）等改革者们开始能够对分散部署的军队实行前所未有的中央控制。[86] 结果是，在 18 世纪中叶以前，德布罗意从德国每天给凡尔赛宫（Versailles）写两封信，大约两周后才能收到回信。不伦瑞克的斐迪南甚至每天给腓特烈大帝写 4 封信，委婉地告诫他要治理洪水。由于远距离传送信息的速度几乎没有提高，再加上如此严密的控制，这就意味着将军们只会被束手束脚。正如施利芬（Schlieffen）所说，他们根本没有真正获得授权发动全面战争，只能是占领一个省或者包围一个城镇。[87] 正如罗马帝国的前车之鉴，如此远程监督的做法只会不可避免地使作战行动陷入迟滞。这就是为什么此时的战略如一潭死水，直到拿破仑才让它活跃起来。

指挥的"石器时代"历经 2000 多年，对其中的参谋历史进行总结实在是一项艰巨的任务。从现存的证据来看，似乎这些参谋人员的产生最初主要是为了缓解指挥官在行政细节和军队日常管理方面的压力，而无论军队处于什么时期、位于哪个国家、规模大小如何或固定还是临时，这样的问题或多或少都需要专业军官按照规章制度通过书面方式来处理。因此也从最开始就出现了专业型指挥官，他们经常不得不身兼双职，还要向上级提供用兵方面的建议。另一方面，作战行动具有更大的不确定性，难以将其简化到一套规章制度之中，这也解释了为什么现代总参谋部发展得如此缓慢。直到 18 世纪中叶，关于它的职能应该由传统的作战会议、指挥官秘书、军需总监或单独靠指挥官个人来执行还是一个悬而未决的问题。自 1500 年前后开始，普通参谋业务开始自然而然地倾向于书面处理，而参谋组织结构还只是在断断续续地发展。由于书面指示越来越多，而且宫廷与战场指挥官之间也建立了定期通信制度，政府在战略方面的控制得以加强，但代价是基本把它变成了对琐事杂务的处理。此外，在战术层面，自罗马时代以来通信就没有得到任何改进。因此，主要的行动依旧受指挥官个人职能所限。我在下文中将具体介绍指挥官的职能范围。

## 第三节　战斗的实施

令人惊讶的是，尽管各个时代的武器和战术千变万化，但决定战术指挥方式的因素却非常少且容易识别。自有历史记载以来，各种因素，如是否要把军队细分为更小的单位并通过某种纪律在上下级指挥官之间建立起顺畅的联系、所拥有通信技术的特点及其局限性、所配主要武器的性质（近战打击或远程抛射），以及当时的道德标准及其对指挥官职能的判断等，它们相互作用，相互结合，决定了战术指挥所能发挥的范围和效力。

希腊方阵是由重装步兵组成的大型编队。甚至在公元前 400 年以前，他们的人数有时能高达1万名士兵，他们纵深为8排，军队的正面足有约四分之三英里宽。这种方阵队形紧密，前后都由最优秀的部队组成，这不仅是为了最大限度地提高攻击力，而且是为了让训练一般的普通公民士兵处于阵形控制之下。尽管对各个小单位都进行了精细划分并保持指挥系统的顺畅（这在斯巴达军队中体现得尤为明显[88]），但这些单位在所有史料中都没有自主行动的记录。显然他们并没有自己的旗帜作为身份象征，这一事实也表明他们的战术重要性并不突出。[89] 由于声音信号是战场通信的唯一形式，这一基本特点导致控制部队的唯一办法就是让它以紧密的队形作战。[90] 反过来这也意味着它所能做的事情相当有限：散开、聚拢、前进，也许还有一些简单的演变。换句话说，无论进行什么样的控制，都必须把指挥职能的内容精简到最少。

一名要上战场的希腊指挥官首先要侦察地形。他要么在敌人还未到达的时候骑马巡视一圈，要么在一座小山顶上找个位置进行观察。然后他会尝试确认敌人的战斗序列，这通常也可以通过直接观察来完成。他下一步是要决定自己的战斗序列，从右翼到左翼的各个编队和分遣队如何战斗，这是一个非常关键的决定，因为在战斗开始后几乎不可能再进行更改。指挥官可以让方阵比平时更宽或更深，但由于各支部队往往都有自己的固定模式，因此指挥官也只能在有限的范围内进行调整。因为缺乏良好的战场通信，在战前召集主要下属军官开会便成了一个至关重要的环节，在会上可以沟通信息并就作战计划达成共识，如果不这样做，最糟糕的结果可能是在战场上被打个措手不及。会议结束之后，军官们便回到各自的部队，指挥官用声音信号发出战斗开始的命令，这种方法可以让命令同时传达全军。然后，双方部队就会进军或冲锋。因为第一次交锋就往往能决定胜负，所以是否使用预备队，也就是由指挥官自己控制的独立部队，几乎不为外人所知。一旦两军交锋，也就是俗话中所说的"短兵相接"的时候，指挥官已经无能为力，他能做的就是拿起自己的武器加入战斗。[91] 要想协调不同单位的行动都毫无办法，更不用说在交战中进行控制或变换部署了。

由于希腊部队的规模小、队形紧密，因此便于控制，而且事实上实时控制既不可能也无必要，但这不应用来证明指挥官的活动是可有可无的。相反，正是因为他总能被所有士兵看到、在他们中间前进、与他们并肩战斗，他所发挥的激励作用是极为重要的。如在战前举行的献祭、检阅和演讲等仪式，在战斗期间树立的榜样，在战后分发的战利品——所有这些都是鼓舞士气的重要做法。在现代军队中，这些做法有时会通过大众媒介辅助完成，有时则委托下属指挥官代为执行。它们的真正意义也许在一个事实中可以充分体现出来，就是即使一支军队的指挥官在战斗中阵亡，这支军队仍有可能取得胜利，正如公元前361年在第二次曼提尼亚（Mantinea）会战中发生的情况。但是，一支被其指挥官抛弃的军队，如大流士的军队两次被抛弃，那么它的失败是无可挽回的。

在公元4世纪初，这样的战术体系得到了一些改进。希腊的各个军队此时开始互相包抄，起初只是偶然，后来就转成有意为之。为了做到这一点，指挥官们自己站在右翼精锐部队的排头，带领他们突破敌人通常薄弱的左翼。然后命令部队转向90度，以从侧翼进攻其他敌人。这一行动的运行机制很难解释，但如果只需要对纪律严明的部队发出两个简单的声音信号，一个是停止前进整顿队形，另一个是部队转向，应该也就足够了。此外，在这种办法中，指挥官通常牺牲了自己对左翼的控制，如在公元前394年的科罗尼亚（Coronea）会战中，斯巴达指挥官阿盖西劳斯（Agesilaos）正在他右翼部队的簇拥下庆祝胜利，这时候"一个人"（有趣的是，这并不是一个专业信使）来到他的面前，向他报告了左翼部队的溃败。[92]

尽管在科罗尼亚会战之后的两个世纪里，希腊的战争变得更加复杂，除了传统方阵之外，还融进了各种轻型步兵、骑兵和象兵等部队，但指挥官面临的基本困境仍然没有改变。为了发挥最大的效果，他必须让自己站在决胜的位置上；然而，站在决胜点上往往意味着对其余部分的战斗失去了控制，即使前线就集中在一两英里之内也是如此。在被迫做出选择的情况下，大多数指挥官都以阿盖西劳斯为榜样，选择了第一个选项，即他们宁愿在战斗中只控制一部分部队，也好过试图控制所有人却最终一无所获。在第二次曼提尼亚会战中，获得胜利的是底比斯（Theban）指挥官菲洛比达斯（Philopides）和伊巴密浓达（Epaminondas），他们都在决定性的侧翼（这次是左翼）前冲锋陷阵，后来双双战死。显然他们在战前制订了最初的部署和信号之后，就再也没有向整支部队发号施令过。[93] 在格拉尼卡斯河（Granicus）和伊苏斯（Issus）两次会战中，亚历山大的职责，除了通常的个人侦察和部队部署外，还包括在最开始发出进攻信号，然后在波斯战线上寻找突破口。一旦出现突破口，他就身先士卒，带着他的伙伴骑兵猛冲进去，奋不顾身地战斗，两次都负了伤。即使亚历山大也无法做到既冲锋战斗又同时控制他右翼的10支部队，更不用说左翼帕曼纽的6支部队了。的确，如此众多的部队（用现代术语来说就是"指挥跨度"）本身就是可以有力地证明，它们在战斗中很难接受任何形式的严密战术控制。

希腊战争通常遵循类似的模式。总司令穿上他的盔甲——这个举动很重要，有助于他正确地看待自己的角色——然后自己站在他希望能决胜的侧翼部队中，通常情况下（但未必一定）是右翼。尽管可能不再需要亲自战斗（据说亚历山大的继任者中没有一个人曾在重大战斗中负过伤），不过这些指挥官们能做到在整体控制全军的同时，还能控制自己所在的侧翼部队，甚至还仿效亚历山大，通过手下指挥官控制着与之配合的骑兵。另一翼部队则总会被交给一些经验丰富的骑兵指挥官。[94] 他们通常会先召开一个作战会议，期间下级指挥官们收到指示，然后回到各自部队。不过从此刻起，他们就基本上只能靠自己了。战斗开始前先发出信号将轻装部队和战象派出作战，时机适当之后再发出另一个信号将他们召回，随后当天的主要战斗就开始了。这时，总司令会一马当先，率领他所在的侧翼部队冲上前去，试图一举奠定胜局。有时另一翼部队的信使会找到他（也会反向发生相同的过程）并发出警告，那一边遇到了麻烦。此刻指挥官可能会吹响号角，让军队停止前进并转而支援他的下属。[95] 这并不能体现出他在冲锋过程中还试图控制整个军队。事实上有好几次，希腊的指挥官会在自己侧翼部队取得优势后策马退出战场，目的是更好地证明或者打消心中的担忧，即其余的部队有没有意外输掉战斗。[96]

诚然，这种模式也有例外。在高加米拉会战中，亚历山大站在一座低矮的山上，俯瞰着眼前一马平川的战场。从一开始，他就冷静地把一支又一支部队投入战斗，阻止波斯军队包抄他的右翼。甚至当他最终开始冲锋的时候，他也始终保持着对战场其他局势的充分了解（即使没有实际控制）。例如对左翼帕曼纽的支援请求，他先是拒绝，后来根据形势才答应增援。[97]公元前316年，安提柯一世（Antigonus）在伽比埃奈（Gabiene）会战中的表现是个特例，因为他把决定性的侧翼部队交给了他的儿子季米特里奥斯（Demetrios）来带领，从而他自己可以腾出手来指挥整个军队并成功实施了包抄行动。[98]不过，就连安提柯一世最终也是亲率骑兵向攸美尼斯的方阵发起了冲锋。一个指挥官如果被束缚在自己的军队中，就不能自由地穿行在战场之上，最多只能在自己侧翼部队被击溃的情况下，抽身出来在别处重整旗鼓，就像攸美尼斯在伽比埃奈会战和托勒密（Ptolemy）在拉菲亚（Raphia）会战中所做的那样。[99]总之，一名希腊指挥官在战斗中的职能可以概括如下：根据你对敌人和地形的观察来部署部队，将自己置于你希望决胜的侧翼部队中，在正确的时机向前冲锋，但绝不要走得太远，以备其他部队向你求援。

早期的希腊指挥官试图通过限制自己需要控制的军队人数或职能等（即建立一个单一、紧凑、笨拙的方阵）解决军队控制的问题，后来的指挥官是通过把自身置于决胜侧翼部队之前从而有限控制部分军队，相比之下，罗马指挥官们则想出了一个非常有效的解决方案，他们设计的编队不需要进行整体指挥。关于罗马军团的棋盘阵形，已经有太多的著作进行了详细介绍，在这里无需赘言。就本书的目的而言，一个突出的事实是，军团在组织结构上分成了几个紧密固定的分队——在我们讨论的这一历史阶段，包括百人队、支队和大队——每个分队都有自己的指挥官、号手和旗帜。[100]其中旗帜并不是为了发出临时信号而随意设计的，它其实是一件固定的装备，兼具装饰和实用意义，可以发出许多不同的命令。[101] 相应的训练再加上号角和旗帜的组合，首先可以引起士兵们的注意，然后传达准确的命令。[102]

比技术手段更重要的是棋盘阵形本身，这才是让下属指挥官充分控制手下士兵的关键。这个阵形既留出了机动的空间，又让百夫长可以互相看见对方的部队，使他们能够互相支援。他们把全部战术动作都演练过，从楔形阵到锯齿阵，都可以在短时间内迅速完成而不出现混乱。因此，正如之前的评论所说，罗马军团在战斗中几乎不需要指挥官就能取得胜利。历史反复证明［如扎马（Zama）会战、库诺斯克法莱（Cynoscephalae）会战、温泉关（Thermopylae）会战、马格尼西亚（Magnesia）会战以及恺撒对抗比利时人的会战都是很好的例子］，百夫长、军事护民官、中层军官们都"知道该做什么"并能"立即判断出"对同僚进行支援的时机，或在军团散开时收紧队形，或带领一些支队主动出击实施包抄行动。在大多数的战例中（温泉关会战是一个例外，其中最典型的军官是加图，他是一名军事护民官，后来夸口说，无论那天谁看见他的功绩，都会认可罗马对他奖励再多也不为过），即使那些人的名字没有保存下来，也可以进一步拿来证明其行动并没有依赖总司令的命令。

在这方面需要指出的一点是，战史中没有任何记录表明一支罗马军团可以完成这些行动。正如德尔布吕克（Delbrück）所写，罗马军团是一个行政单位而非战术单位；在任何情况下，除了前进和后退，几乎不可能在让它朝其他方向移动的同时继续保持棋盘队形。[103] 因此，是那些小部队而不是整个军团在实施战术机动，并且他们庞大的人数——60个百人队、后来是30个支队、再变成了10个大队——再一次雄辩地证明了这些小部队难以受到军团指挥官的任何严密控制。[104] 军团作为整体的重要性相对较低，这一点也可以从公元15年凯基纳（Caecina）在德国的作战行动中得到证明。虽然他身边至少带了两个军团，但是这位总司令在战前准备时主要吩咐的却是护民官和百夫长。[105]

罗马军团解决战场控制问题的办法是将其简化，首先是通过标准化的战术演习，其次是阵形部署，让最基层的指挥官明白主动作战并相互支援的方法和时机。这两个因素结合在一起，再加上没有直接指挥的下属部队（可能除了一个小警卫队），最终解放了总司令的双手，他第一次可以自由地在战场上行动。[106] 虽然公元前3世纪的罗马指挥官需要像希腊同行们那样站在侧翼部队前面肉搏作战，[107] 但"非洲征服者"西庇阿（Scipio Africanus）却不再需要这样做。[108] 波里比阿（Polybius）称，公元前146年小西庇阿（Scipio Aemilianus）在三个持盾兵的陪同下巡视战场，并让双方都看到自己，他评估形势，并会抓住随时出现的任何机会。[109] 他身穿一件红色的长袍，这样能清楚地显示他的位置，顺便表明他不会有性命之虞，恺撒在与比利时人的战斗中也是这样做的。[110]

这样的例子层出不穷，但在这里只需要举一个就够了。我们知道在古代世界中，战场指挥最好的例子之一是鲁斯皮纳会战（公元前47年），当时恺撒在非洲对阵由拉比努斯（Labienus）领导的庞培军队。恺撒率军从营地出发，经过一片平坦的地形，他的侦察兵们向他报告，敌人就在眼前。同时，远处飞扬的尘土也表明了他们的存在。他立即带领一小支部队迎上前去。等已经能看清敌人,他下令集结成一条战线(他没有足够的兵力来设预备队)。他接着命令——我们无法查到发布命令的方式——要小心两翼不被包围,这是必要的防范措施,因为这正是敌方优势骑兵部队所要做的。随着两军相互逼近(在这个节骨眼上,拉比努斯正骑着马在前线上来回鼓励自己的士兵,但两军距离已经非常近了,他不仅能听到对方谩骂声,自己的马都被射死了),恺撒从他的位置上"向军队传达着命令",禁止士兵向前超过旗帜四步远。经过双方两翼的小规模战斗,敌人凭借其人数优势顺利包围恺撒的军队。作为回应,恺撒用旗帜命令所有替补士兵转过身去,这样就有一半军队和他一起面对着后方。恺撒的军队首先进行一轮齐射——这一定是收到了总司令的信号——然后顺势从敌军的包围圈中突破出来。军队仍然在恺撒的掌控之中,他们向后撤退,这时殿后的部队也已经把敌军击溃。恺撒决定不再恋战,于是保持着战斗队形,一路回到营地。[111]

　　组建一支结构固定、组织严密、高度融合的部队,在百人队、支队和大队等最基层部队中建立有效的战术通信系统,落实使下属指挥官能够互相支援并充分发挥主观能力的部署,做到上述几点后,总司令就能获得行动自由,而这些正是这套战术指挥系统的核心要素,最终使得罗马军团在数百年历史长河中成为战无不胜的象征。对不同部队进行战术行动的标准化演练同样非常重要,不过也有争议认为这种做法虽然可以带来胜利,但也限制了罗马军团在陌生地形上的战斗力,如在波斯沙漠或德国森林中。此外,这种因果关系也可以反过来。正是罗马军队的整体稳定性和铁一般的纪律性,才使得战术的灵活性和基层部队的主动性都尽可能地被发挥出来。只有在长期稳定的条件下，或许还需要一点保守主义，才有可能打造出其中所需的军官队伍。正如一位作家所说，这些军官的行为方式符合了罗马人"不讲人情只讲效率"的特点，无需指挥就知道该做什么，并能够将这一点传承给下一代。

然而，长期稳定的政治和组织结构恰恰是中世纪最缺乏的。对于大多数西欧国家来说，侵略和私斗层出不穷，如查理曼（Charlemagne）等君主建立的庞大政治体系都易早夭，更不用说对边远地区的控制了。军队规模出现了急剧下降。当时除了为在极端困难的条件下穿越圣地而组建了十字军，其他常备军几乎闻所未闻，直到15世纪中叶法国查理七世（Charles VII）才开始重整军备。那些在希腊和罗马时期对建制部队实行的训练，此时几乎只剩下个人武器操练，他们要么作为骑士而接受终身训练，要么像骑士的农民追随者那样几乎没有任何训练。最后就是那个时期的道德思想。希腊和罗马的指挥官们明确警告在肉搏战斗中禁止怀有道德思想，[112] 而这种行为对于中世纪的指挥官们来说是不可想象的，因为他们本质上是拥有庞大追随者的骑士。对于他们来说，战斗是无与伦比的辉煌，是他们作为骑士存在的最高荣誉；而回避战斗则会让他们个人及其政治地位都陷于危险之中。

中世纪军队在进入战场时是按照封建原则进行编队，每一名骑士都把他的追随者聚集在自己的旗帜下，然后再跟随着他的直接领主。正常情况下，总司令的位置就在正中间，用一面比其他更显眼的旗帜标示着，它的作用主要不是为了显示不存在危险，而是要把危险都吸引到他的身边来，这跟恺撒时期所做的一样。[113] 在他的周围环绕着他的家族骑士——如哈罗德（Harold）的轻骑兵（Huyscarles）和菲利浦·奥古斯都（Philip Augustus）的侍卫队（Sergents）等——可能还包括一些重要的贵族。在组织严密的军队中，比如圣殿骑士团，这些护卫被禁止离开他们旗帜。这种特殊的限制常常引起人们的不满；它把家族骑士和其他骑士分割开来，因为后者可以自由地攻击任何敌人。在没有实时战场通信的情况下，事先召开作战会议非常关键，至少可以对作战行动达成一些共识。由各地派来的分遣队通常都配有号手，其规模约为每百人配一名。[114] 当号声一响，双方便开始互相冲锋。由于双方军队的组织结构几乎完全是建立在指挥官个人基础之上，而且他们的位置也有明确的标记，所以两人之间就免不了短兵相接。在有史记载的第一次法兰克骑兵冲锋中就发生了这种情况，当时是在626年的萨克森战争（Saxon War）中，克洛泰尔（Clothar）"一磕马刺，纵马越过小溪［即威悉河（the Weser）］，所有法兰克士兵都跟着他，泗水而过"，向萨克森统领伯特瓦尔德（Bertwald）发起冲锋并将其杀死。[115] 而在1176年莱尼亚诺（Legnano）会战和1214年布文斯（Bouvins）会战中，腓特烈一世皇帝和菲利普二世国王都曾分别发起冲锋，并且都只捡了一条命回来。

中世纪的战场指挥之所以显得原始，似乎并不完全是由于技术上的落后。因为即使是技术最落后的战士，比如在弗兰克斯（Franks）《战略学》（*Strategicon*）中描绘的6世纪，他们肯定已经会使用军号和旗帜，并且据我们所知，甚至能够运用自如。问题还是在于这些军队的组织结构不稳定以及受限于当时的道德思想。要进行指挥，就必须有人服从指挥；然而，中世纪的军队完全是由军官组成的，或许我们应该说，他们最显著的特点恰恰是，负责领导或指挥的军官与以杀戮和被杀戮为生的士兵之间的差别没有建立起来。此外，骑士之间的战斗纯粹是互相冲击。就像早期希腊方阵的战斗一样，他们很可能会在第一次冲击之时就决出胜负（除非在开始之前就有一方转身逃跑等），否则这一大群人马混战的局面将变得完全无法控制。即使他们想进行控制，也几乎没有迹象表明他们做到了，事实上中世纪指挥官们一旦加入战斗就将无法进行指挥。唯一能做的就是动手拼杀，发挥出自己的道德职能。

围绕着一群骑士互相攻击的基本主题，可能有许多不同的版本。最简单的或许就是进行三场"战斗"，即由中世纪军队的固定组成模式（前锋、中军、后卫）分别进行，他们不是同时列队迎战，而是按照到达战场的先后顺序依次作战。这通常是偶然事件，但在第一次十字军东征中，那些高效率、半固定化军队在巴勒斯坦似乎把它转变成了一种有计划的作战方式。如果我们手中关于安条克会战（Antioch，从1097年至1098年共三次）、拉姆拉会战（Ramla，1101年）、第二次拉姆拉会战（1102年）和阿斯卡伦会战（Askalon，1105年）等史料的记载是准确的，那么可以看出，总司令们似乎总会率领着最后的第三支部队，这样他们可以首先观察前锋部队的战斗情况，再把中军主力派上去支援，最后在他认为最有利的时机下带领后卫部队冲上去。[116]

当轻装部队（通常是雇佣兵）参加战斗时，就会有另一种变化。此时指挥官会首先命令他们投入战斗，一段时间之后再通过某种信号召回他们，然后骑士们才开始互相厮杀。这样的行动，需要对号角或旗帜的运用做出有效的协调，在这方面最重大的胜利发生在1066年的黑斯廷斯（Hastings）会战[117]和1191年的阿苏夫

（Arsouf）会战中。到了1346年的克雷西（Crecy）会战就表现得差多了，此战中法国骑士直接在己方撤退的弩兵中横冲直撞。正如最后这个例子显示，最关键的限制因素是组织和纪律而非科技。

当英格兰军队在14世纪引入长弓时，抛射力量便开始取代骑士冲击而成为战斗中的决定性因素。在这类战斗中，指挥官不可避免地要站在大后方，也许只是因为他自己是名骑士，不会带着让他鄙视的弓箭。因此，英格兰在先后参加的克雷西会战和普瓦捷（Poitiers）会战中，其两位指挥官，国王爱德华三世（Edward Ⅲ）和黑太子（Black Prince），都是站在后方的一座山上俯瞰着战场，并通过信使[118]与下面的弓箭手指挥官们进行交流。[119]然而，即使是这两个人，如果他们不是优秀骑士，在最后关头也发挥不出什么作用。同样，黑太子以及后来在1415年阿金库尔（Agincourt）会战中的亨利五世，最后也是发挥骑士精神，亲自向法军发起了冲锋。[120]

后一个例子清楚地表明，战术在本质上是一种辅助决定战场指挥方法的关键变量。对骑士冲击的依赖程度越高，战斗持续的时间就越短，也就越难以对整体进行控制；而如果弓箭所占的比重越大，指挥官在战时就越有可能无所事事［比如萨拉丁这位毫无骑士精神、非西方式的指挥官，他在1187年哈丁（Hattin）会战时就在附近的山上无聊得拔胡子］，也就更便于指挥部队参加或撤出战斗。总体来说，由于骑兵和冲击战术在17世纪中叶之前仍然是最负盛名的决定性制胜因素，所以骑士精神非常盛行并且许多指挥官仍然亲自作战，这也不足为奇。甚至在布赖滕费尔德会战（Breitenfeld，1631年）和吕岑会战（Lutzen，1632年）中，伟大的指挥官古斯塔夫二世·阿道夫就像某位希腊国王一样，一马当先率领着他的右翼骑兵向前冲锋。他像一个移动的救火队员,无论出现在哪里,都能极大地提振士气。不过,他在只有两名随从的护卫下超出大部队,驰援焦头烂额的左翼部队时,不幸作战身亡。[121]

对于古斯塔夫二世或他的对手帕彭海姆(Pappenheim)这些刚刚进入现代时期的总司令,率领骑兵部队发起冲锋并不是唯一作战方式。从16世纪开始,便携式火器开始发挥出越来越重要的战术作用。最初,火绳枪兵、火枪手与长矛兵被编为同一战术分队,但后者的重要性逐渐下降。直到1660年前后发明出了枪刺,使得在一件武器中可以同时结合火器和冷兵器,结果导致火绳枪和长矛一起退出了历史舞台。随着火器的大量使用,为尽可能有效地使用新武器并防止部队之间的误伤,军事演习——16世纪晚期的一项创新——就变得十分必要。这反过来要求战术单位的组织性和纪律性要远优于自罗马衰亡以来的任何欧洲军队。截至17世纪,欧洲各国已经实际建立起以下单位:依次编制了连、营、团,并各配备一名指挥官、一名副指挥官以及号手、旗手等。为了使所有这些单位彼此不会混淆并与敌人区别开,他们在1660年左右开始采用各种花哨的军服。直至约两个世纪后,发明出了后膛装弹式武器和疏散战斗队形,并因此增大了迷彩伪装的必要性,这些军服才逐渐被淘汰。在15世纪,战鼓作为演习行动中的有效指挥工具,也开始进入传统的信号装备中。由于在编制中不存在比团更高的单位,但视情况可能又要临时组建,因此发布"战斗命令"就变得极为重要,这也反过来提升了参谋业务的重要性。

所有这些在指挥方式上产生的变化都影响深远。中世纪的军官只是一些比其他人更聪明或更强壮的战士,他们的特殊之处仅在于他们携带的武器更加昂贵和华丽,而现在军官们开始把自己划分成一个独立的职业阶层。为了凸显自己的独立性,他们就把武器只当作摆设,例如为表明他们的工作是领导和指挥而非杀戮,他们从最开始佩带短矛,后来改用手枪,又换成权杖,最后到了今天许多高级军官在办公桌上摆放用以装饰的模型坦克和飞机。既然现代时期的杀戮已变成在远距离上使用枪弹射击,这对贵族和平民都是一视同仁的,因此也谈不上会让人多么血脉偾张。慢慢地从顶层开始,身穿闪亮盔甲的骑士们逐渐让位于拿骚的莫里斯这样的"棋手"或拉依蒙多·蒙特库科利(Raimondo Montecuccoli)这样的"军事家"。

随着骑士精神的衰落,越来越少的指挥官愿意亲自上阵。旺多姆(Vendome)在奥德纳尔德会战(Oudenaerde,1708 年)和查理十二世(Charles XII)在波尔塔瓦会战(Pultava,1709 年)中仍然身先士卒,这的确是事实,但也逃不过濒临消失的命运,并且在这两场战例中,二人最终都是以失败结局。马尔伯勒公爵在拉米伊会战中也曾率领部队发起冲锋,但在冲锋的过程中,他从马上摔了下来,险些被踏;而且他进行冲锋只是为了帮助击退法军的进攻,而当时手边没有其他指挥官可用。等到了滑铁卢会战(Waterloo,1815 年),奈伊手持火枪参加战斗,这明显已是精神错乱的表现了。在现代早些时期,指挥官们会面临一些新的危险,典型的如杜伦尼(Turenne)在 1675 年萨斯巴赫(Sassbach)会战中:他骑马出去观察右侧的形势,经过一个炮台附近时,出手帮助士兵对大炮进行瞄准,突然一发炮弹击中了他的胸部,导致他当场死亡。

火器的发展带来了战术和组织上的革命,也以其他方式改变了总司令的位置。由于各国不再重点依仗骑兵冲击,战术阵形的纵深也逐渐变得短浅,从1600年前后拿骚的莫里斯把部队纵深分成8排至10排,减少到一个世纪之后马尔伯勒公爵的4排至5排,再到拿破仑有时会部署的2排。[122] 这种短浅的阵形,加上军队规模的扩大,意味着前线经常会展开得很宽,以致部队将无法再保持统一的整体,也不能再由一个人控制。即使在完全平坦开阔的地形中,指挥官也不可能总是站在远远的后方观察整个前线,这样将无法做出切合实际的有效指挥。因此,比较好的做法是在前线上来回移动;或者把注意力集中在他所希望发挥决定性作用的地方,并依靠信使(此时真正意义上的首批副官出现了[123])与其余部队进行交流;第三种选择是如果自己的部队训练有素又纪律严明,那么就设法提前计划好每一步行动,然后按计划执行。

在18世纪的所有指挥官中,马尔伯勒公爵可能是最擅长在战场上行动的。他通常会提前两三天就开始向战场进军,然后通过某种途径——尚无法证实其确切性质——他会得知敌人就在某个不远的地方。卡多根作为军需总监,会骑马走在部队前面10英里左右,如果发现敌人就会把消息传给公爵。然后,他继续策马向前,在等待部队到达的同时,亲自侦察地形情况。由于军队的部署顺序已经进行过规范(在这一点上,公爵似乎远远领先于他的时代),因此没有必要每次都重新规定。如果时间允许,比如在1704年布伦海姆(Blenheim)会战中,马尔伯勒公爵就骑着马穿过前线,让所有人都看见他,然后回到中军稍后的一座小山顶上,下令开始战斗。他通过信使(带着书面命令)与两翼部队建立联系,并亲自向集合在中心位置的指挥官们训话。战斗开始后,公爵观察了片刻,就骑马来到一侧的部队,查看他们的攻击进展情况,或者帮助他们缩小战线上的部分差距。在这段时间内，他一直通过信使与前线的其他部队保持着联系。如果出现了可以决胜出击的机会，公爵一定会亲临现场评估局面，然后下令向全军发出战斗信号。这个制度需要很好的地形观测能力。一般说来，还需要一种对机会或危险会如何及在何处出现的猜测能力，以及，用一位现代专家的话说，一队"高度重视准确传达命令和正确估计形势并兢兢业业不放弃任何一个决胜机会"的信使。[124] 最后，还要有一群可以依赖的主要下属，在公爵不在的时候，他们不会犯严重错误并能坚持下去。[125]

如果地形限制了战场上的自由机动，18世纪的指挥官可能仍会采用过去的那套方式，即在战斗中跟随决定性的侧翼部队，放弃对其他部队的控制，此刻就只能寄希望于局势按照计划进行。1758年克雷费尔德（Krefeld）会战就是一个很好的例子。[126] 当时不伦瑞克的斐迪南计划由施波肯将军（Spörcken）率领一支部队牵制住法军，同时主力的汉诺威部队（Hanover）向右进行大范围迂回机动，穿过敌军躲藏的堑壕，从他们的侧翼和背后击败他们。在前一天发布命令后，斐迪南本人加入了主力部队一侧。当他们在这片相当狭小的地形中穿行时，他已经完全无法再监视整个战场的局势。如果能登上一座教堂的塔楼进行观望，至少还能示意法国预备队的动向，但他与施波肯失去了所有的联系，法军因此得以及时撤离。虽然斐迪南仍然控制着战场，但这次行动却谈不上让人满意。

最后一点，腓特烈大帝的战斗总是富有攻击性，他总会在战前仔细思考，这也导致只有训练有素、纪律严明的军队加上精确、机械式的行动才能落实。这位国王经常会策马出阵，走到正在逼近的敌军前面，近距离地观察敌人，然后再回来给每支部队安排作战任

067

务。[127] 从这一点来看，他的军队应该能够自主行动。有时确实如此：在1757年洛伊滕（Leuthen）会战中，军队的机动像钟表一样精准（无疑很大程度上是由于一条连腓特烈大帝都不知道的低矮山脊挡住了奥地利人的视线）。在其他例子中，如1758年的曹恩道夫（Zorndorf）会战，由于地形或遇到意想不到的抵抗，各支部队偏离了他们在战线上的指定位置，结果有的地方互相交叉，而有的地方则留下了空隙。在这样的局势中，只有普鲁士骑兵才能够转败为胜，因为他们的行动通常只会按照各自指挥官［在曹恩道夫的塞德利茨（Seydlitz at Zorndorf）］的主观想法进行，而国王并不会对他们发号施令。总之，尽管在洛伊滕会战和罗斯巴赫（Rossbach）会战中取得了一些辉煌的胜利——后者几乎是靠塞德利茨单枪匹马赢下的——这套方式只能算是差强人意，胜负各半。因此，腓特烈大帝的战术指挥体系作为指挥官尝试连续控制整个军队的最早做法之一，需要那种曾有过战场经验、机械一般的部队才能实现。但这种体系即使由其开创者亲自实施也称不上能绝对成功，更不要说那些不娴熟的后继者了，那样做甚至会直接导致灾难。

## 第四节　结论：背负枷锁的战神

对长达2000年的指挥"石器时代"进行总结，最不可忽视的一点可能是，由于通信技术的原始落后，总司令不得不亲自处理许多本应交给下属的事情；或者，为了扭转一个观点，最重要的决定只有在指挥官在场时才能做出。如亚历山大在高加米拉会战前带领着一小队人马出阵观察；古斯塔夫二世以机动救火员的身份在战场上四处奔忙；马尔伯勒公爵则来回移动，既要帮助打退法军的反击，又要亲自发出决定性出击的信号，等等，这些都是指挥史上的典型例子。如果指挥官不能暂时放弃对大部分部队的控制，这些战例也必然无法实现。

指挥官们无法一直指挥所有部队，因此想出了各种解决办法。一种极端的做法是，像中世纪的亲王那样几乎放弃所有的控制权，只留下指挥官的道德职能。另一种极端做法的效果也差不多，即把军队压缩成一个方队或方阵来实施全面控制，因此用于控制的职能数目也大大减少。折中的解决方案包括，像希腊国王那样在全部时间内只指挥一部分军队，或者像马尔伯勒公爵那样在部分时间内指挥全部军队。腓特烈大帝是最早试图一直指挥全部军队的现代指挥官之一，但要实现这一点，只能把军队变成一个没有思想、毫无生气的机器，他们的胜利要依赖于一群非常兢兢业业的骑兵指挥官。迄今为止最成功的解决方案只有一个，它能够在数百年中百战百胜，并且几乎与指挥官的个人特点无关，这就是罗马军团的办法：这是一个指挥系统，不基于任何实际拥有的技术优势，而是依靠组建标准化的编队、在最基层建立适当的组织结构、形成涵盖所有战术动作的固定模式，以及在全军范围内分配权力并大幅减少对细节控制的需要。总司令的双手由此得以解放。

选择何种战场指挥的方法，这一问题同样制约着指挥官在战场上组织行动的能力。对于两支相距遥远的机动部队，只要在他们之间建立快速可靠的通信这一问题始终难以实际解决，那么军队的安全就只能取决于他们离得是否足够近，而紧密的部署又反过来完全限制了他们的规模。直到18世纪甚至之后，作战情报和作战计划依然需要由指挥官亲自落实，因此它们都非常简单且不连贯。"普通"参谋人员不同于从事行政管理和后勤工作的人员，他们出现得比较缓慢。直到19世纪中叶，传统的"独具慧眼"及个人直接观察的影响才让位于起源于德国的"态势评估"，这意味着要研究地图和书面报告。[128]

在战略层面上，最重要的发展是自16世纪起君主们逐渐停止了亲自发号施令。由此产生了两个结果，一是宫廷与总司令之间建立起了广泛的联系，二是战略的发展进入了低谷期，后者直到几个世纪之后才有所改善。法国在1789年以前是所有国家中组织结构最好的，先后由孔代（Condé）、杜伦尼、德·萨克斯（de Saxe）和德布罗意等人指挥过很多异常复杂的作战行动。罗马帝国曾证明，要实施大战略，最好还是由统治者同时身兼指挥官一职，如古斯塔夫二世和腓特烈大帝，或者指挥官在宫廷内享有崇高的政治和个人地位，可以拥有超乎寻常的自由权力，如马尔伯勒公爵（只要他的妻子仍然深受女王的信任）和欧根亲王。总的来说，试图通过远程控制来实施战略的做法很不成功，并在德国西部爆发的七年战争中寿终正寝。

然而，就在战略层面走入死胡同时，较低层面上的其他因素已经开始发挥作用，将战法逐渐从枷锁中解放出来。战场控制是一个至关重要的因素，截至20世纪初，它的发展几乎可以忽略不计（如果称得上有发展的话），但不管怎样，在公元1700年之后，指挥官们都已不再亲自作战，战术组织的结构变得严密且固定。越来越多的参谋业务转而用书面形式完成，从为军需官设置参谋人员的

## 第二章 指挥的"石器时代"

过程中，指挥官们掌握了一种已经显现出巨大潜力的手段。他们在参谋学院里进行了各种各样的试验，这些做法代表着高级军官们首次接受了系统性的战争培训。简而言之，舞台已经搭好，指挥史上最伟大的变革即将登场。

## 注　释

1. *Diary of the Sinai Campaign* (London, 1966), p. 66.

2. 至少在奥地利王位继承战争（1740—1748）时期，法军总司令莫里斯·萨克斯总是全副武装。

3. "战略"一词的英文定义和克劳塞维茨对其的定义都出现在1825年，这并非偶然，该词是这样定义的："尽快将自己的军队集结到决胜点的艺术。" *Oxford English Dictionary, vol.10.*

4. 有关这些战争的详细资料参见Fredericus Rex, *Werke*, ed. G. B. Holz, vol. 4, *Militärische Schriften* (Berlin, 1913), chaps. 2 and 6。

5. 详细讨论参见J. R. Alban, "Spies and Spying in the Fourteenth Century," in C. T. Allmand, ed., *War, Literature and Politics in the Middle Ages* (Liverpool, 1976), pp. 73–101。有关古代作战情报的讨论，参见D. W. Engels, "Alexander's Intelligence System," *Classical Quarterly*, 54, 1980, pp. 327–340。

6. 参见the Book of Esther 3:13; 8:10; and 8:14. 以及Herodo-

tus, *The Histories*, viii.98, and Xenophon, *Cyropaedia*, viii. 6.17. 要了解现代的相关论述，参见 H. C. Brauer, "Die Entwicklung des Nachrichtenverkehrs," diss., Nuremberg, 1957, p. 56 ff。

7. 相关描述参见 Procopius, *Anecdota*, chap. 30。关于古代传递系统的详细情况，参见 G. Riepl, *Das Nachrichtenwesen des Altertum* (Hildesheim, 1913; rprt. 1972), chaps. 1–3。

8. A. M. Ramsay, "The Speed of the Roman Imperial Post," *Journal of Roman Studies* 15 (1929), pp. 60–74.

9. 关于火光信号的文献，参见希罗多德（Herodotus）、埃斯库罗斯（Aeschylus）、索福克莱斯（Sophocles）、修昔底德（Thucydides）、波里比阿（Polybius）、帕萨尼亚斯（Pausanias）和狄奥多罗斯·斯库罗斯（Diodorus Siculus）等的著述。由于多方面原因，罗马文献非常少，只能找到一些利维乌斯（Livius）和奥西恩（Osian）的文献。参见 H. Fischl, *Fernsprech- und Meldwesen im Altertum* (Schweinfurt, 1904), pp. 19–30。

10. 有关提高光通信系统承载能力的尝试，参见 Polybius, *The Histories*, x. 44。这里推荐的系统不太可能用于实践，因为计算是基于传输信息所需的时间以及人眼区分相邻物体的能力，故其操作非常繁琐。没有望远镜的帮助，站与站之间的距离必须保持很近，这也是第一个成功的系统直到法国大革命期间才出现的原因。

11. 参见 G. Webster, *The Roman Imperial Army* (London, 1969), pp. 246-248, 对军用光通信系统进行简短而有用的总结。关于它们的应用，参见 E. N. Luttwak, *The Grand Strategy of the Roman Empire* (Baltimore, Md., 1978), 特别是 p. 55 ff。

12. Vegetius, *Epitoma Rei Militaris*, iii.5.

13. *Militärische Schriften*, chap. 14.

14. 参见 W. K. Pritchett, *Ancient Greek Military Practices* (Berkeley, 1971), pp. 127–133。这远远不是标准的操作程序，侦察骑兵的运用必须被明确地介绍给色诺芬在《居鲁士的教育》中提到的理想将军，参见 *Cyropaedia*, vi.3 ff。

15. 亚历山大的侦察兵就是这样的例子。他们在高加米拉会战打响的前两天，首先接到报告称看到远处有波斯骑兵。亚历山大大帝亲自骑马前行了约 11 英里，抓住了几名俘虏，从他们那里得知波斯人的主力部队在 6 英里之外。17 英里是很长的一段路，而许多军队都是在相当短的距离内被发现的，有时只有 600—800 码。参见 Xenophon, *Hellenica*, 4.2, 和 Arrian, *Anabasis*, iii.8。骑兵巡逻也是恺撒获取敌人情报的常用方法，参见 *De Bello Gallico*, i.15.1, iv.11.6, and viii.3.1。

16. 罗马军团是非常重要的例外，后续还有更多。波斯、中国和蒙古的军队一般为 3000 人以上，有时多达 1 万人。然而，这些资料的来源都相当少，除一些蒙古资料，没有其他任何迹象表明这些编制是固定的。

17. 历史上无数次由不同特遣队组成的军队在战役开始前或想方设法都要在开战前会师——例如，安东尼和恺撒在底耳哈琴（Dyrrhachium）会战开始前会师，马尔伯勒与欧根亲王在布伦海姆会战开始前会师。这些例子都印证了我的观点。军队只有团结成一个整体才会接近敌人，即便是来自不同方位的不同特遣队。

18. W. W. Tarn, *Hellenistic Military and Naval Developments* (New

York, 1968), pp. 39–40.

19. 参见 C. Oman, *A History of the Art of War in the Middle Ages* (London, 1937), vol. I, p. 273 ff。

20. 关于没有机械运输保障的军队后勤的信息，参见 G. Perjes, "Army Provisioning, Logistics and Strategy in the Second Half of the 17th Century," *Acta Historica Academiae Scientarium Hungaricae*, 16, 1970, pp. 1–51; D. W. Engels, *Alexander the Great and the Logistics of the Macedonian Army* (Berkeley, 1978), chap. 1; 和 M. van Creveld, *Supplying War: Logistics from Wallenstein to Patton* (Cambridge, 1977), chap. 1。

21. 1631 年古斯塔夫二世在德国和 1704 年马尔伯勒都采取了这样的路线。

22. 参见 W. Erfurt, *Der Vernichtungssieg, eine Studie über das Zusammenwirken getrennter Heeresteile* (Berlin, 1938), pp. 2–9。

23. 关于军事地图的历史及其对军事行动限制的书面资料甚少，我自己的研究也没有提出多少重要的意义。萨卢斯特（Sallust）、恺撒、瓦罗（Varro）、尤维纳利斯（Juvenal）和卢西恩（Lucian）等人的研究表明，罗马人确实有地图，唯一传承到现代的地图是所谓的"波伊廷格古地图"，事实上就是从一个地方到另一个地方的旅程图，缺乏对战略实施至关重要的二维特性。中世纪的人们大多对地图不感兴趣，只是用地图来表示世界。尽管地方地图和世界地图一直都存在，但在大约 1500 年以前，这两种地图都存在一些问题，直到意大利绘制了第一张真正显示道路和距离的二维地图。即便如此，在接下来的 150 年里，二维地图仍然非常罕见。直到 17 世纪末，基于三角测量的地图才开始取得真正的进展，但是好的地图仍然是收藏品，受到皇家内阁的追捧。18 世纪的地图可以很好地显示城镇的位置以及自然障碍，但没有等高线，因此无法在战术上展示重要的地形情况。甚至在 1740 年至 1748 年，腓特烈大帝只能借助缴获来的奥地利地图进行占领西里西亚的战斗。参见 *Paulys Real Encyclopädie der Klassischen Altertumwissenschaft* (Stu-ttgart, 1957), "Karten"; L. Bagrow and R. A. Skelton, *Meister der Kartographie* (Berlin, 1973), pp. 30–118; O. Albrecht, "Kurze Geschichte des militärischen Karten- und Vermessungswesens bis zum Anfang des ersten Weltkrieges," *Fachdienstliche Mitteilungen des...Militärgeographischen Dienst*, 1970, pp. 3–7; 和 R. V. Tooley, *Maps and Map Making* (London, 1952)。

24. 关于天文学在训练指挥官方面的重要性，参见 Polybius, *The Histories*, ix.8.14–16。甚至在 19 世纪早期，拿破仑也经常在发布命令时首先说出 "au point du jour（在一天的开始）"这样的字眼，而不是先指明行军或战斗开始的具体时间。

25. 腓特烈大帝建议军队以 5 路纵队行军，每路之间相隔约 1 普鲁士里（4 英里），参见 *Militärische Schriften*, chap. 18。

26. *On War*, trans. J. J. Graham (London, 1962), vol I, pp. 266–267, and vol. II, p. 32.

27. 有些情况下，战斗的发生很偶然。例如，公元 1356 年，指挥官们失去了彼此的所有联系，盲目地胡碰乱撞，普瓦捷会战由此意外爆发。参见 H. J. Hewitt, *The Black Prince's Expedition of 1355–1357* (Manchester, 1958), pp. 108–109。

28. 在伊勒达（Illerda），公元前 49 年；参见 B. H. Liddell Hart, *Strategy* (New York, 1967), pp. 54–55。

29. F. E. Adcock, *The Greek and Macedonian Art of War* (Berkeley, 1957), p. 82.

30. Clausewitz, *On War*, vol. II, p. 32.

31. 关于该词的含义参见 D. D. Irvine, "The Origins of Capital Staffs," *Journal of Modern History*, 10, 1938, p. 162 ff。

32. 截至目前，对这个系统的最佳分析出自 H. Reinhardt, "Grosse und Zusammenstellung der Kommandobehörden des deutschen Feldheers im II. Weltkriege," U. S. Army Historical Division Study, p. 139（出版地点、日期不详）。

33. 对希腊以前的参谋组织机构所知甚少，参见 J. D. Hittle, *The Military Staff: Its History and Development* (Harrisburg, Pa., 1961), pp. 10–16。

34. *Lac. Pol.* 13.7. "同事"中显然包括了军事执政官，数目不详的高级军官视情况需要，负责最大的常设部队。同时，还派了 3 名正式公民（斯巴达人）去招待他们。

35. 在古代和中世纪军队中，信使的任务是充当敌对军队之间的沟通渠道。因此，他们被授予外交豁免权，尽管此项权利有时会被滥用。

36. 希腊军队的人数很少超过 1 万到 1.5 万人。他们的战役持续 3 天到 60 天。在友军领土和中立国领土上，部队可以用其薪金或生活费在市场上购买粮食。在敌国，给养靠掠夺获得。参见 Pritchett, *Ancient Greek Military Practices*, pp. 29–49。

37. Arrian, *Anabasis*, ii.25.1–5. 描述了许多作战会议，有些只包括 10 名"将军"，有些包括 100 名"上尉"。

38. J. K. Anderson, *Military Theory and Practice in the Age of Xenophon* (Berkeley, 1970), pp. 66–67.

39. Arrian, *Anabasis*, v.24.6; Athenaios, *Deipnosophists*, x.343b. 据说这份日记是亚历山大的父亲菲利浦仿照波斯模式写成的。

40. Arrian, *Anabasis*, vii.4–5.

41. 关于叙利亚相关情况，参见 B. Bar Kochva, *The Seleucid Army* (London, 1976), chap. 4；关于埃及相关情况，参见 J. Lesquier, *Les Institutions Militaires de l'Egypte sous les Lagides* (Paris, 1911), pp. 99–103。

42. 参见 W. W. Tarn, *Alexander the Great* (London, 1936), vol. I, pp. 12–13, and vol. II, p. 39。

43. 关于帕曼纽，参见 Engels, *Alexander*, p. 55。如果我没记错的话，秘书长攸美尼斯本人就是指挥官之一，这表明即使是这样的官员也可能不专业。

44. 参见 Plutarch, *Alexander* xli.2–5; xlii; liv.3; and lx.1。

45. 参见 R. O. Fink, *Roman Military Records on Papyrus*（出版地点不详，1971）。有关罗马帝国时期的记录，参见 R. Watson, *The Roman Soldier* (New York, 1969), p. 87, 和 Watson's "Documentation in the Roman Army," in H. Temporini, ed., *Aufstieg und Niedergang der Römischen Welt* (Berlin, 1974), vol. II, part I, pp. 493–507。

46. *Bellum Africanum*, 1–11. 值得注意的是，Frontinus, *Strategamata*, i.1. 也提到了密封命令。由于船长可能会因为风暴、航行失误

或诸如此类事情而与总司令失去联系,在这种情况下使用书面命令是合乎逻辑的。

47. R. W. Davies, "The Daily Life of the Roman Soldier," in Temporini, ed., *Aufstieg und Niedergang*, vol II, part I, pp. 301–308.

48. Appianus, *Roman History*, viii.2.66.

49. Onasander, *The General*, iii.1–3.

50. 一位现代历史学家指出,罗马战争委员会并未与指挥官共享权力。指挥官在觉得合适时召集他们,目的是提出建议,但这些建议并不具有约束力,他们还可以发出指示和"试探"军队。参见 J. Kromayer and G. Veith, *Heereswesen und Kriegführung der Griechen und Römer* (Munich, 1928), p. 459。

51. Cicero, *Ad Atticum*, viii.12, B 1; *Bellum Civile*, i.15.4–6; i.34.1; i.38.1. 以及 J. Harmand, *L'Armée et le Soldat à Rome de 107 à 50 avant notre ère* (Paris, 1967), pp. 355–356。

52. Harmand, *L'Armée*, p. 198 ff. 总部服役已经代替了参谋学院的学习,最早的参谋学院是在18世纪下半叶才开办的。

53. *Ad Atticum*, vi.18.1. 庞培也在公元前49年把私人信件寄回家,出处同上,第8章第12节第A、B、C、D部分。

54. *de Bello Gallico*, ii.1.1; iii.9.1; iv.34; v.25.5.

55. 有人可能会说罗马执政官代表了政府(他们拥有统治权),因此除了要求增援等,不必与首都联络。在帝国时代,"公共快差"使其能够加强控制。然而,大规模的进攻战通常需要帝王在场,正如特拉亚努斯(Traianus)在达契亚(Dacia)和美索不达米亚所参与的战役和马可·奥勒留(Marcus Aurelius)所参与的战役。关于更多帝国时期罗马的参谋工作，参见 F. Millar, "Emperors, Frontiers and Foreign Relations, 31 B.C. to A.D. 378," *Britannia*, 13, 1982, pp. 1–23。

56. Plutarch, *Sertorius*, iii.2; Dio Dassius, *Roman History*, xxix.98.1; ibid., xxxvi.3.2–3.

57. Plutarch, *Crassus*, xxi.1–5; xxii.1–6; and xxix.2–3.

58. 参见 the *Bellum Hispanicum*, passim。在这场战争中，庞培在西班牙海岸设置岗哨，以报告恺撒登陆的情况。

59. *Ad Familiares*, ii.17, 3. 在这种情况下，"监视哨"不得不撤退，避免被敌人踩踏，这里暗指一些边防军。

60. *de Bello Gallico*, ii.11.2. 中提到了侦察兵，他们暗中监视敌军营地。这些人一定是专家，因为指挥官不会把这样的任务托付给任何普通士兵。

61. *Bellum Hispanicum*, xiii.

62. *de Bello Gallico*, i.12.2; i.21.1 and 4; i.41.5; iii.2.1.

63. Ibid., i.50.4; ii.16.1; ii.17.2. Frontinus, *Strategamata* 一书在描述间谍那章指出间谍直接隶属总指挥官，间谍和总指挥官之间没有中间人。

64. 关于恺撒军队的供给组织，参见 A. Labisch, *Frumentum Commeatesque, die Nahrungsmittelversorgung der Heere Caesars* (Meissenheim am Glan, 1975)。

65. 参见 T. F. Tout, *Chapters in the Administrative History of Medieval England* (Manchester, 1937), vol. II, section vi, p. 131 ff。

66. E. Boutaric, *Institutions militaires de la France avant les armées*

permanents (Paris, 1863), p. 267 ff.

67. 参见 A. E. Prince, "The Payment of Army Wages in Edward III's Reign," *English Historical Review*, April 1944, pp. 137–160。

68. 相关完成方法参见 G. Basta, *Il Governo della Cavalleria Leggiera*(Frankfurt am Main, 1612), 和 L. Melzo, *Regole militare sopra il governo de servitio particolare della cavalleria* (Antwerp, 1612)。

69. 关于莫里斯，参见 J. Wijn, *Het Krijgswezen in den Tijd van Prins Maurits* (Utrecht, 1934), pp. 32–36, 371–375; 关于古斯塔夫二世·阿道夫，参见 Hittle, *The Military Staff*, p. 41; 关于华伦斯坦，参见 V. Loewe, *Die Organisation und Verwaltung der Wallensteinischen Heere* (Freiburg i B, 1895), pp. 29–30; 关于克伦威尔，参见 C. H. Firth, *Cromwell's Army* (London, 1962), pp. 57–63。

70. *Oxford English Dictionary*, vol. 8.

71. 巴黎，1775 年。

72. *Miltärische Schriften*, chap. 18. 也可参见 W. Goerlitz, *Der deutsche Generalstab* (Frankfurt am Main, 1950), pp. 17–19。

73. *Oxford English Dictionary*, vol. 10.

74. Graf von Schmettau, Jr., *Lebensgeschichte des Grafen von Schmeuau* (Berlin, 1806), pp. 344–346.

75. 关于卡多根，参见 D. Chandler, *The Art of War in the Age of Marlborough* (London, 1976), passim。

76. 他曾经虚伪地给他的弟弟写信道："J'ai ici une grande machine à gouverner, et je suis seul. Je tremble quand j'y pense"。（这里有一台大机器在运转，我孤独地陪伴着它。一想到它我就发抖。）关

于腓特烈大帝的指挥系统，参见 G. L. W., "Der grosse König im Grossen Krieg," *Allgemeine Militär-Zeitung*, 1870, nos. 7 and 8, pp. 49–51, 57–59。

77. C. H. P. von Westphalen, *Geschichte der Feldzüge des Herzogs Ferdinand von Braunschweig-Lüneburg* (Berlin, 1959), 特别是 vol. I, pp. 134–137。关于斐迪南委托秘书所做的工作事例，参见 ibid., vol. II, pp. 186–189。

78. P. Bourcet, *Memoires Historiques sur la Guerre que les Francois ont Soutenue en Allemagne depuis 1757 jusqua en 1762* (Paris, 1797), 特别是 vol. I, pp. 106–115。

79. 与布尔塞对军事总监职责的详细叙述相比，威斯特法伦的描述非常有限，参见 Westphalen, *Geschichte der Feldzüge des Herzogs Ferdinand*, vol. II, pp. 200–201。

80. 例如，在波尔塔瓦会战之前，瑞典步兵上校被发现正在抄写国王的命令；C. H. von Berenhorst, *Betrachtungen über die Kriegskunst* (Osnabrück, 1978), p. 39。

81. 例子参见 Frederick's *Militärische Schriften*, chap. 17。

82. Westphalen, *Geschichte der Feldzüge des Herzogs Ferdinand*, vol. I, p. 409。

83. 1764 年，布尔塞在格勒诺布尔（Grenoble）建立了第一所参谋学院，但很快就关闭了。七年战争之后，腓特烈大帝也成立了他的贵族学院，但这个学院被他的继任者们冷落，直至 1807 年作为战争学院获得重建。

84. 这就是 P. Thiebault's *Manual des Adjutants Généraux et des Adj-*

oints Employés dans les Etats Majors... des Armées (Paris, 1806)。

85. 有关这类信件的例子，参见 C. G. Cruickshank, *Elizabeth's Army* (Oxford, 1966), p. 55 ff。

86. 近代早期关于军队管理的著作包括：A. Corvisier, *Armies and Societies in Europe, 1494–1789* (Bloomington, Ind., 1979); G. Parker, *The Army of Flanders and the Spanish Road, 1567–1659* (London, 1972); 和 I. A. A. Thompson, *War and Government in Habsburg Spain, 1560–1620* (London, 1976)。

87. A. von Schlieffen, "Der Feldherr," *Gesammelte Schriften* (Berlin, 1913), vol. I, p. 5.

88. 参见 Thucydides, *The Peloponnesian War*, vi.66.3–4。根据 A. W. Gomme, *A Historical Commentary on Thucydides* (Oxford, 1970), vol. IV, p. 103，对斯巴达军队进行细分，这本身就足以说明斯巴达军队比其他希腊军队更胜一筹。

89. 标准只在希腊资料中提到过（Arrian, *Anabasis*, vii.14.10），它与临时标志不同（一件挂在柱子上的外套，用来表明这支或那支分队已经抵达预定位置，通常在敌后方或侧翼）。莎草纸上确实记录了一种半人半兽的东西，这些图形的表现方式证明方阵与军团不同，但并没有画出这种东西，因此其真实性质仍然未知。参见 Kromayer-Veith, *Heereswesen*, pp. 132–133。

90. 与罗马人不同，希腊人只用两种乐器发出声音信号，即喇叭和牛角号。信号种类数量如此之少，以至于有时出现紧急事件需要发警报时，需要将信号的常用意思颠倒过来使用，参见 Diodorus, *Deipnosophists*, xiv.52.1–5, 和 Xenophon, Anabasis, iv.2.14。缺乏变化证明了指挥职能的单一，同时暗示了战术的单一。

91. 参见 Xenophon, *Cyropaedia*, iii.57–60，尽管是虚构的，但其中对一位进入战场的指挥官描述得很到位。

92. 最伟大的侧翼战争是第一次曼提尼亚会战（公元前 418 年）以及尼米亚会战和科罗尼亚会战（公元前 394 年）。参见 Thucydides, *The Peloponnesian War*, v.70–71; Xenophon, *Hellenica*, iv.2.13 ff; 和 ibid., iv.3.15 ff. 有关这些战役带来的战术变化，参见 F. E. Adcock, *The Greek and Macedonian Art of War* (Berkeley, 1957), p. 84。

93. 关于这次会战，参见 Plutarch, *Pelopides*, xxiii。此次，底比斯军队以一种极不寻常的梯队进攻。当伊巴密浓达看到左翼在前面偏离较远时，他可能下命令让每个连续部队向前推进。然而，他的指挥职能就此结束，因为在战斗中失败者唯一一次机动尝试却是试图避开底比斯军队的猛攻。

94. 根据现有资料，如何指挥中央方阵还不清楚。亚历山大似乎把军队分成了两派，他的继任者也可能这么做。从未提及整体的"方阵指挥官"。如果真的存在，他可能会是一个让统治者感到不安的强大人物。无论如何，希腊人对方阵都不感兴趣，因为这个决定总是由两翼的骑兵决定的。

95. Eumenes at Parataikene (317 B.C.); Diodorus, *Deipnosophists*, xix.27–30. 关于这些希腊化战争，参见 J. Kromayer, *Antike Schlachtfelder* (Berlin, 1931), pp. 391–446。

96. 安条克三世在拉菲亚会战（公元前 217 年）和马格尼西亚会战（公元前 190 年）中，以及马其顿国王菲利普五世于公元前 197 年在库诺斯克法莱会战中，率领的是方阵，而不是骑兵。

97. Arrian, *Anabasis*, ii.11. 富勒对这场会战进行了很好的分析，参见 J. F. C. Fuller, *The Generalship of Alexander the Great* (London, 1958), pp. 163–180。

98. 关于伽比埃奈会战，参见 Diodorus, *Deipnosophists*, xix. 40–43。

99. 关于拉菲亚会战，参见 E. Galili, "Raphia, 217 B.C., Revisited," *Scripta Classica Israelica*, 3, 1976–77, pp. 52–126。加利利正确地强调了双方指挥官在控制庞大部队时所经历的困难。

100. 关于部队在什么时间段为什么目的而服役以及服役标准，人们就这一问题进行了辩论。参见 A. von Domaszewski, *Aufsätze zur römischen Heeresgeschichte* (Darmstadt, 1972), chap. 1, 和 Webster, *The Roman Imperial Army*, pp. 134–141。

101. 这些命令标准非常重要，所以许多军事行动都以其命名，比如 signa tellere（走出营地）、signa movere（离开营地）和 signa constituere（停止行动）。

102. （人们认为）命令标准和军号结合在一起，参见 Kromayer-Veith, *Heereswesen*, pp. 518–519。

103. H. Delbrück, *Geschichte der Kriegskunst im Rahmen der Politischen Geschichte* (Berlin, 1921), vol. I, pp. 276–277, 438.

104. 通常，心理学家告诉我们，1个人的控制范围大约局限在7个小部队或行动内，参见 G. A. Miller, "The Magical Number Seven," *Psychological Review*, 63, 1956, pp. 81–96。然而，我建议，在战斗过程中，受混乱环境和压力影响，最大控制目标为3～4个小部队。

105. Tacitus, *Annales*, i.64.8.

106. 可能的情况是，每个军团里有 6 名（后来是 12 名）军事护民官，成为指挥官手下的高级信使，但因为他们的人数与任何部队都不一致，因此这是不确定的。

107. Kromayer-Veith, *Heereswesen*, p. 318.

108. 关于他在扎马会战中所扮演的角色，参见 Polybius, *The Histories*, xv.13.7。

109. Ibid., x.1–5.

110. *de Bello Gallico*, ii.22.

111. *Bellum Africanum*, 12–18.

112. Philo of Byzantium, *Poliocertica*, v.4.28, and v.68–69. 在公元 4 世纪，Ammianus Marcelinus 在他的 *Historiae*, xix.7 中，称这种行为极不寻常。

113. 参见 Beha ed Din, *Life of Saladin*, in C. W. Wilson, ed., *Palestine Pilgrims' Texts Society* (London, 1897), vol. 11, pp. 282–283，对 1191 年阿苏夫会战中狮心王理查一世乘坐马车的塔状结构进行了描述。

114. F. Lot, *L'Art militaire au Moyen Age en Europe et dans le Proche Orient* (Paris, 1946). 提供了许多这样分遣队的例子。

115. *Vita Dagoberti*, chap. 30, 转引自 Oman, *The Art of War*。

116. 这是黑尔曼的解读，参见 O. Heermann, *Die Gefechtsführung abendländischer Heere im Orient in der Epoche des ersten Kreuzzugs* (Marburg, 1897), pp. 112–117。R. C. Smail, *Crusading Warfare, 1097–1193* (London, 1976), p. 171, 认为黑尔曼的解释过于复杂，

但承认波希米亚王子有效地控制了军队,并指挥预备队。有关总司令以这种方式指挥战争的案例,参见 J. F. Verbruggen, *The Art of Warfare in Western Europe during the Middle Ages* (Amsterdam, 1977), vol. I, pp. 198–199。

117. 作为中世纪最复杂的战争之一,据最原始翻译,征服者威廉在黑斯廷斯采用了 12 种不同战术。他还亲自上阵,杀了 3 匹马,至少杀死了 1 名撒克逊贵族。我们不知道这一切是如何完成的——有人认为他把大部分时间都用在混战中进攻,而这场战斗表面上的复杂性仅仅是由于事后重建造成的。

118. 这些信使的身份尚不清楚。中世纪时的军队就有使者,不过他们是非战斗人员,组成了一个国际公会,主要在敌对两军之间进行沟通。在阿金库尔会战中,双方使者都在附近的山顶上观看这场战斗。

119. 有关克雷西和普瓦捷两场会战,参见 Oman, *The Art of War*, vol. II, pp. 136 ff and 170 ff。在普瓦捷会战中,黑太子在行动前把一队队弓箭手派上战场,并俘虏了法国国王约翰。在克雷西会战中,可以确定的是,腓力国王骑的马被杀死,他的脖子也被箭射伤。

120. 爱德华三世在克雷西没有这样做,因为他想让儿子获得荣誉;Froissart, *Chronicles* (London, 1968), p.82。

121. 有关这些会战,参见 G. R. L. Fletcher, *Gustavus Adolphus and the Thirty Years War* (New York, 1963), pp. 186 ff and 283 ff。

122. 参见 R. S. Quimby, *The Background of Napoleonic Warfare* (New York,1957), pp. 9–10。

123. 直到 17 世纪中叶,指挥官的"随从"还只是由"编外人员、同志和军队中出名的副官"组成。参见 T. M. Barker, *The Military Intellectual and Battle: Raimondo Montecuccoli and the Thirty Years War* (Albany, N.Y., 1975)。

124. F. W. von Zanthier, *Versuch über die Märsche der Armeen, die Lager, Schlacten und die Operations-Plan* (Dresden, 1778), p. 19.

125. 必须补充的是,公爵之所以能如此成功地完成行动,其中一个原因是他的战术已经成形,首先在侧翼佯攻,然后主攻中间。后来他们战斗力不断下降,并在1709年马尔普拉凯会战中被法军打败。

126. 关于这场会战,参见 R. Savary, *His Britannic Majesty's Army in Germany during the Seven Years War* (Oxford, 1966), p. 75 ff。

127. 他的描述可参见 *Militärische Schriften*, chap. 25。

128. "独具慧眼"(coup d'oeil)一词的历史意义重大,因为它体现了事物发展的方式。腓特烈大帝将其定义为"指挥官根据特定地形决定部队兵力部署的能力,或者是掌握地形带来的军事优势的能力"。在克劳塞维茨看来,这是指能辨别重大战斗发生的能力。1850年后这个词就不再使用了,意味着指挥官不再亲自去辨别。

# 第三章
战略的演变

*The Revolution in Strategy*

自有史料记载以来直至公元1800年前夕,如果要对迄今为止的论述进行主旨概括,那就是技术和组织结构限制了军队收集、传输和处理信息的能力,并由此限制了他们的规模大小和所能执行任务的性质。在整个这段时期,野战部队人数多至8万人的情况就属于非常罕见了。一旦集结起这么多人,往往难以对其进行有效的指挥。虽然随时都可能要派出分遣队在侧翼或后方执行次要任务,但这些分遣队已明显不再受严密的控制,因此军队还是把大部分时间集中在眼前的战斗上,这些阵形单一紧凑的部队全部都在总司令的眼皮底下。他们的前线部署狭窄,前进速度取决于少数几条大路的拥堵情况或是否选择越野行进,[1] 而在空间方向上则存在一种趋势,即只有在人口稠密和经济繁荣的地区才有可能发起大规模战争。[2] 由于远距离通信既缓慢又不安全,所以能够获得的有关敌人战斗战术行动的情报很少超过15英里至20英里的范围(这些情报不一定涉及对方的战略意图,不过这方面是由那些公开或秘密的特工发现并传达的)。综上所述,这些因素对军队的作战表现——在战略的可行性和禁止性方面——施加了非常严格的限制。在这种情况下,不需要非常翔实的"普通参谋"制度,这在法国大革命以前的历史上确实也没有任何记载。

　　战略会受到技术发展条件的制约,不过在公元1800年以前的数百年中，上述这些还不是全部限制。在那个时期，九成左右的补给（按重量计算）都是食物和饲料，可以就地收集；银行业相对落后，军队大多是从所占城镇中直接征收大量现金，用于支付军饷或购买物资；而且一名士兵每两年才发一件新外套，这些条件都使得军队在持续作战时不太担心后方的情况。换句话说，战场上的战争行为和国家（或部落、城邦等）生活之间存在着一道鸿沟，并且直到第一次世界大战进行全社会战争动员之后，这条鸿沟才完全弥合。正是由于这条鸿沟的存在，使得早期的统治者能够像他们头衔所显示的那样，同时兼任战场上的指挥官。[3] 总的来说，这些限制条件在拿破仑时代仍然盛行。尽管他的军队经常建立起比以往任何尝试更为广泛的交通线，[4] 但与本土的联系仍十分脆弱，并且没有任何东西可以阻止军队暂时脱离这些交通线。所以说，技术的落后限制了战场上的战略指挥，也使得军队在战争中，至少是暂时或部分地，只能依靠自己。因此，在公元1800年前后这几年里，像传统那种统治者和指挥者合二为一的做法仍然可能存在，当然这不能解释为什么这种做法在拿破仑手中就取得了巨大的成功。换句话说，拿破仑的终极秘密可能就是他充分利用了当时在经济和技术上的落后性，并把它转化到战场指挥上；这种落后性一直限制着战略的发展，但拿破仑找到了解决办法。将现有技术发挥到极限，同时还能让其局限性为我所用，这无疑是天才的标志。

然而，如果把战略上的变革全部算成这位帝王的创举，也有些言过其实。在18世纪的欧洲，还有些其他因素也在起作用，它们共同成就了这次变革。各地都在修建新的道路和运河，这极大地便利了交通，在许多地方第一次出现了平行道路。正规的皇家邮政服务网络也在16世纪开始逐步建立，并在18世纪得到快速拓展，把所有主要城市都涵盖其中。据拿破仑个人估计，信息的传播速度大约已是恺撒时代的两倍。[5]自1700年以来，制图学也取得了巨大的进步，第一次以三角测量而非主观臆断为基础，不同尺寸和质量的各式地图终于可以大量印发，不过此时对于整个欧洲大陆的描绘还是参差不齐、缺乏一致性。[6]最后，人口密度大大增加，许多地区（如果不是大多数的话）已足以供养起一支军队，[7]从而降低了军队对弹药库和运输队的依赖，并有助于他们提高机动性。[8]从这些方面来看，整个社会显然已经为一场战略上的变革奠定了技术和经济基础。

可以说，当战略的基础发生变化时，军队组织结构也开始进行第一次改革。在18世纪中叶，萨克斯就曾"梦想过"建立固定组织结构的军团来独立开展作战行动。[9]在七年战争期间，布尔塞沿着平行的山脉轴线组织过一次入侵行动（这次行动在协同方面的新奇之处更胜过战略方面，因为指挥官们从古代开始就一直思考如何在山区分兵），后来他在德国帮助德布罗意首次尝试把全军划分为几个兵种协同作战的合成师。沿着这些思路继续实验，就促成了第一个军的成立，确切地说，是在1794年由法国国民议会成立的。1805年的战斗充分展现了这些实验的结果并震惊了世界，这是一个全新的、前所未有的成就：一支由15万人组成的军队，按照编号被分为8个军，每个军都包括所有的兵种，并具有统一编制结构（虽然不是永久固定）的参谋队伍来指导作战行动——他们已称得上是一支可以独立作战的军队了。

也许这些新军最重要的一个特点，也是指挥变革有可能成功的一个关键因素，就是他们庞大的规模。根据同时代的兵法智慧，[10]一支2万至3万人的军不可能在一个下午就被击溃，而是需要一两天的时间，在这期间，如果他们有一个发达的通信系统，就有可能把消息传递出去，召唤另一支部队前来增援。这样时间就被拉长了，而且这些军队在整体性质上存在交叉重合，可以立即互换执行任务，从而降低了军队和总部之间传递信息的频率，同样重要的是，这也延长了信息可以被有效传递的距离，进而提高了战略的落实程度。此外，军队也不需要再保持紧密的队形，而是可以让各军的部署间距15英里到30英里，并因此避免了供给与交通管制问题。[11]每个军都可以独立作战，但所有人还是希望能有一个总体设计，而通常也是这样做的。他们首先按照预定计划集结成一个编队，包括前锋、后卫、两翼和中军，然后各军要能够随时根据指令改变其相对位置，在整个军队中交替担任前锋、中军或侧翼。他们的任务也处于不断变化中。一个军可能发现自己今天充当铁锤，明天就变成了铁砧；他可能在战役的第一阶段在实施战略包围机动，在第二阶段却改成了突击前锋，然后在第三阶段又沦为占领部队只能留守。如果一纸调令是在半夜到达的，这个军也要快马加鞭地奔赴决战的战场。[12]在拿破仑的领导下，一个军长或师长的生活肯定是紧张激烈的，甚至充满危险，但很少会枯燥乏味。

在军队中，要管理数量庞大的士兵；要从相对广阔的战区中收集情报，甚至要在脑海中勾勒出这个战区的画面；要维持对宽阔前线的控制，而这些前线往往宽达70多英里；要远距离传递报告和命令；要监督各个军的行动，还有数不清的纵队和运输队往来于交通延伸的区域，如在1805年，这个范围是从奥斯特里茨

（Austerlitz）一直延伸到莱茵河（Rhine）；还要保证信息传递不会中断，这一点使得拿破仑的战法在兵力组合和机动方面具有无穷无尽的灵活性——所有这一切都需要一种比以往任何做法都先进的指挥、控制和通信系统。令人震惊的是，这套指挥系统在战略层面发挥了重要作用，并且仍在进一步发展，但经过思考可以发现，它并非基于任何技术上的进步，如果说有的话，也就是沙普（Chappe）电报系统提供的远程通信服务，这项服务可以使战场上的军队与巴黎取得联系。[13]尽管参谋队伍和组织结构都取得了巨大进步，但马的速度并未改变，命令仍然需要手工抄写，这样既费力又不能使用复写纸那种复杂的东西。因此，归根结底，拿破仑的指挥系统以及他所引发的战争变革，不能简单地根据他所运用的技术手段、组织结构和程序步骤来理解，而是应该把他的变革看作是人类智慧厚积薄发的产物，虽然罕见，但就像超新星爆发一样，足以照亮整个历史进程。

## 第一节 "战争之神"

本书的研究目的并不是分析指挥官们的个人品质（据说斯大林曾在和他的副手谈到战争时说："我们没有那么多兴登堡式的人物。"），但拿破仑的情况注定是个例外。相较于他的任何前任或继任者，他创造出了更完善的指挥系统，并将其作用发挥得淋漓尽致；可以说，是为他量身定做的，裁剪得很适合他自己的尺寸。只有他才有可能使这样一种制度发挥作用；可以肯定的是，如果他不在场将会导致重大失误（正如在西班牙发生的那样，他只在那里短暂地露了一面）。[14]

拿破仑·波拿巴是一个绝对的自我主义者，他让成千上万的人甘心为他牺牲。他有无限的自信和极强的乐观精神，深信一切都会好起来。这种品质就像他指挥系统中的所有技术特点一样，能够用来解释他在面临不确定状况时的出色应对能力。在压力下，他完全不为所动。"很少有人能够了解，"他曾写道，"为了发动一场决定军队、国家和王权命运的战争，必须有一种非同寻常的道德力量。"[15]最后，他身上蕴藏着一种东西，他称之为"圣火（le feu sacré）"，这是战士之魂，亦是战斗决心，征服或者灭亡，皆荣耀所至。

从智力上讲，拿破仑最独特的品质很可能是他拥有生动的想象力，这不仅赋予了他很高的文学素养，从而写出众多华丽的信件，而且也能使他设想出在一系列行动之后会出现什么结果。他把这个品质融到他强大的计算能力中，在至少一个有案可查的战例中，他能够在几周之前就准确预测出决战的战场位置。[16]"拿破仑的思维总是比其他人更敏捷"这句话是当时对他的一句评论；[17]另一句是"他无所不知，他无所不为，他无所不能"[18]。

作为军事领域的泰斗，用拿破仑的话来说，他自己可以完成任何与战争有关的事情。至少在1812年以前，钢铁般的体格让他能够往来并审查所有地方，并仍保持着最惊人的体能——他曾为准备奥斯特里茨会战而在零度以下的帐篷中待了10天，又曾在西班牙骑行48小时，完成150英里的路程。与传说相反，拿破仑确实也需要睡眠，但他可以在全天中灵活分配睡眠时间，随时可以入睡，例如深夜睡几小时，清晨睡几小时，或在白天再打个盹。他不是那种在重大关头就睡不着的人,在 1815 年 6 月 18 日滑铁卢会战前的最后一个钟头里,从 10 点到 11 点,他睡着了。

每当他不睡觉的时候,拿破仑就是在工作,同时也可能在洗澡,在看戏,在匆忙地吃饭。再次用他自己的话说,工作就是他赖以生存的媒介。[19] 在战场上,他习惯于每天连续工作 18 个小时,甚至还会根据具体情况加以延长。在一些重要战斗的前夕,如在 1809 年瓦格拉姆(Wagram)会战中,他几乎一连好几天没有睡觉。白天,他不停地开展大量活动:巡视、观察、检阅、会见下属及重要人员、侦察、收集情报、讯问俘虏和当地居民等,他要从所有这些活动中掌握第一手资料,从而不致受手下参谋的影响。晚上则与之相反,他会留在内阁中,接收和整理报告、策划方案、发布命令、撰写信件、编制公告等。拿破仑经常同时对 4 个不同的秘书就 4 个不同的话题进行口述,有时一天之内会发出多达 60 封公函。1805 年当他在战场上指挥 8 个军战斗时,仍然每天抽出时间给他在意大利的继子写两三封信,把要做的事、在哪里做、怎样做都写得非常详细。阅读这些信件,品味其中蕴含的专注力和记忆力,就能够深入地了解这位有史以来最精明能干的人。

要想讨论拿破仑胜任指挥官的才华,如果不提及他作为领袖的杰出能力,那绝对是不完整的。他对法国士兵的素质与能力了如指掌;能够熟练运用名言警句;对于人的相貌有着非凡的记忆力,当然他在私下里也做了大量细致的功课;并且他还善于舞台管理——所有这些都有助于我们理解为什么那么多人一直拥护着他。拿破仑像一个严厉的监工,总是吝于赞扬,但一旦下属立下功劳,他会立即给予丰厚的奖赏。为了使部队保持战备状态,他会用一些不可能的目标来提高他们的标准。他皱一下眉头，就会让周围的人感到畏惧，更不用说他勃然大怒了，当然这其中至少部分是假装的而且绝不会失控。他经常用一种玩笑式的亲切语气对下属讲话，但不允许对方以同样的口吻回答。一份制式的军事命令——如发给尤金·博阿尔内（Eugene de Beauharnais）或拉普（Rapp）将军——往往会以简短而独特的措辞结束，如祝收信人健康或重申皇恩浩荡。有一次他在给缪拉（Murat）写信时，结尾不是草写一个"N"，而是写了一段话："行动，行动，尽快行动，致以最美好的祝愿。"[20] 这些措施都很有效。总体来说，很少有人能获得如此的拥护与爱戴。

## 第二节　帝国总部的构成

关于拿破仑的指挥系统，需要注意的第一个可能也是最重要的事实是，皇帝亲自担任总司令。在那个时代，尽管远程通信有所改进，但仍然相对缓慢和不稳定。他的做法是一种不可估量的优势，极大释放了战略的作用。此外，拿破仑能够独立决策，他不需要无休止地召开作战会议或与皇室随从们争论，而他的对手们，如1805年的反法同盟军和1812年的俄军，却不得不这么做。这种统一的指挥制度意味着可以迅速做出前后一致的决策，但也会把所有事务都压到一个人身上，而拿破仑的身体甚至精神健康在1809年以后都没有得到改善。

拿破仑帝国总部的结构，与之前历史上那些王室组织结构类似，都不是永久固定的，而是会根据形势要求不时变动。然而，至少从1805年起，它总是由三个主要部分组成：内廷、贝尔蒂埃（Berthier）元帅领导的总参谋部和达鲁（Daru）领导的行政总部。这三个部分是相互独立的，它们之间唯一的正式联系是皇帝本人。这是一种新旧事物的奇妙结合，组织结构中的每一部分都包含着私人和官方两种元素，这就导致对其进行整体分析变得异常困难。

内廷，正如它的名字所示，最初是指跟随君王出征的一些王室成员。拿破仑在执政府期间将其重新启用，它在1806年时大约由800人组成，包括马夫、仆役、侍从、厨师和贴身警卫等，他们既要为帝国总部增添某种庄严的气氛，又能在战场上发挥实际的作用。这个机构的责任由两个人分担，一个是主持全局工作的迪罗克（Duroc），另一个是负责行军安排的科兰古（Caulaincourt）。[21] 然而，他们两个人都不是总部直属部队的指挥官。迪罗克经常被派去执行需要外交手腕的任务（包括为他的主人物色美女），而科兰古则会在外衣纽扣上挂着一张地图，始终跟随拿破仑去侦察和作战，并在行军过程中记下皇帝随时发出的命令。这两个人都是帝国的达官显贵，他们兼具私人和指挥职能。或许可以说，即使在拿破仑的统治下，指挥官把指挥权当作私人用品的古老观念也没有完全被取代；事实上，皇帝经常写道，"我的事情"进展顺利，如此云云。

尽管拿破仑的主要随从被授予了官方的指挥职责，但矛盾的是，法国大军团中最重要的指挥机构却仍是一个私人组织。作为内廷的一部分，皇家内阁是由历史上的皇家秘书处直接转变而成的。严格说来，它不是一个军事机构，而是一个技术部门，皇帝通过它来处理事务。它包括三个部分——秘书处本身、统计局和测绘局，每一个部门都值得简要说明一下。

秘书处由几名速记秘书、图书管理员和档案保管员组成，他们都是文官，职责大致相当于现代的录音电话接线员、录音打字员和档案管理员。像内廷中的高级官员一样，这些人往往是久经世故的专家。拿破仑不喜欢周围经常更换新面孔，而且内阁成员的稳定性也确保了这个官方机构可以平稳有序地运作。

统计局负责获取敌人的远程战略情报，然后直接向拿破仑报告（如奥地利皇帝打算开战吗？如果是这样，普鲁士国王会怎么做？）。它的负责人通常由皇帝的一名高级副官长担任，如1805年至1809年的萨瓦里（Savary）、1812年的比尼翁（Bignon）、1813年的狄德维勒（d'Ideville）等。为了获取所需要的信息，当时采用的手段几乎和今天一样多：系统地收集和翻译报纸、在每个重要城市安插间谍和特工、利用皇家邮政传递加密信息等。破译的信件也由所谓的"黑色内阁"进行传递，该机构由科尔贝（Colbert）于17世纪创立，专门拆阅一些较低级别使节的邮件。这些使节往往无力负担信使服务的费用，只能依靠邮政服务，因此也被戏称为"编码者"。[22]然而，与以后的情报组织不同的是，该机构在拿破仑手中并没有军事化，也没有合并到总参谋部中，这再次证明了那个历史悠久的传统依然存在，即这些工作都被看作是指挥官的私人事务。

贝尔蒂埃的总参谋部负责把各军骑兵巡逻队发回的作战情报（这在某种程度上是我们进行分析的前提）转呈给拿破仑。它还下辖一个由布兰（Blein）上校领导的部门，负责讯问当地居民、逃兵和俘虏，而这些人被抓通常也是出于情报目的。[23]最后，拿破仑也有自己的情报来源，包括他的副官长以及被派出执行特殊任务的侍从副官，后者通常会直接向他报告。关于这一点，下文将作更多说明。

情报活动虽然组织得声势浩大，但几乎没有取得任何技术进步，仍然在使用古老的方法。例如拿破仑曾对马尔蒙（Marmont）说："你命令少校控制住一个农民，把他的妻子抓为人质，再让一个士兵假装是这个农场的工人。这套做法总是很有效。"用这个办法获得的信息质量参差不齐，在战争初期还非常准确，但到了后期则难以接受，这是因为俄国人和德国人的民族情绪在不断觉醒，从而导致信息获取变得日益艰难。此外，正如约米尼所说，基于某些情报制订的战略也会随之产生性质上的变化。[24] 这时的军队已倾向于分散部署，再加上他们庞大的规模，这就意味着由单个间谍甚至骑兵巡逻队所呈交的关于第 X 军在由 Y 地向 Z 地机动的报告实际并无多大意义。要了解敌人的情况，必须确定其中央预备队和指挥部的位置，而这反过来也是保密的对象。双方总司令再也不会像 18 世纪那样礼貌地互致信函，并在信的开头写明他们指挥部的确切位置。

因此，贝尔蒂埃领导的总参谋部负责收集各军送来的报告，而拿破仑的组织结构与现代的不同之处在于，主要的分析判断仍然由他本人做出。这种制度能够存在，本身就证明要处理的信息量是有限的；然而，这并不意味着 200 年前的工作比今天容易得多。正如皇帝本人写道："间谍和执行侦察任务的军官发来了大量报告，但没有什么比它们更矛盾和荒谬。间谍说看到了军队而非单纯的分遣队，后者却在这些军队出现的地方报告称发现了实力薄弱的分遣队。他们甚至常常不根据亲眼所见的内容来写报告，反而只是复述他们从惊慌失措的人们那里听到的话语。要想从这一大堆混乱的报告中找出真相，必须祈求上天赐予一种超越常人的理解力。普通人只会迷失在其中，因为他们可能会相信敌人在此处而非彼处，进而根据这种想法来评判手中的报告。这样，他们就犯了严重的错误，而这种错误足以摧毁整个军队甚至国家。"[25]

皇帝的大脑充当了大军团的中央信息处理器，从而消除了众多中间环节，这无疑有助于解释为什么拿破仑式战法充分体现了速度和果断的特点；然而，它同样意味着偶尔会出现基于一厢情愿、考虑不周或事后补救等想法而做出的仓促决定。

再回到我们对内阁结构的分析上来，它的第三部分，也是最后一个组成部分，是由拉扎尔·卡诺（Lazare Carnot）创建的测绘局。在拿破仑统治时期，它由另一个文官巴克莱·达尔布（Bacler d'Albe）领导，他已经追随他的主人17年了。达尔布可能是拿破仑所有助手中最不可或缺的一个，他负责为皇帝设置战役指挥部，用于白天（或者更确切地说，是晚上）开展工作。当到达一个新的地点，他就会在房间或帐篷里摆上一张大桌子，这里就充当内阁了，然后在桌上铺一张态势图。这张图是达尔布根据由统计局提供的关于敌人的信息、由总参谋部提供的关于法军位置和兵力的信息，以及由各军发来的报告等内容绘制而成，上面用不同颜色的图钉表示我军和敌军的队伍，交由拿破仑审阅。他还放置了专门的柜子，里面摆放着经过精心整理的统计资料和其他文件，这些关于法国大军团以及敌方军队的信息都在手边妥善保存着。角落里一般坐有4个秘书，晚上则会点燃大约20支蜡烛用以照明。

如果说拿破仑的内阁起源于古老的皇家秘书处，那么法国大军团的总参谋部则是最近才出现的。1783年，随着美国独立战争的结束，当时的法国陆军大臣塞居尔（Ségur）担心解散军队会导致许多有经验的军官流失。因此，他为68名军官安排了和平时期的工作，其中包括曾担任过军需总监的贝尔蒂埃、自己手下的参谋人员和其他一些军官，让他们学习诸如历史、地理、侦察和实用科学等专业军事科目。[26] 在法国大革命的推动下，参谋团得到了扩编并多次易名，其成员德赛（Dessaix）、克莱贝尔（Kléber）、苏尔特（Soult）、奈伊和古维翁·圣西尔（Gouvion Saint Cyr）等人也不断晋升。1792年，国民议会的议员们首次为每支野战军团推举了一名参谋长。贝尔蒂埃本人被推举派往阿尔卑斯军团。1796年，他起草了一份《关于总参谋部制度对阿尔卑斯军团意义的文件》（*Document sur le Service de l'Etat Major Général a l'Armée des Alpes*），并把它寄往巴黎，希望它能成为其他军团的榜样。贝尔蒂埃的文件将总参谋部的职责划分为四个部分，每个部分由一名副官长负责。[27] 参谋长的职责被界定为发送命令、记录军团的战争日志、整理形势报告和态势图、登记各种信息、进行各种检查等。然而，比这些原则更重要的是一般原则：

> 虽然每个副官长（应该有4名副官长协助总参谋长）负责一个特定的方面，但他必须对总体的业务情况有所了解……
>
> 没有人能以自己的名义发出任何东西；一切都必须由总参谋长来决定，他才是所有行动的中心枢纽。所有的信件都要寄给他；他负责签署所有文件；他会发布专门命令以备他不在场。[28]

从1805年开始，这一机构开始在贝尔蒂埃的领导下行使四种职能——（1）在军队内部处理（即备份、登记、发送）皇帝的信件；（2）阐释和解读拿破仑的命令，并单独给部分元帅们写信，因为这些元帅此时面对的那点战术态势还不值得皇帝亲自关注（在1806年10月10日至13日期间，贝尔蒂埃平均给高级军官们的信件数量相当于皇帝的4倍）；（3）向拿破仑的内阁提供所有关于法军状况的信息，拿破仑由此称呼贝尔蒂埃为"行走的形势报告"；（4）统计日常行动中海量的细节信息，包括议事日程、邮政、密码、警察、宪兵、供给队、医院、战俘、逃兵、新兵、军事法庭、地方政府等方面。[29]这些职能仍然按照过去的方式来管理，这一点在实践中已经体现出来，因为贝尔蒂埃模仿皇帝的内廷和内阁也为自己组建了相应的机构来负责前三个职能，而他的总参谋部只处理最后一个职能。虽然该机构负责处理"普通"参谋业务，并得到大幅扩编和合并，但把这些事务终归看作是指挥官私事的传统观念仍然存在，这也体现在一个事实上，即皇帝总是对下属直呼其名或编一个称谓（如"我的表弟"），但他从来没有称呼过他们在军中的职务。

人们经常拿贝尔蒂埃的职位与现代总参谋长相对比，但容易高估和低估他的职责。由于他对统计局没有控制权，因此他所能接触到的敌人情报就比较有限。贝尔蒂埃无论如何也称不上拿破仑的独立合作者，更不用说与拿破仑平起平坐了。这样做不失为一件好事，因为有一次他被赋予军队指挥权（1809年），却清楚地表明了他并不胜任。另一方面，仅仅将他描述为"皇帝的传令官"（这是他自己对苏尔特说的话），[30]无论对他本人还是对他所负责的机构，都是一种严重的低估。毕竟，法国大军团把部队分散部署在数百甚至后来高达数千平方英里的领地中，是历史上第一个在战场上彻底实施分散作战行动的部队。这种战争方法要求拥有一个比以前更庞大复杂的双向信息传输与处理系统，而管理这个系统就是贝尔蒂埃的职责所在。总的来说，尽管他所能运用的技术手段相当原始，但他还是取得了令人瞩目的成功，直到他在俄国和萨克森（Saxony）的战争中被距离、人数以及他自己每况愈下的健康状况所压倒。此外，当贝尔蒂埃不在的时候，如1815年滑铁卢会战期间，产生了非常大的混乱并直接导致了皇帝的失败。"我把他这只鹅变成了一只全能的鹰"，这是拿破仑对他的总参谋长所做出的冷酷但恰当的描述。

法国大军团总部第三个组成要素是达鲁的行政经济部门，它与帝国总部相距数十甚至数百英里。达鲁负责管理整个庞大的后勤区域，在1813年的时候覆盖了半个欧洲大陆。在这片区域内，他征募贡品、发出征用令、建造弹药库和医院、指挥伤员和俘虏的转移、让当地工厂为军队工作，并监督没完没了的类似事务。与改革前一样，在他指挥下的工作人员完全由文职人员组成。[31]

1813年拿破仑指挥系统的结构如图1所示。各要素对法国大军团的胜利所起的作用是不平均的。其中一些组织，特别是皇家秘书处和测绘局，都是训练有素的部门，能够平稳有效地履行其手中职责。贝尔蒂埃的内阁似乎同样高效，而且表现不错，例外的情况则是因为皇帝的指令出现混乱或残缺。统计局提供的情报有好有坏，大军团内部的双向报告系统也是如此。当许多将领还是狂妄自大的小尉官的时候（相比他的对手们而言，这在拿破仑的"民主"

军队中更加明显），他们没有接受过合格的参谋培训，难怪他们中许多人不能理解秘书工作的意义。无数的事例表明，将军甚至元帅们受到训诫，是因为他们绕过贝尔蒂埃，向皇帝呈递了大量无用的琐事，而且没有在信函上注明编号、日期和地点，甚至有的连地名都拼错了。[32]

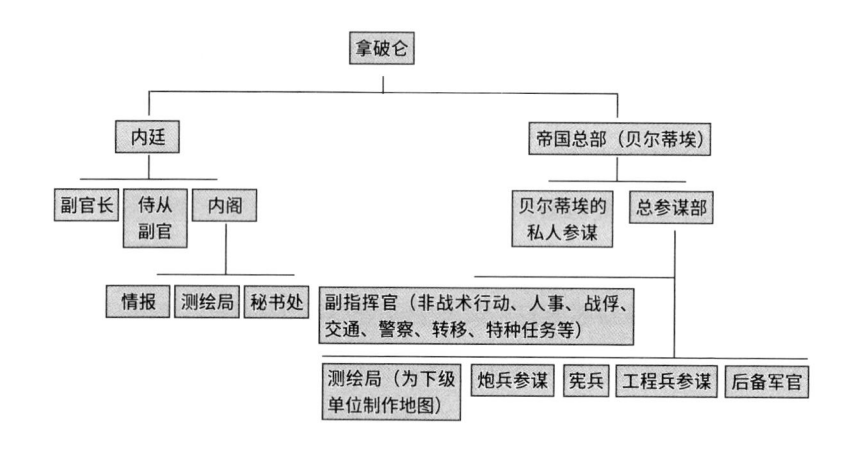

```
                                拿破仑
                     ┌────────────┴────────────┐
                    内廷                   帝国总部（贝尔蒂埃）
          ┌──────┬──┴──┬──────┐         ┌───────┴────────┐
        副官长  侍从   内阁             贝尔蒂埃的       总参谋部
                副官                    私人参谋
              ┌───┼───┐                 │
             情报 测绘局 秘书处         副指挥官（非战术行动、人事、战俘、
                                        交通、警察、转移、特种任务等）

                                        测绘局（为下级  炮兵参谋  宪兵  工程兵参谋  后备军官
                                        单位制作地图）
```

图 1　帝国总部的组织结构（1813 年）

众所周知，正是一连串这样的失误直接导致了拿破仑在滑铁卢的失败。[33] 此外，帝国总部在成立时规模很小，但此后扩编了越来越多的人员，最多时高达 1 万人，本身就像是一支小型军队，但大多数人只是从事基础性工作。

无论如何，拿破仑指挥系统的真正秘密不是在帝国总部，而是在于把大军团编为军和师的组织结构。每一个军和师都合理搭配了 3 个兵种，因而能够在较短时间内抵御住更多部队的进攻。它们内部都编有组织完善的参谋部，这具有革命性的意义。师参谋部由 11

人组成，都是经过标准严格挑选的；而军参谋部人员标准则稍低，人数也在 16 人至 24 人不等。师和军的参谋人员都按照特定处室编制，因此每个单位的军官人数都很少变动。[34] 与现在不同的是，所有这些单位都只是半固定化的，它们隶属于指挥官却不属于这个编队。苏尔特于 1813 年前往西班牙，同年奈伊接管柏林（Berlin）军团，他们都带上了自己的参谋人员。奈伊在 1806 年的参谋设置就是当时的一个范例（共 23 名军官）：[35]

副官长（约米尼）：1 名首席副官和另外 7 名副官；
参谋长［迪塔伊（Dutaillis）］：2 名副官；
普通参谋：6 名军官；
其他人员：5 名军官。

军部包括炮兵和工程兵的总监及其各自的参谋人员、1 名后勤供给的首席专员、2 名来自达鲁部门的军事专员、1 名粮食主管、1 名肉类主管、1 名饲料主管、1 名军医主管和 1 名邮政主管。师部人员也是根据类似的思想组建的，只是有一名副指挥官兼任参谋长，从而缩小了其编制结构。

特别值得注意的一点是，所有这些参谋人员，包括下属单位和皇帝手下的参谋人员，都没有接受过专门训练。布尔塞出于试验目的在格勒诺布尔建立的参谋学校于 1765 年关闭，而真正意义上的同类学校直到 1818 年才再次开设。大军团的将军们都是在至少服役两年的上尉中挑选参谋，经过一段试用期后，这些人就会留在参谋团队中。以此为起点，他们有可能升入贝尔蒂埃的部门中。尽管没有一个正式的培训计划，但是参谋人员与作战军官之间的轮换制度得到了高度重视，并且在某种程度上取代了培训。这一制度最开始先是试行，并从1813年开始正式实施，规定参谋军官必须在作战岗位服役两年后才能晋升至少校。

这套指挥系统的第一个职能是把大量信息有序地呈到皇帝面前，以便他控制分散在各地的军队。除了上文所述的达尔布的形势图，信息呈递还包括以下形式：（1）战争手册，按各团分别摆放，包括其指挥官的姓名和档案、下辖单位、实际兵力、伤病员数量、从仓库至前线途中的兵员补充情况，以及兵员的原籍记录；（2）所有军事区域的驻防记录，包括指挥官、参谋人员、高级军官、地方指挥官、军队、辎重队、警察编队、卫戍部队、军事机构等名称和资质；（3）参谋人员的编制结构记录；（4）行动记录，包括从后方到前线和从前线到后方的所有行动的记录，同时记明阶段和日期；（5）所有军官的完整档案，包括战斗经历、所获勋章、受伤记录、任现职情况等。[36]这些记录每日填写，每两周完全更新一次，并作为《每日形势报告》(*daily états de situation*)的分析依据。《每日形势报告》由各军在每天行动结束后编制，通常在拿破仑午夜醒来时呈给他。这些报告具有标准的格式，能够完整地写明各军当天的行动情况：他们的位置、兵力损益情况、制服、装备和武器情况、从所在国获得补给情况、侦察结果、俘虏审问结果等。为了更清楚地理解这些内容，各军还要每5天呈交一份《每日形势报告摘要》(*états de situation sommaire*)，每15天呈交一份《每日形势报告汇总》(*grand états de situation*)，都是要书写在贝尔蒂埃设计的特殊表格上。所有这些资料都由拿破仑的总参谋长妥善整理和呈交，这样拿破仑就能（或应该能，前提是元帅们的文书工作一直做得很好）真正了解他的军队以及他的敌人在做什么，而关于后者，统计局也有类似的记录。

一部分报告由总参谋部收集和呈交，另一部分来自统计局，这就构成了拿破仑所掌握的最重要的信息来源。然而，随着不断往指挥链上层提交，这些报告变得越来越不具体；经过的环节越多，要提交的格式越标准，它们就越有可能沦为泛泛之谈（也可能会被过度粉饰或被大量的总结掩盖真相），因此也就变得几乎毫无意义。为了防范这种危险，并让下属机灵一点，指挥官还需要设置一种情报联络系统，这被贴切地比喻成"定向望远镜"（directed telescope）。指挥官可以按照想法观察敌军的任何部分以及地形或自己的军队，从而获取信息，这种方法不仅比正常渠道减少了层级环节，并且也更符合他实时的需求。理想情况下，常规报告系统会让指挥官了解到存在什么问题，然后利用"定向望远镜"来找到答案。这两种方法相互结合、取长补短，并由拿破仑一手掌握，这才带来了指挥上的变革。

拿破仑于1805年组建了一套系统，用于精简既有渠道和直接获取所需信息。它由两个独立的部分组成。第一个是由8名至23名副官长组成的小组，这些人都是被皇帝亲自看中，经非正规程序从上校中遴选上来，通常授予准将或少将军衔，年龄在30岁至40岁之间，精力和体力都正处于全盛时期。他们的职责差别巨大，包括勘察整个地区（如1805年的萨瓦里），劝降（如同年的拉普），在休战期间秘密监视敌军总部（如奥斯特里茨会战前夕的拉普），在战斗中指挥骑兵和炮兵预备队［如德吕奥（Druot）、洛里斯东

（Lauriston）］，在一个远离主战场的省中担任总督并领导卫戍部队等。这样的职责要求他们具备处世和外交才能、军事指挥知识和能力，纯粹的体力和精力同样重要。拿破仑于1806年耶拿战役前向贝特朗（Bertrand）发出的指令就是典型的此类要求：

> 明日拂晓，你从圣克卢（St. Cloud）出发前往沃尔姆斯（Worms），在那里渡过莱茵河，确保那里所有的渡口都在我军警戒之下并做好所有准备工作。然后你继续前往卡塞尔（Kassel），确保该地区的防御和供给工作有序进行。在采取适当的安全措施后，你再前往哈瑙（Hanau）要塞，查看能否通过突袭而占领那里？如果有必要，你也可以前往马尔堡（Marburg）。然后你到卡塞尔，首先确认我在那里的临时代办员是否在位，然后通过他向我报告。从法兰克福（Frankfurt）到卡塞尔的这段路程，你不要走夜路，因为你要沿途观察任何可能引起我兴趣的东西。你再从卡塞尔前往科隆（Köln），选择最近的路线，同样也要白天前往。在韦塞尔（Wesel）、美因茨（Mainz）、卡塞尔和科隆之间的地区也需要勘察。在那里有什么道路和通信设施？收集有关从卡塞尔到帕德伯恩（Paderborn）如何进行通信的资料。卡塞尔的重要性是什么？这个地区兵力如何，是否有抵抗能力？评估选帝侯（Prince Elector）的军队，包括其现状、炮兵、民兵和优势所在。你从科隆前往美因茨见我。你要沿着莱茵河右岸行进，并提交一份对杜塞尔多夫（Dusseldorf）、韦塞尔和卡塞尔周围地区的简短

介绍。我将于29日到达美因茨来接收你的报告。你要亲眼观察这里对于战役初期和中期的重要性，并应该把这个地区牢牢地印在脑子中。[37]

这是拿破仑式的指示，最妙之处在于简洁明了，把相当大的自由裁量权留给了他的下属，并以一段向接受者重申其使命极其重要的批语结束。它表明了皇帝所知道的事情，也显示了他所不知道的事情（他所使用的地图似乎非常不完善）。再举一个例子，这次派遣副官长的目的是为了验证下属报告的真实性：

你［勒布伦（Lebrun）］先到勒佐公爵［Duke of Reggio，即乌迪诺（Oudinot）］的军中，把他的个人情况告诉我。他康复了吗？他能在战场上进行指挥吗？他的炮兵师情况如何，部署在哪里？他的准将有哪些人？你给我描绘一下他整个军的情况，只需要个大概即可，不需要全军检阅。你可以只检阅骑兵。你要向我报告他的步兵、炮兵、辎重队、弹药库、医院的状况，以及周围散布的谣言——总之，所有可能引起我兴趣的事情。你再到拜罗伊特（Bayreuth），查看那里的前哨，收集关于通往柏林道路以及当地局势的信息……你在其他军也这么做……你把所有官方消息都发给少将（贝尔蒂埃），其他的都直接发给我。[38]

在两三个助手的陪同下，副官长们走遍了整个欧洲，从西班牙到维斯瓦河（Vistula）以东，为自己赢得了尊重，但似乎偶尔也会引起怨恨。鉴于他们的任务性质，该小组的流动性相当大。如果一名副官长没有牺牲在任上，他可能会被委以军长重任或获得其他同等重要的任命。

副官长们有相当宽泛的自由来报告"任何可能引起皇帝兴趣的事情"，他们会被派出巡视整个省或军队。相比之下，年轻的侍从副官们多由中尉和上尉组成。他们会被委以更加具体的任务，包括向军传递消息或收集道路、桥梁、要塞等地形信息。这些军官通常有12人，由皇帝从法国贵族（后来也包括波兰）的后裔中挑选出来。唯一正式的先决条件是要在部队服役两年，但是炮兵和工程兵比其他人更有优先权。候选人必须是优秀的骑手，并精通除法语外至少一门语言。皇帝对这些年轻人提出了几乎难以置信的要求，有些甚至超过了他们的长辈，为了达到这一点，皇帝只选择24岁以下的年轻人。这些人不知道"不可能"这个词；他们常常只得到最模糊的指示，那可能只是一个指挥部的位置，然后即让他们送信过去。他们会在没有地图的情况下日夜兼程，在48小时内行进200英里，到达时已经精疲力竭。其中一个年轻人，波兰人德西雷·查拉波斯基（Desire Chlapowski），有一次从巴利亚多利德（Valladolid）到华沙（Warsaw）只用了19天。作为对他们杰出表现的回报，皇帝的恩典也很慷慨："去，在奥地利皇帝弗朗茨（Kaiser Francis）的床上休息吧。"在1809年瓦格拉姆会战前夜，当勒布伦完成任务回来时，皇帝对他说了这番话。

虽然各军和各师都像贝尔蒂埃的总参谋部一样，有他们自己的侍从副官，但"这些尽心尽力传递命令的年轻人"始终供不应求。[39]

各指挥部经常把对方的信使留为己用,这种现象与上述需求互为因果,结果导致有时候不得不雇用当地人员来传递报告和命令。1813年5月5日,两封至关重要的寄给洛里斯东和奈伊的信件就是由萨克森宪兵传送的,他们每人得到20枚金币的酬劳。拿破仑的军队在许多方面已是当时历史上组织得最好的。这些临时性的方法出现在他们军中,不仅生动地展现了这支军队的现状,而且也显示了之前整个指挥史的情况。

## 第三节 1806年:对普鲁士的战争

为了说明拿破仑指挥系统是如何实际运行的,我选取了1806年对普鲁士的战争为例,这场战争在耶拿—奥尔施泰特(Auerstädt)双重战役中达到高潮。这次战争具有"典型性",这一说法虽难以被证实但也无法被否定,很可能是因为它在某些方面是似是而非的。虽然它确实显示了法国皇帝和他的战争机器正处于最佳状态(这也是选择它的一个原因),但同样可以肯定的是,它还远远称不上完美。不过它的优点之一是简洁明了,可以在有限的篇幅内进行理性细致的分析。

战争的起因是拿破仑渴望与英国签订和平条约,为此他把汉诺威作为诱饵来吸引英国人。1806年7月,这个外交行动的消息传到了柏林,他们早就被法国人的傲慢所激怒[1805年贝纳多特(Bernadotte)进军乌尔姆期间,未经允许即穿越了普鲁士的安斯巴赫公国(Ansbach)],又记恨于曾被迫为缪拉和贝尔蒂埃割让领土。

主战派由路易丝王后（Louise）领导，在他们的推动下，普鲁士开始重整军备。8月下旬，这个消息传到了在圣克卢的拿破仑那里，并促使他开始着手准备，不过他仍然希望避免战争。

皇帝的第一部分工作纯粹是精神上的。他利用统计局提供的有关普鲁士军队的资料，仔细审阅手中的地图，研究了可供选择的各种方案，初步设计了在班贝格（Bamberg）附近地区集结大军团的计划。他打算从那里穿过弗兰肯森林（Frankenwald），向北进军萨克森。然而，他没有把这个计划告诉任何人，只是告诉贝尔蒂埃（时任陆军大臣）让所有军从法国新兵中补充兵力，他们当时都分散在德国南部的各个兵营中。[40] 他要求呈交一份军队的《日常形势报告》，并开始详细规划各个军前往其部署地区的路线。9月5日，他还命令工程兵军官对从营地通往班贝格的道路进行侦察。[41] 为了获得普鲁士部队行动的信息，统计局的军官们被派往法国驻莱比锡（Leipzig）和柏林的大使馆。他们被要求慢慢前往，在沿途中记录从班贝格到他们目的地之间地区的情况。他还给炮兵总司令德让（Dejean）下达命令，让他负责弹药供应，并着手把炮兵和骑兵的马匹需求缺口填上。[42]

就这样开始进行初步的准备，皇帝同时将他的注意力转向后方，提防英军可能采取的登陆行动，并命令德让在布洛涅（Boulogne）和安特卫普（Antwerp）修筑防御工事。[43] 9月9日，他仍未离开位于圣克卢的书房，一直在考虑未来的交通线能否畅通。他向贝尔蒂埃发出命令，要求贝尔蒂埃派人勘察从斯特拉斯堡（Strasbourg）到曼海姆（Mannheim）再到美因茨和维尔茨堡（Würzburg）的道路，同时在沿途仔细观察是否存在任何堡垒。[44]

他还命令当时驻扎在慕尼黑（Munich）的贝尔蒂埃去与拿破仑的盟友巴伐利亚（Bavaria）国王进行秘密会谈，让他开始向班贝格附近地区提供补给，并向其保证："虽然我认为不会，但是如果与普鲁士翻脸……他可以得到拜罗伊特。"

9月10日，皇帝要求德让呈交关于莱茵河沿岸各堡垒供给保障情况的报告，并要求科兰古准备好皇帝的作战指挥部，包括帐篷、行李、马车和战场望远镜等，等待出发。[45] 在整个这段时期，拿破仑一直在向柏林发出和解的声音，他没有做出任何让步，只是告诉普鲁士国王和普鲁士驻巴黎大使，他不想要战争，并命令法国驻德累斯顿（Dresden）大使采取同样的做法。[46] 然而，他显然此刻已经下了赌注，因为贝西埃尔（Bessières）元帅已接到命令，准备把帝国近卫军派往战场。[47] 最后，他给贝尔蒂埃下了个预先号令，让他在获悉普鲁士军队入侵萨克森时，立即让奈伊、奥热罗（Augereau）、达武（Davout）的军以及其他一些部队在维尔茨堡进行集结。军队调动的消息会首先发到斯特拉斯堡的拉普将军那里，再从那里通过电报发给圣克卢。"（收到信）一个小时后，我将前往维尔茨堡。"拿破仑写道。为了避免自己在前往德国途中延误或者错过军事情报，拿破仑命令贝尔蒂埃"安排好所有事务，这样我可以在美因茨接收你的报告"[48]。

拿破仑随后将注意力转向行政细节。9月16日，他开始汇拢关于各军状况的详细信息，有些内容是通过与正在身边的军长们（如达武）交谈获知的，而有些则是来自贝尔蒂埃写的报告。此时贝尔蒂埃的《形势报告》已经呈上，其中也显示出了侍从副官的匮乏，对此皇帝立刻着手纠正。[49] 他还首次透露出他的部分计划。他告诉德让和贝尔蒂埃"美因茨将是对普鲁士作战的核心枢纽"[50]。奈伊军奉命首先集结于乌尔姆（Ulm），然后调往安斯巴赫这一信息也被通报给了贝尔蒂埃。[51] 贝纳多特的军队随之前往班贝格。苏尔特元帅则奉命巡视巴伐利亚与奥地利的边境，确保一切防御准备就绪，但同时命令所有军官"在保持警戒的同时，要尽可能以最友好的方式与奥地利人打交道"。

普鲁士于1806年9月13日入侵萨克森；拿破仑一定是在18日晚些时候得到这个消息的，因为近卫军是在19日一早接到向斯特拉斯堡进军的命令。[52] 听到入侵的消息，皇帝显得镇定自若，继续忙于处理总部中副官人数等各种细节琐事，命令继续侦察，甚至为了显示一切尽在掌握之中，他还询问了巴黎一家博物馆的开放时间。[53] 24日，他的平静被贝尔蒂埃的一份报告打破。这份报告显然是写于9月19日或20日，上面说两支普鲁士军队已经渡过了易北河（Elbe River），现在正在向霍夫（Hof）和汉诺威进军。拿破仑没有料到他们会进展得这么快，他担心普军会攻击莱茵河沿岸的交通线，于是立即向贝尔蒂埃发出了最后的部署命令，[54] 并于次日一早动身前往美因茨。

到当时为止，拿破仑一直自己充当总参谋长的角色。所有的计划都直接来自他的大脑，他亲自研究地图，分析关于普军意图的所有信息，但此时还没有多少资料。贝尔蒂埃只能做一些细节工作，如安排各军到达集结地点的行军路线等。皇帝把准备工作主要分为两部分，一部分是与德让沟通后勤细节，另一部分是与贝尔蒂埃沟通军队人员和调动。因为贝尔蒂埃实际上自身就在德国，所以敌人的情报在一定程度上并非直接来自法国大使馆，但也都会经过他的手。拿破仑的少部分命令，显然也会直接下达给军队。但这纯粹是出于地理原因，而贝尔蒂埃则会收到所有命令。贝尔蒂埃还负责安排了大部分的侦察任务，但其中一些最重要的部分——尤其是勒布伦的任务——则由拿破仑亲自下令。拿破仑把贝尔蒂埃当作是传递命令和监视执行的得力干将，而在与大军团没有直接关系的事情方面——如意大利或法国西北部的事务——以及他与外国君主的交往上，则自然绕过了他。另一方面，贝尔蒂埃还被安排执行微妙的外交任务，如与拿破仑的巴伐利亚盟友会谈，这是因为实在没有让他缺席的理由。所有这一切安排通常都没有什么条条框框。不过，拿破仑授予给每个人官职，当然可以毫不犹豫地绕过他——而且会通知他一声——或者让他做其他事情，这些似乎都可以归于运气。

经过 4 天的旅行后，拿破仑于 9 月 28 日到达美因茨，立刻精力变得异常旺盛，他花了三天时间发号施令，从组织结构到吃喝拉撒，无所不管。10 月 1 日晚上，他把皇后留在该城，再经过彻夜的旅程到达阿沙芬堡（Aschaffenburg），在那里与莱茵联邦（Confederation of the Rhine）的普利梅特王子（Prince Primate）进行会晤后，于 4 日晚上到达维尔茨堡。在维尔茨堡，他收到缪拉的报告，称骑兵巡逻队已在萨克森的埃尔福特（Erfurt）附近发现了超过 15 万名普鲁士士兵。[55] 皇帝在这里也见到了贝尔蒂埃，收到他的报告，并看到了元帅们关于各自军队状态的报告。[56]

在美因茨的时候，拿破仑给他的弟弟，荷兰国王路易（Louis）写了一封信，从信中我们可以推断出他对普军的了解是多么少，以及他对普军的了解在多大程度上是仅仅基于对地图的研究。

我打算在最右翼集中所有的军队,而在莱茵河和班贝格之间则完全不设防,这样就可以在战场上把差不多20万人集结在一起。如果敌人(假设他们正从埃尔福特向西缓慢移动)派出分遣队进入美因茨和班贝格之间的区域,也不会对我带来什么影响,因为我已经把自己的交通线后撤到福希海姆(Forchheim),这是维尔茨堡附近的一个小要塞……(敌人并不知道这一点,他们)会以为我的左翼部队在莱茵河,右翼在波希米亚边界,因此我的作战线与前锋线就会平行推进。对方可能会试图攻击我的左翼,在这种情况下,我就能把他们赶进莱茵河里去。[57]

这就是他对战役做出的最宏伟的规划。值得注意的是,这封信是寄给他的弟弟,而不是给贝尔蒂埃或其他元帅们(我们目前所得的资料中可证明这一点)。

10月3日,拿破仑在维尔茨堡宣布让各元帅举行阅兵,从而正式接管了法国大军团的总指挥权。他的第1军(指挥官:贝纳多特)现在利希腾费尔斯(Lichtenfels),第3军(指挥官:达武)在班贝格,第4军(指挥官:苏尔特)在安贝格(Amberg),第6军(指挥官:奈伊)在纽伦堡(Nuremberg),第5军[指挥官:拉纳(Lannes)]在施韦因富特(Schweinfurt),第7军(指挥官:奥热罗)和近卫军[指挥官:勒菲弗(Lefebvre)]在维尔茨堡。重装骑兵预备队(指挥官:缪拉)部署在奈伊军的后方。贝纳多特和萨瓦里的密探发来的一些报告显示,敌人正在缓慢地向西推进,但还没有到达富尔达(Fulda)。

## 第三章 战略的演变

皇帝根据这些部署和情报制订了作战计划。10月5日他给苏尔特元帅写了一封信,在信中解释了他的意图。大军团以三路纵队穿过弗兰肯森林,右翼是苏尔特,后面跟着奈伊和1万名巴伐利亚军队;中路是达武、近卫军和重装骑兵预备队;左翼是拉纳,随后是奥热罗。[58] 中路纵队的前面是四个轻骑兵旅,他们的指挥官直接听从缪拉的调遣。他们的报告需要一式两份,一份发给先锋队指挥官缪拉,一份发给中路纵队指挥官贝纳多特。皇帝除了写信给苏尔特外,就只给贝纳多特写过信,并对达武口述过一份简短通知,其他元帅们只能由贝尔蒂埃来通知。他此刻的命令与那些在准备期间的事无巨细的公函形成了鲜明对比,并也迥异于他给时任意大利总督的欧根亲王的信件。这些命令都非常简略:它们只告诉元帅们在什么时间去哪里,然后一到了那里就做什么事情〔如"一到霍夫,你首先要做的是建立与洛本施泰因(Lobenstein)、埃贝尔斯多夫(Ebersdorf)和施莱茨(Schleiz)这些地方的联系"〕,并且一般都会指示他们传递情报和尽可能获取物资。考虑到敌军可能的位置,左翼纵队才是最有可能受到攻击的部队。然而,拿破仑自己置身中路纵队,那么他只有在收到奥热罗或贝纳多特前往支援的消息后,才能真正得知拉纳是否能够扛得住或已败退。[59] 同样这位总司令也就无法再试着亲自完成所有重要的事务。

根据拿破仑公开的信件判断,他在10月5日至8日期间只向各军指挥官们发送了相对较少的几封短讯。其中部分原因可能是由于在森林环境中难以保持通信的畅通,但也极有可能是拿破仑意识到,一旦准备工作结束,战斗已经打响,那么在面对战斗中巨大的不确定性时,最好还是不要把元帅们限制得太死了。我们确实发现了一名侍从副官被派回维尔茨堡，让他最后检查一下正在建设的基地（值得注意的是，拿破仑并没有等到后勤准备工作完全就绪就发起了战争），另一名侍从副官则被派出去报告右翼苏尔特军的动向。元帅们也收到公函，向他们通报各军的进展情况，并仔细注明皇帝本人可能会到达的位置。"与我时刻保持联系，"他给苏尔特的信中写道，"在这种联合作战中，只有时刻保持联系才有可能获得辉煌的战果。这一点你要作为头等大事来做。"[60] 这就是拿破仑指挥系统的核心要义，不过它也的确可以在非常有限的时间内断开联系。如在 10 月 10 日，皇帝在从埃贝尔斯多夫到施莱茨的路上可以听到从左翼拉纳部队方向传来的炮声。尽管花了大约 12 个小时才弄清楚究竟发生了什么事，但这并没有使他担心。"因为我当时已经听不到在萨尔费尔德（Saalfeld）的战斗声，"他在给缪拉的信中写道，"我想敌人坚持不了多长时间了。"[61]

在任何情况下，都不应把战争期间的拿破仑想象成他坐在桌子后面发号施令。他的大多数时间都花在搜集情报、检阅部队和监督命令执行上。皇帝会时不时地停下随便一支队伍（甚至是一个营），询问他们最近的行动，并挑出一些优秀的个人进行提拔，这种做法会让其他人激动不已。信使向他报告消息的时间都不固定。在科兰古组建起帝国总部后，他本人在那里通常会以书面形式发号施令，而在晚上大多则会口述命令。他大约在 20 时上床睡觉，午夜时分再起床研究各军送来的详细情况报告。一天中最重要的工作通常会在凌晨 3 时前完成，口述完命令后，他会回到床上再睡几个小时，贝尔蒂埃则负责及时通知到各位元帅，为第二天的行动做好准备。

10 月 8 日上午，法国大军团的先头部队已经行进了三天，他们越过萨克森的边线，战斗打响了。那天没有遇到什么抵抗，但在9日早晨，缪拉的先锋队在施莱茨遇到了陶恩钦（Tauentzien）率领的普鲁士军队，并战而胜之。拿破仑的副官拉普亲眼看见了这场胜利，他在埃贝尔斯多夫把这一消息禀报给了拿破仑。皇帝综合战俘审问记录，重新评估了敌军的情况。"我看得很清楚，"他在10月10日早上8时写信给苏尔特，"普鲁士军队正在计划发起进攻，他们的左翼要穿过耶拿、萨尔费尔德和科堡行进至开阔地，指挥官分别是在耶拿的霍恩洛厄亲王（Hohenlohe）和在萨尔费尔德的路易亲王（Louis）；剩下的一支纵队将通过迈宁根（Meiningen）和富尔达继续前进。这样看来，在你〔当时位于普劳恩（Plauen）〕和德累斯顿之间似乎没有什么部队，甚至可能连1万人都没有。"他又附了一份说明："我刚刚收到你10月9日18时的信。……1000名普鲁士士兵从普劳恩撤退到格拉（Gera）的消息，让我毫不怀疑格拉就是敌人选定的集结地点。我怀疑他们能否在我到达那里之前就集结完毕。我希望今天的信息能让我对他们的计划有一个更好的了解。"[62]拿破仑这时还没有与他的左翼部队恢复联系，也不知道普军是打算进攻、防守还是逃跑。

一天过去了，他没有得到敌人的进一步消息。"一旦我们到达格拉，"拿破仑在18时再给苏尔特写信，"事情就会变得清晰。"[63]同时他根据手头上有限的信息，发布了一系列命令，让各支部队在10月11日中午前完成对格拉的半包围集结。然而，事实证明这是打了一记空拳。第二天早晨，骑兵部队首先进入格拉，随后紧跟的是贝纳多特的各支部队，发现里面空无一人。这一天过去了，还是没有敌人下落的进一步消息。只是在深夜的某个时候，大约是午

地图 1

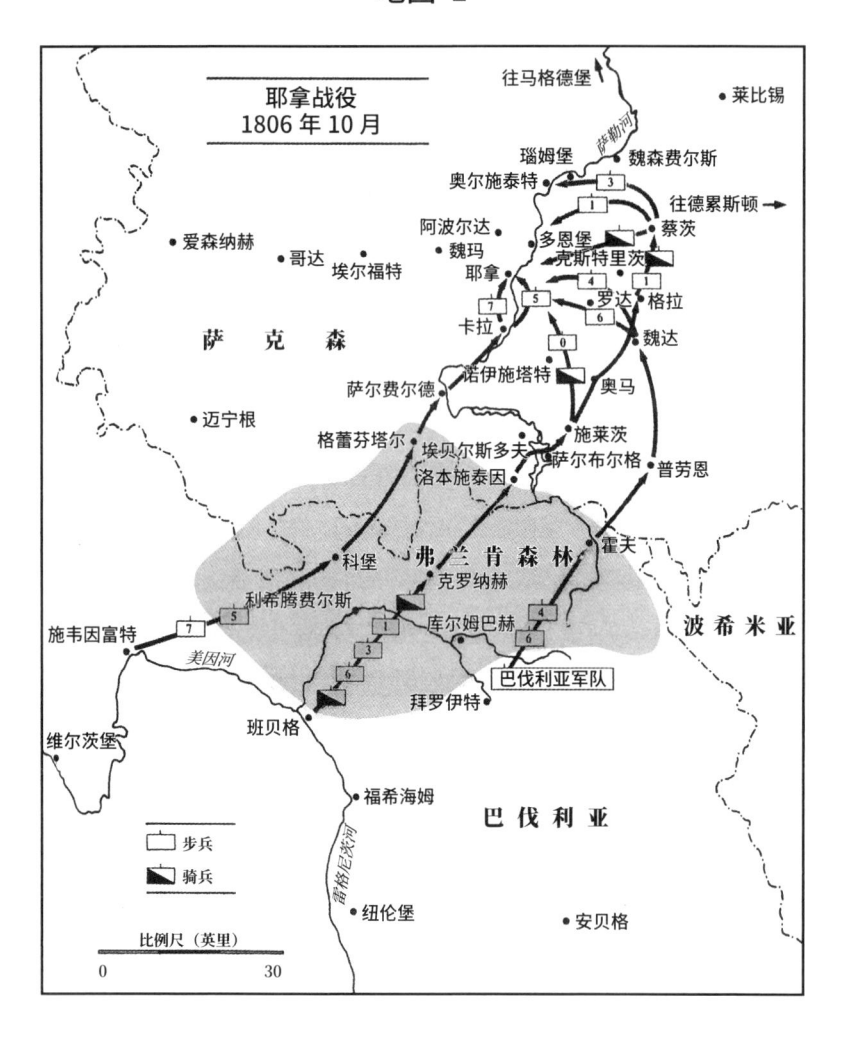

耶拿战役
1806 年 10 月

夜时分，他才真正收到了两份报告。来自苏尔特的报告称，离开格拉的敌人正在向耶拿撤退，另一份来自缪拉的报告称，一名被俘的萨克森军官说普鲁士国王及其20万大军正在埃尔福特。现在看来，普鲁士人并不打算像拿破仑所预料（和希望）的那样在遥远的南方发起战斗，他们可能正在集结兵力，准备向北方的马格德堡（Magdeburg）或东方的德累斯顿撤退。

在这个关键点上，拿破仑的一人指挥系统和大跨度控制（8个军直接隶属于皇帝指挥）的优势就体现出来。在10月12日02:30到06:00之间，他向元帅们发出了一系列简短的命令，指挥全部军队向东北方向进军，这就是他著名的包围机动战法。这场战斗完全是基于两份报告和一份地图，在三个半小时内就完成了决策，最终导致普鲁士军队在耶拿—奥尔施泰特双重战役中一败涂地。拉纳奉命从左翼转向右翼，直接向耶拿进军；奥热罗跟着他一直走到卡拉；缪拉赶往通向德累斯顿的必经地蔡茨（Zeitz）；贝纳多特紧随其后；达武通过强行军向北到达瑙姆堡（Naumburg），与贝纳多特一起组成新的右翼；苏尔特和奈伊向西进军，在格拉—诺伊施塔特（Neustadt）组建新的中路军。他把所有这一切都写进了一份给贝尔蒂埃的综合命令中，接着他再给4个前锋军发布了单独命令，而后方的军（奥热罗、贝纳多特、奈伊、勒菲弗）则只能收到贝尔蒂埃的信件。[64]显然在皇帝和他的总参谋长之间有一个分工，这使得拿破仑在那天早晨有精力处理一些其他紧要事务，如给他的外交大臣塔列朗（Talleyrand）写信、给法国大军团发布第二份公告以及安排其他行政事务。另一方面，似乎没有一位元帅获准知晓所有这些举动背后的宏伟设计。以此来看，指挥仍然是拿破仑自己的事，而且是完全集权的。每个命令，无论是由拿破仑或贝尔蒂埃书写，都只包含部分细节内容：军的行进方向，他们左右两侧的形势，帝国总部的预期位置等；对于4个前锋军，还包括一份要求获取敌军动向和计划等所有可能情报的常规命令。显然，不需要更多内容了。

当然，所有这些命令也有助于解释拿破仑式战争的"奥秘"。值得注意的一点，是它们被执行的速度（如表1所示）。通过地图可以发现，军队两翼之间的距离约为40英里，这段距离不仅仅非常宽，而且要远比拿破仑之前任何一支野战部队所能覆盖的距离都

表1 拿破仑命令的去向（1806年10月11日至12日）

| 军 | 10月11日夜驻地 | 距总部距离（英里） | 命令离开时间 | 命令到达时间 | 行动开始时间 |
| --- | --- | --- | --- | --- | --- |
| 缪拉 | 格拉 | 19 | 04:00 | 07:15 | 09:00 |
| 贝纳多特 | 格拉 | 19 | 04:00 | 07:15 | 09:00 |
| 达武 | 米特尔（Mittel） | 4.5 | 05:00 | 06:00 | 07:00 |
| 苏尔特 | 魏达（Weida） | 11 | 04:00 | 06:00 | 07:00 |
| 拉纳 | 诺伊施塔特 | 8.5 | 04:30 | 06:00 | 10:00 |
| 奈伊 | 施莱茨 | 12 | 03:00 | 05:30 | 06:00 |
| 奥热罗 | 萨尔费尔德—诺伊施塔特 | 20 | 05:30 | 08:15 | 10:00 |

引自：瓦谢（Vaché），《战争中的拿破仑》（*Napoléon en Campagne*），第49页。

要远。这些命令都是以平均每小时5.5英里的速度进行传递的，这一速度在数千年中几乎没有改变过，但是它们获得执行的及时性——从接收到执行平均不到两小时——绝对非同一般。这其中体现的意义，不仅是一种各级受到平行管理、控制范围相对较大的组织结构，更在于把军队划分为若干组织合理、易于管理的战略单位，各自拥有自己的固定参谋人员和信使体系，无需相互协调就可以迅速投入战斗。从发出命令到执行命令的平均间隔时间仅为4小时，如果再添加4个小时作为报告从军中到达皇帝手中的平均时间，假设后者没有浪费时间就做出决定，那么可以得出结论，在24小时内就有可能向各军发出三份独立的行动命令，并使之得以执行。这个数字，即使是拥有全套电信设备的现代军队，也几乎不能与之媲美，更谈不上加以提高。

8时30分，拿破仑又口述了几封信后，骑上马向正在组建帝国总部的格拉出发。他很快就遇到了达武的一个师，他们正朝着瑙姆堡前进，于是对其进行了检阅。12时30分，他到达格拉，住在了公爵府里。在等待消息期间，他又抽空写了一封信，给"我的兄弟"普鲁士国王。他可能也见过了苏尔特，因为他的新指挥部也在格拉。他在晚上20时上床睡觉，午夜时分被叫醒，这时他发现各军还没有任何消息。于是，他给皇后写了一封信（"我8点睡觉，午夜起床。有时我感觉你还没有上床"），又口述了大军团的第三份公告，打算在其中所写事件发生的14天之后进行公布，就好像在前一天下令的行动已经得以执行："（缪拉）在蔡茨和莱比锡之间，（贝纳多特）在蔡茨，帝国总部在格拉，近卫军和苏尔特在格拉，奈伊在诺伊施塔特，（达武）在瑙姆堡，奥热罗在卡拉……敌军被切断了与德累斯顿的联系，但他们 11 日仍盘踞在埃尔福特，并试图重新召集各支纵队进攻卡塞尔和维尔茨堡。"[65] 拿破仑实在是迫不及待地想得到两翼的消息，于是派信使去拉纳和达武那里询问。他还命令缪拉和拉纳不要轻举妄动，让他们的部队进行休整，从前几天的行动中恢复过来。他补充说，他本人也将很快前往耶拿。

这些使者刚走，有三名从元帅们那里来的信使就到了。他们带来的是在 12 日晚上或 13 日早上写就的信息，花了 8 个到 10 个小时才到达皇帝这里，有的走了 25 英里的路途，有的则是在陌生区域内走的夜路。有一个从奥热罗处来的信使报告说，霍恩洛厄在耶拿，正在向魏玛（Weimar）后退，打算在那里与普鲁士主力会合。第二名从达武那里来的信使说，普军主力部署在埃尔福特—魏玛地区，并向皇帝保证普鲁士国王已经从埃尔福特到达了魏玛，而在东边的地区（他的部队已经穿过）没有敌人。最后，缪拉派来的是萨瓦里的密探，他同样对拿破仑说，敌军正位于埃尔福特—魏玛地区。这些消息中第二个是最重要的，正如它显示的那样，普鲁士已经取消了所有原本可以实施的进攻计划。"面纱终于被扯掉了，"拿破仑对缪拉评论道，"敌人开始向马格德堡撤退了。"[66] 他也知道，达武在瑙姆堡正好可以切断对方的路线，但普鲁士人并不知道这一点。这样，一切都准备就绪，决定性的一幕将缓缓升起。

## 第四节　1806 年：耶拿战役

在拿破仑之前或之后，极少有指挥官会像他的作战体系这样以决定性会战为基础。他不倾向于兵不血刃的机动战（当然，他在乌尔姆的机动战非常著名）或旷日持久的消耗战，尤其是后者这种形式既不匹配他的指挥系统也不适合他特有的才华，难以取得最好的效果。[67]像"指挥的石器时代"那种依赖于共识的战争也不适合他，相反，他的目标是一上来就把对手逼到一个无法逃脱的角落，然后把他击得粉碎。在1806年10月13日，这一目标的前半部分已经完成。

只剩下最后的准备工作了。缪拉奉命"尽快动身，带领贝纳多特的部队一起前往多恩堡（Dornburg）"，缪拉本人需要在夜间到耶拿报告。为了催促重装骑兵部队尽快到来，一名侍从副官沿着奥马（Auma）的道路疾驰而回（在战役的机动阶段，这是拿破仑唯一一次直接向师级部队下达命令，原因可能是因为他们的指挥官缪拉作为先锋队的指挥官，当时没有在位）。大军团的第四份公告于10时完成，称敌人"被逮了个正着"。随后皇帝骑马前往耶拿的中路军。他发现部队和辎重队堵塞了正常的路线，便绕道经过克斯特里茨（Köstritz），此时他停了下来，决定让苏尔特也从这里行军，免得他次日需要从格拉一直行军到耶拿。11时30分，贝尔蒂埃向元帅们下发了命令。皇帝继续向前走，大约在13时30分，他听到了从耶拿方向传来的枪声，但他不知道这意味着什么。15时，皇帝离耶拿还有3英里，这时一名拉纳的信使赶到。他说，是拉纳的部队发出的枪声，他们正在耶拿以北与1.5万人的普鲁士部队交战，后面还有普军2.5万人。拿破仑立刻得出结论，即拉纳正受到整个普鲁士军队的攻击——这一结论与他先前对缪拉所说的完全不同，甚至是彻底错误的。他顿时心潮澎湃，命令贝尔蒂埃通知勒菲弗和奈伊全速赶往耶拿，并补充道，为了跟上苏尔特，"副官在必要时可以累死一匹马"。公函也被寄往达武和贝纳多特，告诉他们这些进展情况并命令他们，如果他们当天听到战斗的声音，就扑向敌人的左翼，否则就按兵不动，在夜间等待进一步命令。

这时是15时多一点。据絮歇将军（Suchet，拉纳的师长之一）和萨瓦里说，他们亲眼看见拿破仑骑马前往萨勒河（Saale River）以西的兰德格拉芬贝格（Landgrafenberg）高原，找到拉纳的指挥部。在那里，他亲自侦查了敌军阵地，距离之近足以被子弹击中。近卫军的先头纵队也开始抵达高原，拿破仑亲自向将军们展示了他想让他们在夜间占领的地方。[68]他和所有在场的将军们共进晚餐，然后去看看温德诺伦山（Windknollen）是否真的被占领了。温德诺伦山是高原上的一个制高点，拉纳的炮兵占领了这个高地，这对抵御普军可能的进攻至关重要。他看到的情况并不令人放心。道路被车辆堵住了，在场的军官们正在平静地吃晚饭。皇帝忍着怒火，亲自抓起一盏灯笼来指挥拓宽道路，每个营都清理了一个小时的岩石，然后行军到指定的位置，这时再由另一个营顶上。拿破仑一直等到第一辆炮车通过后才离开现场，来到高原的边缘，絮歇的掷弹兵早已在那里为他准备好了营帐。[69]

那天晚上拿破仑第二次亲自侦察了地形，这一次他往前走得太远了，以致在返回营地途中被己方的哨兵开枪射击。他返回营帐，这时已接近22时，他口述了给达武的命令。他告知这位元帅，在耶拿和魏玛之间部署了一支庞大的普鲁士军队，并命令元帅向阿波尔达（Apolda）进军以便扑向敌人的左翼。只要能够参加战斗，达武可以选择任何合适的道路。"如果贝纳多特元帅还和你在一起，"

信中继续写道,"你们可以一起前往,但是皇帝希望他已经在多恩堡占领了之前布置给他的阵地。"这是他给两位元帅发出的最后一条命令。下一次的命令已经是10月15日5时,那时会战已经结束。

拿破仑只睡了几个小时。14日凌晨1时,他再次起床,口述了当天的任务。现在他手边的部队,是在萨勒河以西的兰德格拉芬贝格高原上的拉纳军团和近卫军,还有4支部队正在前来的途中,从左至右分别是奥热罗部、奈伊部、缪拉手下师长们率领的重骑兵和苏尔特部。"在黎明时分",皇帝会"发出信号",让中路的拉纳攻击"我们右侧的村庄"[即克鲁塞维茨(Closewitz)],这样后面的奈伊就可以部署到高原上。等村庄被占领后,奈伊"就部署到拉纳元帅的右侧"。在左侧,奥热罗要从南方向敌人发起进攻,他们以拉纳的左翼作为方向线,这样就无需等待进一步的指示。苏尔特位于另一侧,他要"沿着侦察过的路线"穿过萨勒河,并占领阵地,形成军队的右翼。最后,已经在场的近卫军和"即将到来的"骑兵部队一起作为"(在高原上的)预备队……以便前往形势最需要的地方"。各军的任务就是这样列举出来的(实际上拿破仑的命令比这部分总结的要杂乱无章得多),并在各军部署阵形上画了几条线,以示重点,"今天必须全部部署到位;随后我们将按照敌人的行动采取相应行动,从而把他们从我们要部署的阵地中赶走"[70]。这条如此拙劣的命令,是基于对敌人实力和意图无可救药的错误认识而制定的。如果它出现在现今任何一所参谋学院中,其制定者肯定会被评为不及格。这是贝尔蒂埃的问题,还是皇帝自己的,无法确定。[71]

我还不完全清楚当天的任务是如何被传达给各位元帅的。他们显然没有召开会议，相反，就在身边的勒菲弗很可能也是在口头上接受了指示，缪拉和奈伊可能也是这样，他们在前一天也被召唤到耶拿。一名目击者记录到，拿破仑于 4 时会见了拉纳和苏尔特。[72] 奥热罗很可能收到了一封书面信件（可能是当天命令的副本或包含与他有关段落的摘录），而达武和贝纳多特则完全没有接到命令。无论如何，当天的任务是 14 日发出的最后一份书面指示，以此来看，这场会战完全是靠口口相传来指挥的。

现在是早晨 5 时。拉纳离开了拿破仑的帐篷，里面只有苏尔特一个人陪着皇帝。突然枪声大作。"就这样，战斗开始了。"有史料记载他是这么说的。[73] 在一些手持火炬的士兵陪同下，他尽可能多地巡视了附近拉纳和勒菲弗的部队，向他们慷慨陈词，回忆了去年的奥斯特里茨会战。拉纳的军在清晨大雾的掩护下出发了，一度消失在皇帝的视线中。9 时许，大雾消散，他看到他们已经占领了克鲁塞维茨，正在向西北方向推进。拿破仑站在高地边缘的指挥所前，他身后不远处围绕着贝尔蒂埃、科兰古、数名传令兵以及若干副官长和侍从副官。他这时发现，在左翼的奥热罗军与拉纳军之间出现了一个意想不到的缺口。也许是通过他们的侍从副官们，他把近卫军的炮兵部队以及从拉纳和奥热罗处运来的大炮都填入这个缺口，组成了一个"中央大炮台"。在 10 时左右，他听到苏尔特军的炮声从右侧响起，这将迫使普鲁士军队暴露于拉纳的侧翼，并有助于拉纳在克鲁塞维茨之外取得稳定而缓慢的进展。

拿破仑感觉这场战斗进展顺利，很快就把他的作战指挥部从西北方向转移到多恩贝格（Dornberg）高地（不要与更北方的村庄多恩堡混淆,那里已布置给贝纳多特作为他的目标),这样就能跟随并监督拉纳军团的行动。很可能就是在这段时间内,奈伊原本一直在后方焦躁不安地等待自己部队的到来,这时他在没有奉命也没有被发现的情况下,一马当先带着自己的先锋旅向前冲去,绕到拉纳的左侧(而不是之前命令的右侧),并一直向前冲入了普军强大的炮阵中,很快他们就在维森海里根(Vierzehn Heiligen)这个村庄之外被包围并遭受重创。由于受到普鲁士骑兵的猛烈攻击,他被迫结成了一个方阵。如果现在重新掌握指挥权的拿破仑没有注意到正在发生的事情并命令他的副官长贝特朗率领两个近卫军骑兵团前来支援的话,奈伊肯定已经被炮火和攻击所摧毁。拉纳的左翼部队也参与了增援,这些行动确实减轻了奈伊的压力。但是在这部分中间和左侧的战场上,战斗仍然没有分出胜负。

在这几个小时中,更多的法军到达了战场。在左侧,奥热罗的部队已于10时到达,拿破仑接连派出信使,为他的每个师和团都指明了目标。在中路,奈伊的部队逐渐都出现了。至于右侧,缪拉一定是在中午前后到达的,但直到13时左右,苏尔特的后卫部队〔圣希莱尔(St. Hillaire)的师〕才准备就绪。现在法普军队的兵力对比达到了二比一,南面已开始对他们进行迂回包围,北面也即将如此。拿破仑派出信使命令全军发起总攻。右侧的普军在面对苏尔特的时候,几乎立刻就崩溃了,并在14时结束了这边的战斗。然而,在拿破仑的中路军,拉纳刚刚开始取得进展,"许多军容严整的骑兵队伍远远地出现了,显然决心要侧翼包抄拉纳元帅"。原来这些骑兵是由吕谢尔将军(Rüchel)率领的1.5万名普鲁士骑兵。皇帝从他的观察点上看到了他们,于是派遣塞居尔去告诉拉纳结成一个方阵，同时命令拉纳军团中最后一支预备队［由韦德尔（Vedel）将军指挥的一个旅］前去增援。近卫军的士兵们意识到自己没有机会上战场了，都在低声抗议，随后就被他们主人的怒斥打断了。[74]

挟着压倒性的胜利之威，缪拉的骑兵正在集结，来增援这些法国步兵。吕谢尔的部队很快就向魏玛败退了。现在已是15时许，只有在法军的最左侧，萨克森军队还在抵抗奥热罗。此时，皇帝派塞居尔命令奈伊左翼的师［马尔尚（Marchand）将军］从后方进攻这支部队。到16时，大多数萨克森人已被俘虏。拿破仑缓缓前行，指示照顾伤员。他现在疲惫不堪，骑着马穿过战场，来到他之前的营帐，并从此出发，前往了耶拿的城堡（或者说，是一座旅馆）。这场世界历史上最伟大的胜利之一就此落幕。

有趣的是，拿破仑在耶拿战役中的指挥标志着一个时代的结束。在之前的时代里，总司令可能会俯瞰战场并且直接参与到战斗之中。法国皇帝身边一直环绕着几名参谋人员，并以更大的一群参谋团队作为后盾，当然他们的职能像警卫一样具有装饰性。他在整场战役中只调整过一次指挥所。他依靠直接观察和利用信使，不断地干预他所看到的军的战斗，毫不犹豫地指挥各师甚至各团的行动。另一方面，右翼的苏尔特，可能还有缪拉，在一整天里都没有收到一个命令。这也许标志着皇帝对他最亲近的元帅们的一种信任（在奥斯特里茨，他曾笑着说："我和苏尔特心意相通"），然而，这或许反映了一个事实，即最激烈的战斗发生在法军的左翼。这也可能就是一种眼不见心不烦的情况。据说，拿破仑曾经说过，每一位将军往往都能发现自己所处会战或战役的重要之处。[75]

会战之后还有一段有趣的后续。当拿破仑驻扎进耶拿时，发现达武手下的一个连长特罗布里恩（Tobriant）正在等他。这位军官向他报告了一个惊人的消息，说第 3 军刚刚在奥尔施泰特击败了普鲁士的主力部队。起初，拿破仑不相信这个事情，厉声对信使说："你们的元帅今天一定是眼花了。"然而，渐渐地真相大白了。基于拉纳的报告和他自己的观察，拿破仑以为刚才那些就是普鲁士的主力部队，但其实只是由霍恩洛厄指挥的一支侧翼卫队，他们的后方才是由总司令率领的 6 万大军，当时正在向东北方向撤退。恰巧达武遵照皇帝的命令正从瑙姆堡向阿波尔达进军，结果与普军主力迎面撞上，并把对方打得落花流水。而贝纳多特虽然和达武在瑙姆堡一起接到了皇帝的最后一道命令，但他更愿意遵循之前的命令，于是平安无事地漫步到多恩堡。由于他来得太晚，错过了在耶拿或奥尔施泰特的战斗。

因此，在耶拿的拿破仑对当天发生的主力会战一无所知。对他手下各军的几次行动，他完全忘记了两个军，又没有向第三个军（可能还有第四个军）发号施令，最后被第五个军的行动吓了一跳，更有甚者，他的一名主要下属还表现出某种不服从命令的样子，这种行为本来是要被枪毙的。尽管拿破仑在指挥中犯了这些错误，但他还是赢得了他整个职业生涯中最伟大的一次胜利。

## 第五节　结论：抛掉枷锁的战神

要正确理解拿破仑的指挥系统及其运作方式，我们必须用前面几个世纪的观点来看待它，而不是用后来的观点。一旦我们把来自近代参谋的影响消除掉，那么无论在战术层面还是在战略层面，事情都会清楚得多。

正如耶拿战役所显示的，拿破仑在战术指挥上并没有什么特别的变革。就像腓特烈大帝在洛伊滕会战中一样，拿破仑自己站在一座可以俯瞰战场的山上，尽量控制着战事的进展。他也像马尔伯勒在拉米伊会战中一样，依靠信使与前方和后方的部队沟通。还像卡尔十二世（Carl XII）在波尔塔瓦会战中一样，在会战前夕而非之后发布书面命令，并且与莫里斯·萨克斯的建议相反，他还参与了军队的具体部署工作，而非只是对最重要的行动进行评估和发号施令。[76] 他在战场上使用的战术编队也没有特别新颖之处。[77] 与马尔伯勒相比，拿破仑作为一名战术指挥官并不那么成功。原因之一可能是，无论他是多么伟大的天才，在充满嘈杂和混乱的战斗中，他的控制范围对于单独一个人来说实在是太大了，尤其是在他职业生涯的后半段。也许正是出于这个原因，有些人认为拿破仑更像是一位战略家而非战术家。[78]

然而，只有当人们从战术转向战略时，才会发现拿破仑在指挥上带来这场变革的真正意义。与以往的总司令不同，拿破仑在战争中不再试图让他的军队都集中在自己手边，不再需要指挥官来完成所有重要的事情，如骑马出去收集敌人的情报或率领决定性的侧翼部队等。在某种程度上，这些类似的职能现在已经成为军参谋人员的日常工作，总部终于卸掉了通信和数据处理这个一直依附于它的沉重负担。由于各个军能够独立行动和坚持战斗，帝国总部就能站在更高的高度来处理战场上的不确定性，如军实时面对的形势变化，这反过来也提升了法国军队的作战能力，使他们能够仅通过少数几次短暂的战争就几乎占领了整个欧洲大陆。

为了使这种指挥权力下放成为可能，有必要做到以下几点：（1）把军队组建成独立自主、以任务为导向的战略单位，让每个单位都有其能干的指挥官、参谋团队和合理的兵种配置；（2）建立一种由军向总部定期报告、总部向军发布命令的上传下达制度；（3）在总部组建参谋团队，并处理由此产生的信息沟通；（4）防止总司令被参谋人员所左右，设置"定向望远镜"，使总司令不受指挥层级限制，可以随意审查军队的各个部分或实时获取所需的任何信息。拿破仑完全理解每一项改革的必要性，它们都以这样或那样的形式出现在法国大军团中。总的来说，尽管在细节上有很多错误，但帝国总部的运行非常好，直到在1812年至1813年战役中，它才被数量和距离所压倒。

像上文所述的那些在组织结构和技术手段方面的重要改进，都使拿破仑充分信任手下部队和指挥官能够在有限的时间内独自执行任务，相对地，元帅们愿意承担的职责也远远超出历史上那些"分遣队"的指挥官。他们率领着一支非常强大的军队，有时一连好几天都没有接到命令，但他们会认为这同样符合整体的计划。如果在1805年至1809年间取得的胜利具有参考意义的话，他们做得确实非常好。即使在1812年至1813年战争和1815年战争中，导致崩溃的原因也往往是个人性格而非制度问题。毫无疑问，选择热罗姆（Jerome）在俄国指挥一支军队是一个错误［就像拿破仑在西班牙使用约瑟夫（Joseph）一样，这可能是不可避免的，因为元帅们之间绝对拒绝服从对方领导］。而且如果奈伊和达武在1813年互换位置——由奈伊指挥汉堡（Hamburg）军队，达武指挥包岑的侧翼军队——这样战争可能会有一个不同的结局。

尽管军队的组织结构已经分散化，并且有史以来第一次有人被任命为总参谋长，但仍有观点认为拿破仑的指挥依旧是一个高度集权的行为，甚至在这一点上比他历史上的许多同行做的程度都要深。正如许多以普鲁士—德意志参谋制度为研究模型的现代作家所指出的，拿破仑既不想要独立的下属，也没有努力培养他们。他没有把总参谋长设计为一个平等的合作者，而仅仅把他想象成一个技术职位，充其量可以承担一些次要职能，并在某些特定时刻获得皇帝的认可。拿破仑和腓特烈大帝一样，所有的计划都是自己做出的，直到最后关头当他的自信心有些动摇时，才会允许元帅们对他的方案发表些许意见。没有任何肯定的证据表明，在1806年曾有人了解过如支持拿破仑弟弟路易国王的那种底层计划，不过他也在不同时期给一些元帅们展示过其中的部分内容。从这一方面来看，但也只能从这一方面看，后世批评家们对拿破仑过分集权的指责是有道理的。

然而，中央集权也有其优势。8个军通过贝尔蒂埃直接向拿破仑报告，没有任何中层指挥部，再加上大跨度的指挥，这就解释了为什么法国大军团的许多行动都能以令人惊讶的速度得以贯彻和执行。在对这一系统进行评判时，我们应该记住，第一次开创这种系统需要的是绝对的天才。总而言之，拿破仑指挥系统中的高度集权因素也许可以这样来解释——撇开皇帝的特性不谈，这个系统是全新且无先例可循的，因此没有人能像它的创造者那样理解它的运行方式。另一个阻碍权力下放的因素是上文所述的一个事实，即没有一位元帅会服从其他元帅的领导，有时这会产生糟糕的后果，例如贝纳多特因被安排在达武的后面而愤愤不平，结果错过了耶拿之战。[79]有人可能会补充说，这就是拿破仑追求大跨度控制及其带来的速度和果断所要付出的代价之一。

无论如何，与现代历史上的许多观点相反，对拿破仑指挥系统最糟糕的指责可能不是过度集权而是在于它缺乏方法，过度集权只是与之互为因果。通过对公函收件人和内容进行分析，可以发现战争中的拿破仑发号施令并不考虑什么制度形式，他只是写给他当时认为最必要的人，把他认为最合适的计划内容写在信件里，然后通知那些他刚好想到名字的人。他通常不会注意到这些命令是否应该按照最合逻辑的顺序进行分派，如给最远接收者的命令应该首先派发等。那些发给元帅和侍从副官的命令、大军团公告、给国内政府的公函、给敌方首脑的书信，以及给其他无数达官显贵们的信件等，络绎不绝地从他的口中流到秘书的鹅毛笔尖上，速度之快、种类之多，令人啧啧称奇。皇帝在进行口述时，并不总能分清作战指挥和其他细节；如果他注意到了，他就会把更多的精力集中在前者，而把后者大都留给下属处理，如贝尔蒂埃和德让。通过给贝尔蒂埃和总参谋部系统地提供一份适于所有军的综合命令，然后让他们分别给每个元帅写信，其实可以进一步节省精力并避免错误。军经常接到双重命令，有时它们是互相矛盾的，一个来自拿破仑，另一个来自贝尔蒂埃。而拿破仑本人，由于经常背负着超乎寻常的负担，偶尔也会加班工作到狂热的程度。事实表明，这些命令的背后蕴藏着巨大的专注力、计算力和想象力，人们不禁想知道，如果再在其中加上某种适当的参谋方法，将会产生什么样的奇迹。然而，拿破仑式的管理其实是一种例外管理。

皇帝在发号施令的过程中经常显得方法欠缺，部分是由于他急躁的性格，部分是因为他正站在古老的口头作战指挥传统与新兴的书面参谋制度之间的门槛上。正如一位作家所说，书写相当于"思想领域的火药"，只有付出了代价才能正常使用。[80] 虽然从严格实用的角度来看，运用适当方式处理参谋业务很可能会提升法国大军团的战斗力，但这些方式不可避免地也会削弱皇帝口谕背后的独特动力。这种特质明显的形式与它们的内容相比同样重要，甚至犹有过之。从整体上看，尽管经常出现错误和疏忽，但这些命令在体现领导才能方面是无与伦比的。一名能干的参谋人员，可以有条不紊地逐行逐段地把它们记录下来，并有可能在技术上对其加以改进，但代价是降低甚至取消了那种独特的深刻见解。最错误的事情是仅从"信息内容"（整齐、结构、简洁等）的角度来思考拿破仑的命令，从而忽略了它们背后的特点，而正是那些特点使这些命令成为整个军事史上无可比拟的杰作。

拿破仑虽然在1806年战役中取得了辉煌的胜利，但他在指挥上并非没有失误之处，这一方面由于方法欠缺，另一方面由于战争固有的混乱。例如，不同军被派到对方的行军路线上（战役开始时的达武和贝纳多特），军没有接到命令（10月7日至10日的奥热罗），在军之间必须建立通信时却没有这么做（同一时期的奥热罗与贝纳多特），等等。此外，关于敌人行动和意图的情报几乎完全匮乏，直到最后一刻才被获取，其中至少还有两个情况被严重误判。当然，这些错误并没有导致战败，甚至比起以往的征战来说，没有给皇帝造成更大的混乱，这可能部分是由于普鲁士军队在士气和战斗力方面都低下。不过总的来说，这还是由于皇帝授予了军指挥官们广泛的自由裁量权，最重要的是，他们有能力在没有命令的情况下短时间内开展行动。

虽然本文集中讨论了拿破仑收到的报告和他发出的命令，但如果把他简单地看作是一台坐在总部的计算机，只会在桌子后面制订作战计划，那就大错特错了。通过观察他的日常生活就会知道，他大部分时间都是骑在马背上或坐在马车里，每天行进距离相当于步兵平均距离的3倍，[81]他还要勘察地形、检阅部队，展现的领导才能极少有人能相媲美，更不用说被超越了。他长时间不在总部，期间只有关于军队总体状况等少数信息会呈给他，这一事实也证明其他事务都已交给各军指挥官自行处理，有时皇帝也会主动放弃或者至少推迟接收某些类型的信息，以此来实施监督或亲自审查。

最后，我认为最重要的一点是拿破仑运用的革命性的指挥系统，这并非人们所预料的那种由于技术进步带来的结果，而事实上这只是把组织结构和规章制度发挥到极限的体现。法国皇帝手中的技术手段并不比他的对手更复杂，但他与对方的不同之处在于，他拥有足够的勇气和天赋来跨过数千年来技术强加给指挥官的那些限制。当拿破仑的对手们努力通过聚拢部队来维持控制并减少不确定因素的时候，拿破仑选择了相反的方向，他重组了军队，把权力下放，以这样的方式使各支部队能够在有限时间内独立行动，从而可以适应更多的不确定因素。拿破仑没有让自己的战略方法和指挥职能受限于既有的技术手段，并且还把这些技术的局限性也充分利用了起来。正如上文所述，如果战略的基础要素没有得到改进，这一切自然都不可能实现，指挥方面的变革也就不会取得前无古人的成就。然而，总会有人把这个谜底揭示出来，而拿破仑·波拿巴就是成功的那个人。基于既有手段，知道何能为并为之，与知道不能为而避之，此二者之区别，正是界定军中战神乃至人中龙凤之标准。

## 注　释

1. 18世纪时，军队通常由劳工、架桥工人、木匠等在队伍前面引领，他们的任务是为军队的前进铺路。

2. 因为这个原因，公元1800年前，欧洲战争大多发生在德国南部、意大利北部和一些低地国家。Perjes, "Army Provisioning," p. 4.

3. 拉丁语里的 consul（执政官）、praetor（裁判官）、dictator（独裁者）、dux（公爵）等同于 duke（公爵）、doge(总督)、duke(君主)和 imperator（皇帝），日耳曼语的 Kunig（王爵）和 Jarl（伯爵）等同于 earl（勇士），在我们的政治词汇中最初都用来指军事头衔。

4. 参见 van Creveld, *Supplying War*, pp. 56–57。

5. 例如，在1813年萨克森战役期间，皇帝每天都能收到来自巴黎的信件，通常在寄出后100小时内到达，同样频繁的还有来自阿姆斯特丹（Amsterdam）、埃尔福特、美因茨、米兰（Milan）、慕尼黑、斯特拉斯堡、斯图加特（Stuttgart）和维尔茨堡代理人的信件。消息来自皇后、大主教、警务大臣、补给站司令以及训练营的指挥官。所有横跨莱茵河两岸的行动都受到监视，并每天向拿破仑报告。参见 A. J. F. Fain, *Manuscrit de Mil Huit Cent Treize* (Paris, 1824), vol. II, pp. 47–52, 和 H. Giehrl, *Der Feldherr Napoleon als Organisator* (Berlin, 1911), pp. 66–67。

6. 1809 年，拿破仑拥有一套比例尺为 1:100000 覆盖了俄国以西整个欧洲的手绘地图，而与 1870 年德国人只有一张 1:200000 全德国地图相比，这是一个相当大的成就。

7. 19 世纪早期，一位俄国军需官将人口密度定为每平方英里 90 人，参见 Cäncrin, *Uber die Militärökonomie im Frieden und Krieg* (St. Petersburg, 1821), p. 311。

8. 然而，1800 年以前和以后的供应和流动性之间的关系并不像这一句话所表明的那么简单。参见 van Creveld, *Supplying War*, chaps. 1, 2。

9. M. de Saxe, *Reveries on the Art of War* (Harrisburg, Pa., 1947), pp. 36–37。

10. Clausewitz, *On War*, vol. II, p. 38。

11. 当沿平行道路行动时，每支部队被告知只能在其路线的一侧寻找食物；当他们在同一条路上行进时，两支部队应该在路的不同侧面寻找食物。参见拿破仑给缪拉的命令，Sept. 21, 1805, *Correspondance de Napoléon Premier* (Paris, 1863), vol. XI, no. 9249。

12. 这描述了 1805 年奥斯特里茨会战中达武第 3 军的实际行动。

13. 沙普电报是一种光学系统，由一系列塔台组成，塔顶装有可移动的光束。两站相距 6 英里至 10 英里，由两名军官分别负责管理，一名负责架设横梁，另一名负责通过望远镜进行观测。该系统每天可以将信息传输 200 英里，但由于使用的信号语言冗余度低,而且天气对其也会有影响,该系统不可任意移动这个特点使其不适合传递行动信息,更不用说战略信息。然而,到 1815 年,在巴黎和奥斯坦德、布雷斯特(Brest)、罗马和慕尼黑之间已经有了 4 条线路,并有一条支线通往美因茨。直到 1830 年,基于类似于上述原理的光学系统还一直在建造中。参见 Giehrl, *Der Feldherr Napoleon*, pp. 66–67。

14. 拿破仑在西班牙的主要指挥问题是其国王兄弟在军事上无能,无法指望他行使有效的指挥。另一方面,元帅们彼此不服从,所以皇帝不得不尝试通过远程控制下达命令。参见 J. L., "Méthodes de Commandment de Napoléon pendant les Guerres d'Espagne," *Revue Historique*, 44, 1911, pp. 458–483, 和 45, 1912, pp. 57–90, 235–263, 450–453。

15. Las Casas, *Mémorial de Sainte Hélène* (Paris, 1869), vol. II, p. 18.

16. M. Bourienne, *Memoirs of Napoleon Bonaparte* (London, n.d.), p. 154.

17. 转引自 Vaché, *Napoléon en Campagne* (Paris, 1900), p. 4。

18. "他无所不知,他无所不为,他无所不能。" Sieyes 转引自 D. Chandler, *The Campaigns of Napoleon* (London, 1963), p. 262。

19. Las Casas, *Mémorial*, vol. VI, p. 359.

20. "行动,行动,尽快行动,致以最美好的祝愿。" Napoleon, *Correspondance*, vol. XI, no. 9386.

21. 1813 年,在一座山上,迪罗克站在皇帝身边,被一颗炮弹击中身亡,他死后,科兰古一人承担了他们两人的职责。

22. 关于黑色内阁情况,参见 Giehrl, *Der Feldherr Napoleon*, p.

52 ff。帝国鼎盛时期，在富歇（Fouché）的监督下，内阁雇用了100多人，每天要打开几千封信，其中包括所有盟军军官的信件。

23. 例如，1808年3月贝尔蒂埃给扎诺谢克（Zanoschek）将军的命令，参见 Napoleon, *Correspondance*, vol. XIV, no. 12130。

24. *Précis de l'Art de la Guerre* (Osnabrück, 1973, reprint of the 1855 edition), vol. II, pp. 181–182.

25. 转引自 J. L. Lewal, *Tactique des Ravitaillements* (Paris, 1881), p. 29。

26. A. de Philip, *Etude sur le Service d'Etat Major pendant les Guerres du Premier Empire* (Paris, 1900), p. 5 ff.

27. 各分支分别为：第一副官负责总参谋部档案、法律、纪律、组织、检查、控制、部队调动、作战会议、战俘、情况报告；第二副官负责军队日记、军备、炮兵、先锋部队、营地、给养、医院、宪兵队、指挥所；第三副官负责侦察、计划、行军、通信、邮政服务、雇用向导；第四副官建立总参谋部、警察部队、军营、阵地。

28. 转引自 de Philip, *Etude sur le Service d'Etat Major*, p. 24。

29. 与对拿破仑的总部的描述不同，对贝尔蒂埃总部的最佳描述出自 K. Vitzthum von Eckstädt, *Die Hauptquartiere im Herbstfeldzug 1813 aufden deutschen Kriegsschauplätze* (Berlin, 1910), pp. 79–88。

30. "皇帝的传令官。" 出处同上，第79页。

31. 关于达鲁，参见 R. Tournes, "Le GQC de Napoleon Ier," *Revue de Paris*, May 1921, p. 137 ff; 也可以参见 H. Nanteuil, *Daru et l'Administration Militaire sous la Revolution et l'Empire* (Paris, 1966)。

32. 参见拿破仑写给缪拉的信，Dec. 14, 1806, 载于 Napoleon,

*Correspondance*, vol. XIV, no. 11464; Giehrl, *Der Feldherr Napoleon*, p. 27 ff., 和 de Philip, *Etude sur le Service d'Etat Major*, pp. 62–64。

33. Chandler, *The Campaigns of Napoleon*, p. 1034 ff.

34. 参见 P. C. Alombert and J. Colin, *La Campagne de 1805 en Allemagne* (Paris, 1902), vol. 1, documents "Annexes et Cartes", pp. 53–56。这里所列的数据只包括各部队的"普通"参谋，不包括各行政科和各特别指挥官。

35. De Philip, *Etude sur le service de l'Etat General*, pp. 45–50.

36. 参见 Giehrl, *Der Feldherr Napoleon*, pp. 5–6。

37. Napoleon, *Correspondance*, vol. XIII, no. 10854, Sept. 21, 1806. 拿破仑想要如此详细地侦察这一地区的原因还不清楚，因为在贝特朗被派出去的时候，他一定已经知道这支伟大的军队将通过图林根森林进入萨克森。

38. Ibid., vol. XXV, no. 20190, Jun. 28, 1813.

39. Ibid., vol. XIII, no. 10804, Sept. 17, 1806.

40. Ibid., vol. XIII, no. 10743, Sept. 5, 1806. 然而，拿破仑并不总是这样独断专行。偶尔，他会让贝尔蒂埃以书面的形式应急问答，多数可能是拿破仑在反问。例子参见 ibid., vol. XVIII, no. 14795, Mar. 30, 1809。

41. Ibid., vol. XIII, no. 10744.

42. *Unpublished Correspondence of Napoleon I*, ed. E. Picard and L. Tuetey. (Duffield, N. Y., 1913), no. 625.

43. Napoleon, *Correspondance*, vol. XIII, nos. 10746 and 10747.

44. Ibid., no. 10756.

45. Ibid., nos. 10759 and 10761.

46. Ibid., nos. 10764, 10765, and 10766.

47. Ibid., no. 10768.

48. Ibid., no. 10773. 拿破仑安排贝尔蒂埃在接到法国驻德累斯顿大使消息后再独立行动，恰好可能节省几天。

49. Ibid., no. 10804.

50. Ibid., nos. 10800 and 10803.

51. Ibid., no. 10817.

52. Ibid., no. 10821.

53. *Unpublished Correspondence*, ed. Picard and Tuetey, nos. 659 and 664.

54. Napoleon, *Correspondance*, 10818. 根据这些命令，最后的部署将在10月2日至4日之间进行。也许普鲁士快速向西移动的危险也解释了上面提到的贝特朗任务。

55. 缪拉的报告载于 H. Bonnal, *La Manoeuvre de Jena* (Paris, 1904), p. 193。每个元帅都有自己的轻骑兵和间谍系统，他应该直接向皇帝报告。

56. 报告载于 Bonnal, *La Manoeuvre de Jena*, pp. 191–200。

57. Napoleon, *Correspondance*, vol. XIII, no. 10920.

58. Ibid., no. 10941.

59. Ibid., no. 10961.

60. Bonnal, *La Manoeuvre de Jena*, p. 300.

61. Napoleon, *Correspondance*, vol. XIII, no. 10979.

62. Ibid., no. 10977.

63. Ibid., no. 10980.

64. 拿破仑的命令载于 *Correspondance*, vol. XIII, nos. 10981, 10982, and 10984; 贝尔蒂埃的命令载于 Vaché, *Napoléon en Campagne*, pp. 45–46。

65. Napoleon, *Correspondance*, vol. XIII, no. 10994.

66. Ibid., no. 11000.

67. 当然，这并不意味着这就是皇帝不喜欢消耗战的唯一原因。

68. 写给奈伊的信载于 Napoleon, *Correspondance*, vol. XIII, no. 11003; 写给其他元帅的信都载于 Vaché, *Napoléon en Campagne*, pp. 172–174。

69. P. de Ségur, *Un Aide de Camp de Napoléon, 1800–1812* (Paris, 1873), vol. I, p. 313.

70. 当天的命令载于 Napoleon, *Correspondance*, vol. XIII, 11004。

71. 一些20世纪早期的拿破仑崇拜者，尤其是瓦谢和博纳尔（Bonnal），把拿破仑命令中的每一个错误都归咎于贝尔蒂埃的编辑错误。不管这是否证明了这位参谋长（以及长期留用他的君主）的严重失职，我们认为在当时的这种情况下，贝尔蒂埃应该不敢改变如此重要的命令。相反，这条命令极有可能是口授的，并且没有经过修改就被逐字逐句发出。

72. 参见 M. P. Foucart, *Campagne de Prusse* (Paris, 1887), vol. I, p. 625。这是拉纳的参谋长维克多（Victor）的报告。

73. Ségur, *Memoir*, vol. 1, p. 313.

74. The Fifth Bulletin, Napoleon, *Correspondance*, vol. XIII, no. 11009. 就像公报中包含的许多故事一样，这篇报道可能是杜撰的。

75. 转引自 A. Vagts, *A History of Militarism* (Toronto, 1959), p. 270。

76. Saxe, *Reveries*, pp. 211–215.

77. Quimby, *Background*, chap. 13.

78. A. Wavell, *Soldiers and Soldiering* (London, 1953), pp. 47, 52–53.

79. 这是贝纳多特后来的借口；Vaché, *Napoléon en Campagne*, p. 201.

80. 参见 D. Riesman, "The Oral and Written Traditions," in E. Carpenter and M. McLuhan, eds., *Explorations in Communication* (Boston, 1960), p. 110。

81. Napoleon, *Correspondance*, vol. XIII, no. 10992. 在这封写给皇后的信中，拿破仑称自己每天要走20法里到25法里。

# 第四章
# 铁路、步枪和电线

# Railroads, Rifles, and Wires

本章将描述和评估1866年普鲁士军队在柯尼希格雷茨对奥地利战役中使用的指挥系统。该战役是现代总参谋部在战争中的最早运用实例，加之该战役持续时间不长，因此得以用有限的篇幅进行详述。若是选择讨论1870年至1871年的德法战争，则描述的内容也不会有太大差异，还会因篇幅有限而无法揭示其根本内容。

选择柯尼希格雷茨战役的另一个考虑是该战役的指挥特点。当时，几乎每天都会出现新电子设备，而一些当时使用的军用装置已经过时，很容易使人忘记（事实上已经经常被忘记）指挥并不是各类与组织结构和程序步骤相关技术的简单堆砌，指挥由一系列具体程序构成，这些程序与战争具有同样悠久的历史，指挥过程中可以充分运用当前各类技术手段。[1] 若非上述情况，那么本章讲美国内战似乎更合适，因为美国内战更好地阐释了电报的使用。在北方联邦军队和南方邦联军队利用电报联通半个美洲大陆时，欧洲军队对电报还处于试用阶段。[2] 柯尼希格雷茨战役最能阐明这种差距，当然这里必须要补充一点，这并不意味着电报的重要性被低估了。本章和下一章将充分分析电报所起的作用及其给战争带来的局限。

## 第一节 技术的分水岭

19世纪中叶，战争艺术以前所未有的速度发生变化。后膛枪和线膛炮（由钢而非青铜制成）这类新型武器和铁路等新型运输工具的引进，需要我们重新评估传统技术。通信技术这项战争的副产物带来了新的发明，推动了社会进步。几千年来，长途通信一直通过信使骑马传递而实现。电报的出现为军队提供了一种前所未有的、全新有效的信息传递方法。到1866年，这些发明也不再是新兴产物，大多数已在1859年、1864年和1861年至1865年的战争中试用过。然而，当时还没有一种方法臻至成熟，不过对于其中决定新技术的使用和效果的基本规则已经没有争议。

与上述变化相对应的，甚至在某种程度上使这些变化相形见绌的是军队规模的急剧增长。1650年左右，蒙特库科利认为3万人是单个指挥官能控制和指挥的最大人数。杜伦尼认为部队达到5万人就会给"指挥官和组织者带来不便"，而古维翁·圣西尔早在19世纪就提出指挥10万人以上的军队"所需要的精神力量和身体素质在单个人身上是没办法具备的"[3]。这些数字并非靠想象力虚构而来的，而是拿破仑作为指挥官在战争中亲身试验而来的。1805年，在奥斯特里茨会战中，拿破仑以精湛的统帅才能指挥了8.5万人，但在1806年的耶拿战役中，他失去了对15万兵力的三分之一甚至二分之一的指挥。1813年，在莱比锡，他手下18万大军同时进行三场战斗，而他只指挥了其中的一场。[4] 1866年，在柯尼希格雷茨，双方共聚集了44万至46万名士兵，比在莱比锡"多国大战"中的兵力还要多。这是到当时为止规模最大的一场战斗。

## 第四章 铁路、步枪和电线

从此以后，军队规模的增加意味着无法永久保持动员状态，但预备役部队必须继续存在，并在战事爆发时能够召集起来，像发射井里发出的无数弹道导弹一样扑向敌人。征召人员、训练成军、提供装备、边境部署不仅带来了前所未有的管理方面的问题，而且一旦集合起来，用普鲁士总参谋长老毛奇的话说，部队人数过多"要么无法生存，要么无法前进"，甚至出现"无法共存"的情况，唯一能做的就是随时准备战斗。[5] 老毛奇分析表示，这样的部队集合到一起"本身就是一种灾难"，因为现在每个军的人数都已经超过3万人，人数的增多使部队无法沿着既定的进攻轴线行进。[6] 因此，"分进合击"已成为当务之急，这需要编队相对独立，对敌军行动相当了解，并能与相距遥远的总部保持良好的通信。[7] 简而言之，若缺少相应的指挥系统，老毛奇的战争制度也无法付诸实践。也许应该说，总参谋部的职责就是负责解决部队在指挥上出现的问题。

军队部署分散的另一个原因是铁路的出现，铁路对战争实施和开疆扩土都有利。铁路在早期被应用于军事的战例有：1848年至1849年，巴登（Baden）革命者借助铁路逃离了普鲁士军队的魔爪；1851年，奥地利动员抵制普鲁士，却在奥尔姆茨（Olmütz）遭到普鲁士军队的羞辱；以及1859年和1864年的战争。这些战例表明铁路主要在战争爆发前的动员和部署阶段使用。考虑到每条铁路的运力有限，部队机动和部署速度几乎完全取决于可投入使用的铁路数量。任何两点之间的铁路线很少多于一条，对铁路的依赖造成部队分布广阔，丝毫没有考虑到指挥官的意愿或指挥系统方面的问题。[8] 在柯尼希格雷茨战役中，获胜方部署了五条铁路线（而另一方只使用了一条），因此它的前线绵延了200多英里。

铁路以另一种方式影响了指挥，作为一种纯粹的技术设备，铁路不受威胁或承诺影响。铁路不如兵马纵队灵活，因为兵马纵队可以选择前进或是掉头。依赖铁路意味着更加重视科学和数学计算，而不能凭直觉。铁路线的运力可以通过协调人员、武器、物资和火车来提高以避免拥堵，这都需要参谋人员付出辛勤的劳动。贝尔蒂埃元帅的总参谋部成员们既要进行这些劳神费力的工作，还要提高空间和时间上的精准度。[9] 为实现这一目标，铁路部门要尽力确保整个运行过程不会受到敌方干扰（如让部队在远离边界的后方下车等），从而将战争转变成工程问题。随着时间的推移，铁路部门很快成为总参谋部下属最负盛名的一个机构，而上述方法也很快传播到其他机构中。尽管这种方法有时会带来灾难性后果，但到1866年，该方法仍在沿用。

　　因此，如果几个因素共同作用，催生了——事实上也要求——实现集中控制的新标准，那么当代武器技术的发展其实是起到了反作用。近代早期，所有连和营都在指挥下统一齐射，拿破仑战争时期有时亦是如此。齐射时部队笔直站立，以横队或纵队缓慢前进。然而，到1866年，老毛奇认识到新式后膛装填步枪的防御能力，于是减少了前线每码①之间的人数，以减少敌人可见的目标。[10] 后膛装填步枪射击时，士兵可以选择蹲姿或俯卧姿，也可以寻找掩护。新颖的战术通信手段缺乏，部队部署分散以及射击姿势发生变化，这些因素使得初级指挥官对士兵的控制力急剧下降。新武器的出现，或者更确切地说，使用新武器的人员增多，从部分神枪手和轻

---

① 1码=0.9144米。——编者注

第四章　铁路、步枪和电线

步兵扩大到所有步兵，意味着军事史上第一次指挥官和士兵能在彼此视线内无需以站姿战斗。整个部队，尤其是在进攻时，变成了一团团无法控制的散兵。直到第二次世界大战便携式无线电台问世，这种情况才得以根本改变。

电报是数千年来通信领域第一次真正的技术进步，它使一些矛盾问题更加突出。电报需要电线，电台也必须有固定空间，因此与进攻相比这些设备更适用于防御。车厢、电线、线轴、电线杆等笨重设备加上在复杂地形中安装电报所需要的其他设备使得电报几乎只能局限于总部和战略部门使用。若将电报用于除围攻战以外的其他战术目的，即使不是不可能也是非常困难的。电报线沿着铁路布设，很难想象如果没有电报的帮助如何进行部队动员。但是，铁轨建设如果跟不上，电报的使用就存在问题，同时带来障碍，也直接影响战役的机动性。

1866年，普鲁士军队的电报业务和其他大陆国家的一样，都处于起步阶段。[11]直到1835年，柏林和新吞并的莱茵兰地区（Rhineland）之间才建立了光学传输系统。19世纪40年代，电报这项新发明开始被尝试使用，此后迅速发展。19世纪50年代中期，欧洲最重要的城市之间都已经实现了有线连接。普鲁士陆军电报研究所早期尝试将必要的随身物品装进车厢，便于战场使用，这一做法在当时还被报道过。[12]19世纪50年代末期，一支"电报和铁路工程兵"部队成立，目的是安装、操作和维护电报和铁路，并取得了长足的进展，同时还与其他部队进行联合训练。[13]1865年，这些发展与其他领域的发展齐头并进，诞生了战场电报服务，在前线部队与后方总部之间建立起联系，至少在理论上如此。线路建造速度达到每小时 2 英里至 3 英里，因为线路上的信息传输速度达到每分钟 8 个至 10 个字。然而，发报机工作时，承载发报机的马车必须保持静止不动，稍有移动，服务就会中断。[14] 因此，电报对指挥官来说充满诱惑，他们有时要冒着损害前线利益的风险来与后方保持联系，这点与以下这一事实不无联系：柯尼希格雷茨战役中除一场主要战斗外，其他所有战斗都是在无军队指挥官指挥的情况下完成的。[15] 电报在总部有用，但军和师级部队还仍然完全依赖信使、光学和声学信号，更不用说比军和师级别更低的部队了。

当代人评估这些发展的方式、他们对新技术的关注、对新技术局限性的理解，都可以用他们自己的话来总结。一名奥地利军官曾于 1861 年写道：

> 笔者清晰地记得，1859 年，当他听到赫斯（Hess）将军（指挥意大利对抗法国）可以与（在维也纳的）久洛伊（Gyulay）将军直接进行电报交流时，他感到一阵恐惧……笔者担心这会导致神圣皇家战争委员会的复兴，结果证明这种恐惧是有据可循的。以这种方式被束缚的指挥官真的很可怜，他有两个敌人需要击败，一个在前方，另一个在后方……所有敌人联合起来抢夺他的指挥权和独立自主性，有的是偶尔为之，有的则是蓄谋已久。为防止电报在战争中造成不良影响，要么需要君王十分伟大，要么需要指挥官内心强大，勇敢无畏，他不惧怕承担责任，并且知道如何无视来自国内的电报。[16]

## 第四章 铁路、步枪和电线

尽管电报可以使指挥官和分队之间实现即时通信，减少或消除不确定性，但官兵们对此并没有抱非常乐观的态度。

> 遇到战术问题时，最好不要依赖电报，因为电报很容易被截取，非常不可靠……敌人、叛徒、我方炮火，甚至天气等因素随时都能干扰电报。信息越重要，危险系数就越高。大多数情况下，敌人在场时，电报永远不能取代个人传输信息……电报，就像铁路一样，只会在最特殊的情况下对战术家有用，但是战术家最好不要太信任铁路和电报，战略家亦是如此……他们经常会尝试使用现代快速通信方式，但是要注意，不能太过依赖这些方式，否则媒介力量难以控制，可能会带来负面影响。

我们将有机会看到，这些警告有充分的根据。不同于动员和部署过程，也不同于军队之间保持通信以及军队与后方驻军总部之间的通信，电报在战场上指挥军队的重要性微乎其微。与一些人的预测相反，使用电报并没有显著驱散"战争迷雾"。1866年，如果普鲁士人赢取胜利，那也是因为他们和60年前的拿破仑一样，在挖掘新工具的潜力时就已经想出了克服其局限性的办法。下面将讲述这些方法。

## 第二节　参谋部的诞生

和其他同类型的组织结构一样，普鲁士总参谋部起源于 18 世纪的军需总监部。[17] 成立伊始，它的任务是对营地进行调查和布局，后来增加了防御工事和侦察工作。参谋部原先是在战时建立，战争一结束就立即解散，到 18 世纪 90 年代后它不再解散，并开始从腓特烈贵族学院（Frederick's Academie des Nobles）招收军官。

1800 年，冯·勒科克将军（General von Lecoq）以书面形式提出，增加参谋部职能：除上述职责外，军需总监部还负责领导行军纵队和战斗纵队、在行军和战斗中担任指挥官的副官（并在必要时提供建议）、管理情报和间谍机构，并记录战争日志。换句话说，参谋部的职能正从纯粹的技术向情报和作战方向拓展。

1802 年至 1803 年，冯·马森巴赫（von Massenbach）上校重组了参谋部，但他后来因为是耶拿惨败的责任人之一，所以被解除了职务。参谋部业务这时分为"基本业务"（指战略情报）和"现时业务"（战争研究、起草条例和应急计划），制定了参谋人员和前线人员轮换的政策。参谋部按西部、东部和中部三个战区划分为三个部分，分别拟制作战计划。1806 年后，格哈德·冯·沙恩霍斯特（Gerhard von Scharnhorst）将军继续马森巴赫的工作，帮助建立了战争学院（Kriegsakademie），并第一次为各大部队配备了参谋长和参谋，为后来的总参谋部奠定了基础。在此期间，参谋部一直隶属战争部（从 1814 年起，隶属战争部二部），远离国王的耳目。直到 1866 年 2 月，在战争部和参谋部不和谐关系长达 50 年之后，国王威廉一世（Wilhelm）在战胜丹麦后宣布，从此他将"通过总参部传达对军队部署的作战命令"。即便如此，正如上述措辞所表明的，总参谋部在和平时期对军队组织和军备的影响充其量仍然是间接的。

1816年，沙恩霍斯特提出，柏林的总参谋部为三个战区各设立一个"处"（department），增加一个军事历史"科"（section），这一做法对塑造德国军事理论和实践产生了非同寻常的影响。[18]此外，"局"（bureau）负责三角测量和地形业务，以及"所"（institute）负责印刷业务。在柏林之外，总参谋部在每个军中配有4名军官（包括参谋长），每个旅配有1名军官。19世纪30年代开始采用师建制。在接下来的50年里，这个组织结构基本保持不变。但是，第2（中央）处的职能扩大到处理组织结构、培训、动员和部署工作，而东线处和西线处的职能逐渐转变为收集情报，为后来的东线外军处和西线外军处奠定了基础。由于第2处的职能任务包括动员和部署，所以在1869年独立的第4铁路处建立之前，铁路一直属于第2处的管辖范围。

总参谋部在重组过程中变化不大。[19]从1853年开始，柏林总参谋部除参谋长外还包括2名将军、3名上校担任各处处长、1名上校担任炮兵监察长的参谋长、6名参谋和6名上尉，总共有21名成员。在柏林城外，3个集团军总部应各有1名将军和6名军官（但因缺乏训练有素的人员而导致编制不满）；9个军部各有1名将军和2名军官；18个师部各有1名军官。那时，总参谋部人员一共有87人，其中参谋军官有66人。而在第二次世界大战中，美国一个军的参谋军官就达69名。[20]

和平时期，总参谋部的工作是认真收集潜在对手和战争战场的相关信息；起草和重新制订动员计划及部署工作；为训练制定规则和现行条例；进行兵棋推演。据称，奥地利军队拒绝学习此类兵棋推演，因为觉得得不偿失。一年一度的总参谋部旅行活动持续三个星期，活动期间参谋人员可以相互熟悉，并了解可能的作战地形。整个过程相当轻松，但并没有产生军事历史学家们设想的理想结果，即实现参谋部的理念，把所有成员变成大小一致的齿轮，精准地啮合在一起。最终，施利芬创立了这样的理想体制，确实建立了一个军官之间了解彼此优缺点的机构，一个值得军官们依赖、能够认真合理地完成任务的机构。

1866年，战争临近，国王威廉担任普鲁士军队的总司令。像所有普鲁士统治者一样，国王的大半生涯也是在军营里度过的，他是一名68岁的老兵，但身体仍然硬朗。如果年轻25岁，他无疑会成为一名优秀的团指挥官。总参谋长赫尔穆特·冯·毛奇（Helmut von Moltke）担任国王的首席顾问，毛奇比国王小两岁，沉默寡言，老成练达。他既了解军事常识，又见多识广，这在普鲁士军官中不多见。作为伟大的组织者，1864年，他明察秋毫，在丹麦之战的最后阶段出色地完成了参谋工作，但无论在战时还是和平时期他都没有指挥过营以上部队。

1866年，毛奇的地位和总参谋部一样，都还不够巩固强大。1862年，若要出版一本介绍普鲁士军队的书，书中甚至都不会提及总参谋部。[21]当时的参谋成员数可以说在从柏林皇家总部到战场的六辆铁路列车上只能占据一节车厢。正如一位了解情况的军官评论道："一大群无所事事的人们试图要显得很重要，结果却总是令人生厌，尤其是当他们彬彬有礼地祝你成功、似乎赞同一切但又觉得有责任对他们完全不了解的事情发表评论的时候。"[22]虽然毛奇当时是国王的首席顾问，但同时至少还有三位身居要职的人也提交了战争计划，因此只能把他们搪塞过去。毛奇沉着冷静且貌不惊人，大多数情况下都能让国王的思想保持中规中矩，而这项成绩就已经非比寻常。

毛奇在战场上的主要顾问[23]有首席军需官冯·波德别尔斯基（von Podbielski）将军（称其为副参谋长更合适），还有铁路专家冯·瓦滕斯莱本（von Wartensleben），他非常擅长在战场上传递信息，[24]还有3个处的处长（德林、伯格曼、维思）以及炮兵监察长、指挥长、工程师、2名配属将军（以后）和6名副官。这些军官都很专业，能够在必要时处理可能出现的任何情况，也能站在对方立场上考虑问题。因此，毛奇每日主持会议的气氛轻松友好。[25]

第1集团军直接隶属总部，指挥官是腓特烈·卡尔（Frederick Charles）亲王。同其王室叔叔一样，卡尔亲王谨慎但思想偏狭，曾参加过几次总参谋部的演习，指挥过从连到军各级部队（从某种程度上来说，亲王可以说所有级别部队都指挥过）。1864年战争后期，他接任弗兰格尔（Wrangel）担任总司令，当时毛奇担任总参谋长。此次他的参谋长是沃伊茨-瑞兹将军（Voights-Rhetz），很难相处，他嫉妒毛奇，对毛奇的计划也很不屑。因此，第1集团军的核心是那个聪明机智、野心勃勃、干劲十足的首席军需官施蒂尔普纳格尔（Stülpnagel），他是毛奇的密友，他有时会自作主张，无视上级的存在。[26]

第2集团军组织方式完全不同，指挥官是比卡尔亲王小三岁的普鲁士王储腓特烈·威廉（Frederick Wilhelm of Prussia），与其表兄一样，他也毕业于普鲁士皇家军事学院。他的妻子是英国人，这使他的世界观比平常人更广阔。他年轻有活力，他与积极进取的参谋长布卢门塔尔（Blumenthal）将军一起给第2集团军注入了一股进取精神，与当时第1集团军盛行的小心翼翼和谨小慎微形成了鲜明对比。他们的首席军需官是冯·施托施（von Stosch）将军，后来因成为普鲁士海军的创始人而声名鹊起，但在这场战役中，与两位上级相比，他相形见绌。

位于易北河的集团军总部是在原军部基础上扩充并重新命名而成。指挥官赫尔瓦特·冯·比滕伯格（Herwarth von Bittenberg）非常谨慎，他和参谋长施洛瑟姆（Schlotheim）上校在战役伊始都曾进行过非常短暂的独立指挥。后来，这支部队成为隶属第1集团军的一支大型独立军。

腓特烈·威廉手下有一名参谋军官韦尔迪·迪韦尔努瓦（Verdy du Vernois），后来成为普鲁士陆军大臣。借助他的日记，我们得以了解作战中的集团军总部。总部成员除3名领导外，还包括王储的2名副官和2名勤务兵、炮兵指挥官及其2名副官、2名工程军官及其4名副官、4名（规定是6名）参谋军官、另外的4名副官，再加上总部直属连的连长和2名副连长、3名宪兵，以及1名监察员和1名外科医生（2人均为文职人员），总人数达27人，其中包括25名军官，有6人接受过全面的参谋培训。这些数字不包括王室随从，他们有好几个人都有专门的勤务兵和侍从。

尽管战时集团军参谋部分为3个独立的处，每个处又分为好几个科，[27]但这些科的大部分业务由参谋长临时灵活分配。由于总参谋部参谋人数不足，副官不断被派出协助执行参谋任务。[28]反过来，参谋人员短缺，部分原因是他们经常被派去充当皇家指挥官的通信员和观察员。总而言之，这两类军官之间的区别没有人们想象得那么明显。现代指挥系统中每个军官都在各自的封闭空间里工作，除了通过无线电话或数据联络与他人沟通外，不与其他人沟通。

在各总部之间、总部和下级之间[29]有一个每日报告系统。自1815年以来，这个系统的规模逐渐扩大，越来越全面。指挥官不再像拿破仑时代那样将自己的下属称为"我的表兄/弟"们，也不会再收到未注明日期的回信了。因为毛奇的指令上会标有发出日期和具体时间，内容简明扼要（有人怀疑可能因为电报字数太少，所以必须如此简短）。但可能就因为这一点使得毛奇的指令显得平淡，缺乏感染力，而正是后者成就了拿破仑书信的伟大。毛奇发出指令后会补上一封私人信件（而拿破仑的信件在某种意义上都是私人的）给集团军总部他信赖的施蒂尔普纳格尔和布卢门塔尔将军。毛奇部队分布在前线200英里处，而他无法以拿破仑的方式使用"定向望远镜"，因此不得不始终关注着战场。而且，部队广泛使用参谋人员和副官，目的是监督下属部队的行动，后文将详述。

评估参谋制度也是一项艰巨的任务，自该制度第一次获得成功后既有赞扬也有谴责。[30]与欠下（未公开承认的）巨额债务的拿破仑模式相比，毛奇参谋部的最大优点是紧凑。在和平时期，经过大量训练，参谋部组织机构在某些方面优于拿破仑的军事情报机构。此情报机构现在与秘密警察明显分离，成为参谋部的常规部门，不再单独与总司令联络。还有一个很重要的区别是总部宁静的氛围，这既是毛奇自身个性方面的原因，也是由于他和拿破仑之间以及他的参谋部和帝国总部之间差别较大。毛奇偶尔出行，步履缓慢，也无意涉足各地。电报比以往任何工具都先进，依靠电报可与遥远的军队进行联络，参谋人员能够以超然的态度看待事件，即使消息没有正常抵达，他们也不会惊慌失措。这种平静使得毛奇在部队动员期间还能够躺在沙发上看书，这与拿破仑总部的狂热活动形成了鲜明的对比。毛奇的三行指令可能不会激励下属，但即使他忘了其中任何一条也不会有什么危险。

## 第三节　1866年：计划和部署

由于没有总参谋部情报部门的任何相关信息，[31] 我们只能通过毛奇自1860年以来起草的备忘录分析他对奥地利军队的了解程度。结合军事地理知识和对奥地利铁路构造的了解，毛奇得出结论：奥地利军队可能从摩拉维亚（Moravia）向西里西亚（Silesia）发起进攻，也可能从波希米亚经萨克森向柏林发起进攻。他还分析了奥地利军队的动员力量：10个军的兵力，除去保护意大利的2个军，还剩下8个军。1866年春，奥地利军队在贝内德克（Benedek）将军的领导下建立一支北方军队的消息传来，毛奇得出结论：他们会试图攻击西里西亚或柏林，但不会同时进攻两地。毛奇认为到底会进攻这两地中的哪一处还有待观察。最后是两处都没有遭到攻击。

因为对奥地利的计划一无所知，毛奇起草了几个部署方案，并且驳回了几个替代计划，[32] 最终决定将部队集中在格尔利茨（Görlitz）附近的中心位置，希望可以保护西里西亚，还可以从侧翼进攻柏林。然而，国王否定了他的计划，国王仍然希望完全避免战争，并拒绝签署动员令，从而使奥地利军队在三周内占得先机。当普鲁士军队终于开始动员时，必须使用通往边境的五条铁路。因此，萨克森和奥地利边境出现了分散部署，这是预先没有想到的。

直至1866年5月25日，毛奇还没有得到任何能使他判断奥地利军队行动路线的情报。他认为奥军进攻柏林的可能性更大，因为另一个选择是奥军放弃萨克森同盟（以及他们提供的军队），任其听天由命。因此，毛奇在西线部署了自己的主力军。在萨克森对面，德绍（Dessau）和哈雷（Halle）之间的易北河左岸，是冯·赫尔瓦特（von Herwarth）将军率领的易北河集团军的一个半军（4.4万人）。腓特烈·卡尔率领第1集团军的5个军（15万人）被部署在易北河右岸，从托尔高（Torgau）一直向东延伸到格尔利茨。与之相隔约60英里，覆盖西里西亚的是腓特烈·威廉一世率领的第2集团军的两个军（6万人）。普鲁士军队就这样从西向东沿着一条长达200多英里的弧线展开。

截至6月3日，依靠一些不知确切来源的消息，普鲁士军队得出结论，敌人在布拉格以西只有一个军准备支援萨克森。情报局证实另外有3个军在摩拉维亚的帕尔杜比茨（Pardubitz）附近已经做好准备。简单计算表明，如果这3个军立即向西进军，他们对抗第1集团军时将不具优势，至少在6月15日之前是这样的。另一方面，"整个奥地利军队的部署"，无论这句话意味着什么，毛奇认为，对西里西亚西部［兰茨胡特—瓦尔登堡（Landeshut - Waldenburg）地区］的进攻是可能的。因此，他将位于腓特烈·卡尔左翼博宁（Bonin）将军负责的第1军调至第2集团军。这样第1集团军剩下12万人，第2集团军增加至9万人。[33] 如果奥军不是通过萨克森进

地图 2

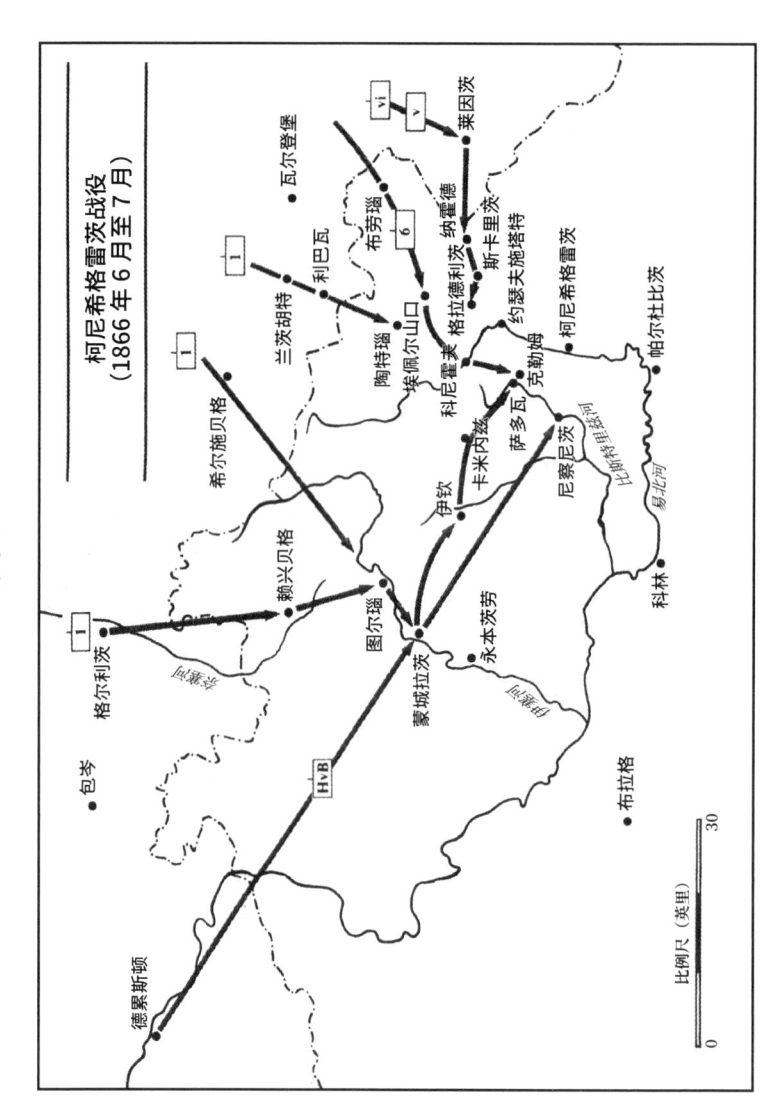

柯尼希格雷茨战役（1866年6月至7月）

攻西里西亚，那么第 1 集团军的任务就是横穿萨克森并进军波希米亚，目的是"避开"（毛奇的话）王储。

这次部署是在顶着时间压力、对敌人意图了解甚少的情况下产生的，其中设计了用两支普鲁士军队夹击奥地利军队的方案，但根据现存证据，该计划有可能实现但胜率尚不明显。战役结束 25 年后，毛奇写信给历史学家海因里希·冯·特赖奇克（Heinrich von Treitschke），宣称："我认为，迄今战略能够实现的最高目标是两支集团军在战场上会师。因此，作为战争计划的一部分，两支集团军在一开始就必然要分开，一直到与敌军主力部队遭遇的那一刻才开始协同作战。"[34] 然而，到 1891 年，毛奇已经受到全世界近四分之一世纪的推崇，都把他看作是基于"外线"的新战略学说的发明者。出于人性，他可能也已开始相信自己的传说。

无论毛奇是出于什么目的要用两支军队夹击奥地利军队，普鲁士最高统帅部的其他成员，甚至他最亲密的心腹，也不理解他的计划，且在跟随他行动时毫不掩饰他们的担心。在 5 月 11 日的一次国王会议中，在场所有人，包括沃伊茨－瑞兹、国王的副官阿尔文斯莱本（Alvensleben），以及此次附和意大利参谋长观点的普鲁士驻佛罗伦萨代表、"著名军事著作家"伯恩哈迪（Bernhardi），他们都一致批评这样的部署可能会导致原本就比较分散的普鲁士军队被各个击破。位于普军最左翼的第 5 军指挥官冯·施泰因梅茨将军（von Steinmetz）虽然性格古怪，但他也以书面形式表达了同样的意见。布卢门塔尔则坚持要求毛奇执行他那"极其简单"的计划，即将兵力集中在西里西亚，然后从那里直接前往维也纳。即使是直接参与计划的中央处处长德林（Doering）也坚持认为"当前有限的路线无法决定即将部署的部队数量"，并且补充表示，王储"对政治和军事形势一直一无所知"。如果有人想在普鲁士指挥系统中看到各组织机构间运行顺利，如同一台组装精巧、协调良好的机器，润滑的各齿轮之间互无摩擦、完美运转，那他最好不要把视线投入1866年的战役中。[35]

事情的真相似乎是毛奇迫于局势压力分散了兵力，但他意识到每支部队本身都足够强大，组织良好，足以在一段时间内与奥地利军队进行交战，而且如果其中一支部队被迫沿交通线返回，而另一支部队能够沿着前线从侧翼赶到支援，那么也不会造成灾难。而其他普鲁士指挥官都专注于自己部队事务并沉浸在约米尼的"内线战略"理论中，则没有意识到这一点。因此，毛奇的任务是将各支部队引向一个共同的集结地点，通过简单计算之后确定目的地为波希米亚的伊钦（Gitschin），这是奥地利军队与对面第1集团军交战前能够到达的最西点，[36] 这样也能确保各支部队不会多费力气。

事实证明，此项任务的最后一部分最难完成。铁路部署刚完成，布卢门塔尔就"根据所有收到的信息"，未经上级许可，于6月8日将第2集团军横向转移到东部，从而远离位于右翼的第1集团军，而不是拉近两军之间的距离。这一出人意料的举动导致一向温和的毛奇发表了一番关于服从与独立关系的训诫。[37] 为了弥补第2集团军的意外行动，毛奇事后被迫勉强同意，于6月11日命令近卫军从腓特烈·卡尔部队调至腓特烈·威廉部队。

然而，布卢门塔尔并不是军队中唯一有自己想法的军官。毛奇刚处理完一起下属不理解（有人认为是反叛）的事件，又不得不面对另一起第1集团军向相反方向单独行动的类似错误。由于近卫军被调走，腓特烈·卡尔据此得出结论，作战的重心正在移向西里西亚（如果这不是毛奇计划的一部分，也是事实）。他现在指挥着两支军队中较弱的一支，只有9万兵力（尽管他仍然能够召唤易北河对面赫尔瓦特的4.4万名士兵）。他战战兢兢地开始向侧翼行军，把部队移向东部，以接近他的王室表兄。毛奇不得不再次插入两军之间的缺口，这次是为了防止该缺口被填死。他禁止第1集团军向东移动超过希尔施贝格（Hirschberg），该地与第2集团军右翼之间仍相距30英里。

然而，即便如此，事情并没有结束。6月13日至14日，柏林得到消息，奥地利只派了两个军（第1军和第2军）增援萨克森，不是以大部队进驻波希米亚。[38]受这种战况鼓舞再加上赫尔瓦特的兵力，腓特烈·卡尔认为现在的兵力优势已超过百分之五十，足以依赖。他开始觉得与第2集团军联系太过紧密，只会抢夺他在萨克森和波希米亚的功劳。因此，他自作主张，主动撤销了6月11日的命令，再次向西进军，尽管毛奇认为没有必要这样做，但他根本不管毛奇的指令。[39]因此，一周时间内，军内发生了三次独立行动，没有一次遂毛奇的愿。

后世的历史学家，试图发现总参谋部的"奥秘"，他们在1866年战役的开局阶段看出一个强制性的计划，这个计划被下属们严格执行，与指挥官的意图保持一致；然而，关于这一点，并没有资料能够证明。其中一张图展现的部署是老国王固执己见地下达口谕，下属不得不在紧张的时间下落实完成。无论部署背后有什么战略设计，除设计者本人外，其他任何人都无法理解。下级指挥官的主动性很强，但肯定的是，他们无一例外都对毛奇的战略缺乏理解，更谈不上有效遵从了，这一点非常糟糕。

当然，也可以从另一个角度来看这个问题。尽管最高级指挥官也难以理解动员和部署计划背后的目的，但普鲁士军队在实际中尽最大的可能来谋求确定性，并利用铁路和电报这些快速而有效的方式执行计划，其执行计划的效率如此之高，使世界各国的其他部队望而兴叹。然而，一旦部队就位，指挥方法就会发生改变。在超过边境前，总部和野战部队的电报通信运行得似乎很顺利，这并不奇怪，因为总部固定在柏林，野战部队也只是从一个著名的乡村庄园转移到另一个村庄，[40]而且总部没有尝试控制部队的每一步具体行动。尽管下属对毛奇制订的战略计划都完全不了解，有时还可能会滥用赋予自己的独立权，但这些计划足够灵活，即使下属发生错误也可以调整。也就是说，这些计划留有很大的容错余地，确保错误不会发展成灾难。在部队之间缺乏可靠的横向交流的情况下，要实现这种余地，只能削弱毛奇本人的控制范围，甚至降低总部的影响，同时还要确保每支部队足够强大，足以支撑到援军到来。同样，由于总部影响力减弱，普鲁士军队必须在没有中央预备队的情况下坚持下去，这与1806年时的拿破仑军队不同。毛奇没有尝试通过仔细协调资源来完成（大多是未知的）任务实现确定性，而是采取了相反的策略：整个部署是为了部队能在没有仔细调配资源的情况下进行作战，从而减少指挥战役所需的信息资源，同时也使指令变得更加简洁。正如毛奇后来回忆录中所记，部署的计划很简单，计划的检验是一边执行一边完成的。

## 第四节　波希米亚战役

　　1866年6月15日，在美因河畔的法兰克福的德意志邦联议会批准了奥地利关于动员除普鲁士部队以外的所有邦联军队的要求，同一天，毛奇警告他的指挥官（赫尔瓦特、腓特烈·卡尔和驻扎在西德的几个较小的先头部队），除非发出相反命令，否则第二天就开始入侵萨克森。这种"选择控制"法是毛奇指挥系统的典型方法，为了确保信息能够收到，他要求对每一条信息进行确认，并表示："所有接收到的从总部发出的编码电报和其他重要电报，应回电报告。"[41] 因此，既给了下属自由又让他们的独立性受到一定约束。

　　16日下午，当赫尔瓦特从西部向萨克森首都德累斯顿进军时，毛奇让他持续了解第1集团军的动向。第1集团军右翼（第8师）从北方对萨克森发起攻势。两军行动也被报告给布卢门塔尔，而他"没有从总部得到任何指示"（想象一下现在这种规模的队伍，竟然一整天没有收到任何指令！），而且被警告除非有明确命令，否则不得越境进入奥地利领土。[42] 毛奇的干预程度如此之小，作为军队实际总司令的地位又是如此的脆弱，以至于赫尔瓦特认为18日向德累斯顿进军没必要告知他。毛奇被蒙在鼓里24小时后，终于于19日中午给施洛瑟姆上校发了电报，得到的答复是国王在前一天就已知道这座城市的陷落。没有发现任何敌人的踪迹，无论是萨克森人还是奥地利军队。[43]

　　这个小小的误会消除之后，6月19日毛奇通过电报允许第2集团军越过边境进入摩拉维亚，然后沿着铁路线逐地传递一条详细信息："萨克森军队已经撤退到波希米亚。所有报道（一定又是情报局）再次表明，奥地利第1军和第2军正集中在易北河两侧靠近萨克森边界附近。第3军正向帕尔杜比茨前进，第8军正前往布伦（Brunn）。第4军似乎也在向西移动。一切都表明，敌军主力部队正准备集中到波希米亚。"也就是说，敌军不像毛奇先前认为的那样会进攻西里西亚。由于赫尔瓦特和腓特烈·卡尔已经分别从西部和北部进入波希米亚，所以腓特烈·威廉的任务是越过西里西亚抵达摩拉维亚的山口，以缩小他们与第1集团军之间的距离，但留下一支部队守卫奈塞河（Neisse）。毛奇补充道："每天都要通过电报把下属军和师的位置报告给我。"[44]

毛奇断定奥地利将在波希米亚建立阵地时，腓特烈·卡尔也得出了同样的结论。据说卡尔亲王是拿破仑和克劳塞维茨的追随者，他借鉴了一句克劳塞维茨的至理名言："最佳战略就是永远保持强大，整体强大和决胜点的强大。除非有非常重要的任务迫切需要去执行，否则不要从主力部队分兵。"[45]他一直践行着这一深邃的思想，不像拿破仑那样依靠总部和各军之间的双向通信以及对时间和空间的精确计算，而是恢复早期做法，把所有兵力集中到一起。后来他在充分考虑地形的基础上，非常缓慢地向赖兴贝格镇（Reichenberg）移动——地图显示这里离河最近——在没有敌军详细情报的情况下，他预测奥地利军队仍会固守阵地。[46]

6月24日，第1集团军的先遣纵队浩浩荡荡地向前进，骑兵跟随在后方，而亲王仍然墨守成规，要像拿破仑一样亲自骑马完成战斗中最后一击，于是他们向赖兴贝格镇前进。

他们遭遇了一群奥地利轻骑兵，发生了一场小冲突，对方在牺牲5匹战马后逃之夭夭。除此之外，他们就再也没有发现敌军。[47]

## 第四章 铁路、步枪和电线

由于不了解敌军下落,腓特烈·卡尔决定让部队休整一天,这样位于右后方的赫尔瓦特部队就能赶上来,局势也能明朗一些。23日,毛奇发了一封电报,但花了整整三天时间才到达第1集团军处,将卡尔从昏睡中唤醒,否则他还要再休整一天:"原计划将在赖兴贝格与奥地利主力部队会战,但目前看来情况似乎并非如此。……我担心第2集团军会把敌军大部分兵力吸引过去。只有第1集团军的强力进攻才能挽救第2集团军……奥地利军队正在全速向北挺进;现在关键是要赶在他们抵达伊萨尔河(Isar)之前到达。腓特烈·卡尔亲王领导的10万大军(毛奇有点夸大其词),再加上身后的5万预备队,为胜利提供了最好的保证。"[48]

如果1866年确实存在一套优先次序体系的话,毛奇的电报也应是一份优先级最高的电报,却被耽搁延误许久。这表明,普鲁士军队内部的远程通信根本不能令人满意。对大多数普鲁士军队来说,电报仍然是一种新鲜事物。他们也没有将途中发现的奥地利军事设施保存起来供日后使用,而是疯狂地将其摧毁。行军途中,电报分队及其沉重的货车经常落在行军队伍的后面,部队还把宿营地周围能找到的直立的杆子砍来生火,于是现在只能禁止这种习惯做法了。[49]结果,从柏林发来的信息到达第1集团军所用的时间并不固定,差别较大,有时只需要四五个小时,有时又多达三天。根据派遣时间、到达时间和各种行动先后次序的内部证据判断,信息传达平均每天所用时间为12小时至14小时。[50]第2集团军的信息传递时间间隔肯定更长,因为整个战役期间他们都在普鲁士的利巴瓦(Libau)地区维持着前线电报站,借助信使在该处和总部之间传送电报。[51]毛奇的书面补充报告也会通过铁路运输和副官(ADC)进行传递，有时会因为到达目的地比电报更早而造成误解。

如果说集团军和总部之间的通信远非完美，那么集团军与集团军之间的通信简直就是糟透了。6月21日，来自第2集团军总部的少校伯格（Burg）向腓特烈·卡尔询问第2集团军如何才能做好援助工作。腓特烈·卡尔回答道，有必要尽早安排两个集团军进行会合，这个回答表露了他对毛奇战略存在的误解。[52] 6月23日，两个集团军之间又进行了一次直接通信，此后两个集团军之间失去了所有的联系，直到6月29日才恢复联系。因此，在战役的大部分时间里，第1集团军对第2集团军的行动都一无所知，而第2集团军则忙于与奥地利军队作战，对腓特烈·卡尔在波希米亚的奇怪行动也毫不知情。

受到毛奇23日电报的激励，腓特烈·卡尔于27日率领第8师（冯·霍恩将军指挥）向伊塞河（Iser）上的图尔瑙（Turnau）进发，并再次猜测奥地利军队会选择河边某处驻扎。途中，他遭遇一支奥地利小部队，对方向他发起了猛烈的进攻，然后撤退到河对岸，但没有破坏大桥。[53] 因为不知道奥地利军队的下落，腓特烈·卡尔决定到伊塞河上的蒙城拉茨（Münchengrätz）及更远的南方去寻找他们。[54] 27日，他和沃伊茨-瑞兹为这次行动花了一天的时间做准备，期间和赫尔瓦特的通信中断了24小时，通信恢复之后就安排赫尔瓦特从西边向预计的奥军集结地区进攻，而他们自己的部队从北边进攻。28日上午7时，10万大军向蒙城拉茨发起了一场轰轰烈烈的进攻，结果却发现奥军早已撤离。腓特烈·卡尔向他的皇叔报告了这场"战斗"，并于第二天收到了皇叔表示祝贺的回信。[55]

截至6月28日，第1集团军已经连续三次失去目标，并且继

第四章　铁路、步枪和电线

续向南行进，没有像毛奇预期的那样向东去支援第2集团军，而是离第2集团军越来越远。沃伊茨-瑞兹认为奥地利军队在伊塞河后方等待他们，目前这成了理想状态；由于未能在蒙城拉茨找到奥军，他现在希望能在永本茨劳（Jungbunzlau）以南的地方找到他们。腓特烈·卡尔尽管还不确定奥地利军队的去向，但还是被劝服了，28日下午他继续准备率领部队向南挺进。直到29日13时，一支派往永本茨劳的巡逻队返回，报告说那里没有被敌军占领时，沃伊茨-瑞兹才终于相信贝内德克是向东而不是向南撤退了。[56]

毛奇到目前为止还完全依靠野战部队获取敌方情报，而情报局显然已经完全找不到奥地利军队的踪迹。如果第1集团军也是如此，在对实际战略形势一无所知的情况下进行作战，那么第2集团军发来的一系列电报，传到赖兴贝格镇，又从那里传到蒙城拉茨，[57]让他们了解了更多的信息。6月27日和28日，第2集团军与奥地利军队作战，战绩喜忧参半。这些战斗消息于28日早晨传到柏林。当日13时，毛奇给腓特烈·卡尔发电报："第1集团军继续前进，将有力支援第2集团军从山口进入开阔地带的行动。"29日6时35分，第2集团军曾报告过要求识别部队身份，目前柏林也面临着这个局面："王储只有3个军（实际他有4个军，但其中第6军被落在了最左侧，没有积极参与战役）占据了后方的山口，前线面对着奥地利的第10军、第4军、第6军和第8军，奥地利第2军在进攻他的左翼。现在第1集团军的5个军面前只有两个奥地利军和一个萨克森军，似乎有必要让他们来解救他。"毛奇仍然不放心他的命令能否得到执行。于是，29日7时30分，毛奇发了第三封国王签署的电报："国王陛下希望第1集团军能迅速推进，

175

解救第 2 集团军。尽管这场战争第 2 集团军已经取得了一系列的胜利，但却陷入了困境。"[58] 完成这一切之后，他又告知了布卢门塔尔。[59]

29 日清晨 9 时 30 分，腓特烈·卡尔收到了第一封电报，命令部队向东前进到伊钦，而不是按照前一天晚上的计划沿伊塞河向南到达永本茨劳。在他离开蒙城拉茨之前，他给父亲写了一封信。信中可以看出他仍然不知道敌军下落，也没想到当天会与敌军在伊钦交战。[60] 第 1 与第 2 集团军之间的通信渠道仍然非常糟糕，所有信息都必须从普劳斯尼茨（Prausnitz）（第 2 集团军总部所在地）经由利巴瓦和赖兴贝格传送到蒙城拉茨，因为中间只有这两个地方有电线连接。29 日下午早些时候，普鲁士大军以及冯·韦尔德（von Werder）将军率领的第 3 师和冯·廷普林（von Tümpling）将军率领的第 5 师一同乘马车向伊钦进发，遭遇阿尔伯特亲王（Prince Albert）率领的萨克森部队和林格尔斯海姆（Ringelsheim）将军率领的奥地利旅。于是，双方爆发了一场激烈的战斗，战斗直到 23 时 30 分才结束。这时，阿尔伯特亲王收到来自贝内德克（他不知道发生了战斗）的消息，大意是整个盟军要在更靠后的地方站稳脚跟，他与奥地利盟友协商后决定撤退。在所有这些行动中，腓特烈·卡尔并未参与，远在柏林的毛奇更不知晓，毛奇是直到第二天才得到消息。作为最后一批离开蒙城拉茨的军队，第 1 集团军指挥官腓特烈·卡尔在日落后才对这场战斗有了初步了解，这是柯尼希格雷茨战役前进行的规模最大的战斗。远处曾经传来枪炮声，但由于距离太远，他误认为是第 2 集团军在开火。直到晚上 10 时，卡尔亲王本人快抵达伊钦时，才得到口头消息，用他自己的话说，"就像天方夜谭一样"[61]。

在这场奇怪的战役中，伊钦的意外战斗并不是第1集团军总部最后一次指挥失误。腓特烈·卡尔的骑兵还远在后方，无法追击撤退的萨克森部队，因此30日萨克森部队消失在他们的视线中。随着战役达到高潮，第1集团军内部却出现了一系列情报失误；从6月23日到29日（决战前14天战斗中有6天），第1集团军对第2集团军的行动根本不了解。对于这场意外发生的战斗，指挥官根本不知情，更不用说指挥了。重要的是，他们终于发现了敌人的行踪，却又让敌人成功逃脱了，这些都发生在这场彪炳史册的战争中。

## 第五节　摩拉维亚战役

正如上文所述，第1集团军开进波希米亚时，把所有部队都集中在一起。因此，若不是偶然的机会，他们没有办法找到敌人。第2集团军面临的问题恰好相反，他们通过几个相距甚远的山口从西里西亚进入摩拉维亚，4个军一开始分开，后来在战斗中再会合。虽然开始时是分开的，但遭遇敌人时，在大多数情况下他们仍能打败敌人。普鲁士军队配备的是撞针枪，而奥地利军队居然采用的是正面进攻战术，结果导致奥地利军即使获胜也会损失不少兵力。由于距离遥远，通信速度缓慢，普鲁士军队基本没有得到集团军总部的支援或指挥。

第2集团军从右至左分别为第1军、近卫军、第5军和第6军（第6军在第5军后面行军，整场战役中都没有开过枪）。6月

25日，在第1集团军进入波希米亚6天后以及赫尔瓦特部队开始向萨克森行军9天后，第2集团军才开始向摩拉维亚进军。根据布卢门塔尔6月22日制订的计划，第1军选择走最西边的山口从兰茨胡特到陶特瑙（Trautenau），近卫军选择中央路线从埃格斯多夫（Eggersdorf）到布劳瑙（Braunau），第5军选择东部路线从莱因茨（Reinerz）到纳霍德（Nachod）。每支部队相邻间隔20英里到25英里。第2集团军总部紧跟在位于中路的近卫军后面，这导致他们在穿过山脉时失去了对麾下其他3个军的联系、指挥和控制。关于敌情，他们也只了解到敌方一小队骑兵守着山口；但敌军究竟是集中在波希米亚，还是趁着第2集团军各军从各山口出来的时候逐个击破，这还有待观察。然而，第2集团军总部怀疑，敌军正在窃听柏林方面的消息，因此假定奥地利军队已经知晓普鲁士军队的行动，那么第5军似乎处于最大危险中（6月24日，"间谍"报告说，1.8万名奥地利军队在纳霍德出现）。因此，第2集团军总部打算在穿越山脉后首先向第5军靠拢。[62]

事实上，情况完全不同。6月26日，第1军和近卫军进入山区，没有遭遇任何敌人，而左翼的施泰因梅茨遭遇并击败了一支奥地利小分队，并在晚间将情况报告给第2集团军总部。27日早晨，腓特烈·威廉、布卢门塔尔和其他人按计划向第5军进发。当他们经过第2近卫军的总部时，近卫军指挥官应该是与施泰因梅茨联络过，告知他们纳霍德地区已经被占领。亲王和参谋们松了一口气，正准备返回部队中心地带，听到东南方传来枪声。腓特烈·威廉立刻派韦尔迪·迪韦尔努瓦去打听情况，但还没等到回信，他们就遇上了交通事故，他骑的马被一辆转弯的马车撞死了。尽管仍有几名

## 第四章　铁路、步枪和电线

参谋陪同，亲王已与大部分参谋分散，他开始发号施令，忙于部署炮兵连，以便在必要时掩护撤退。同时，韦尔迪·迪韦尔努瓦也在纳霍德战场做着同样的事情，他召集施托施和其他参谋人员——事实证明，这并没有必要，因为他想采取的行动实际上在他发号施令之前就已经完成了。那天晚些时候，战斗差不多已经获胜，参谋人员（已经重新会合）视察了部队，此时韦尔迪·迪韦尔努瓦外出执行任务，恰好发现奥地利军队正在组织反攻。他迅速召集周围所有部队，但第10师的指挥官也正好看到这一幕，于是捷足先登，先他一步行动。

用布卢门塔尔的话说，27日之后，"作为无助的旁观者"[63]，第2集团军参谋团队骑马返回克洛诺（Kronow），与近卫军相聚，未发现任何重要信息。他们起草并发出一份报告，但是该报告29日早上才送至毛奇手中。晚上，参谋团队已经安顿下来，这时才收到博宁将军从第1军传来的消息，声称他们在陶特瑙被奥地利第4军和第6军挫败。因为不了解具体战败情况，布卢门塔尔计划部署近卫军第二天去增援博宁将军，而实际上博宁将军已经率部队一路撤退到兰茨胡特。

6月28日黎明时分，一个炎热的夏日，第2集团军总部紧紧跟着近卫军缓缓向西穿过埃佩尔山口（Eypel Pass）。腓特烈·威廉不愿意距离左翼施泰因梅茨太远，便在科斯特利茨（Kostelitz）中心位置停了下来，他希望在此处与两翼均可保持联系；[64]结果却是他无法影响任何一翼的行动。亲王骑在马上，派遣参谋去观察近卫军在索尔地区（Soor）与奥地利军队的战斗，用他自己的话说，他无事可做，只能"一根接一根地抽烟"[65]。从位于施泰因梅茨方向的斯卡里茨（Skalitz）处传来的炮声，让他陷入窘境，再加上反复无常的天气，情况变得更糟。这也是他第一次得到消息了解到那里正在进行战斗。跟在施泰因梅茨的后面的第6军完全失去了联系，近卫军正在激烈地交战，第1军消失在山里，腓特烈·威廉只能派一个重骑兵旅去支援第5军，并希望能有最好的结果。[66] 结果，施泰因梅茨和近卫军都在没有亲王帮助的情况下各自赢得了战斗。亲王的参谋人员一整天都在密切关注局势发展，但没有做出进一步决定，也没有发出任何命令。

第2集团军军部成员骑了两天的马，精疲力竭地向埃佩尔前进，到达时已经是晚上。他们在这里找到了等待已久的伯格少校。少校花了一天的时间观察卫队的作战，并告知他们，第1军没有参加在索尔的战斗。腓特烈·威廉终于明白了前一天第1军的战败情况（或指挥官的怯懦程度，这取决于个人观点），他立刻命令第1军再次通过山口，并在次日早上把其指挥官喊到一边进行了"非常严肃的谈话"[67]。与此同时，布卢门塔尔负责计划29日部队的行动，其中包括近卫军向易北河上游的科尼霍夫（Königinhof）前进，而施泰因梅茨则跟随第6军前往格拉德利茨，从而缩小他和部队右翼之间的距离。

经过纳霍德、斯卡里茨和索尔三场战斗的胜利后，第2集团军认为现在奥地利军队士气低落，无法再进行抵抗。然而，事实证明他们错了，因为29日又发生了两次交战。一次是近卫军在科尼霍夫附近进行的，另一次是施泰因梅茨在施魏因沙德尔（Schweinschädel）进行的。此时，第2集团军指挥部已经习惯同时听到来自两个方向传来的炮声。这些战斗也取得了胜利，但是第

第四章 铁路、步枪和电线

2集团军和当时在波希米亚的第1集团军一样，失去了敌人的所有踪迹，于是决定在30日休整一天。此外，在这段时间里，第2集团军也不了解第1集团军的行动，两个集团军之间几乎没有任何联络，更没有协同。

尽管摩拉维亚战役的特点是几乎断断续续的一系列胜利，但每一场胜利都是由各军独立完成的，集团军总部没有干预，也没有指挥，即使在那场败仗中亦是如此。在这些战斗中，第2集团军指挥官也只是对战斗略有知悉，只能作为无助的旁观者。整场战役的情报都很糟糕，大多数情况下，只有在战斗中遇到奥地利军队时才会发现他们的存在。尽管腓特烈·威廉通过他的"眼睛"——手下的参谋部军官——随时了解部队的行动，但他与下属的沟通大多局限于一些特别的信息，有时还穿插了一些行军指令。毛奇对事件进程的影响几乎为零，因为消息抵达柏林还需要24小时甚至更长时间。总之，尽管使用了电报，这场战役也证实了一个古老的经验，即超过3万人的部队只有集中在一起才能指挥；一旦分散，就无法指挥。

无论如何，到6月30日破晓时，各集团军在空间上分开战斗的阶段已经结束。第1集团军在伊钦，第2集团军在追赶其在易北河科尼霍夫的先头部队（近卫军）。两支普鲁士军队之间的距离已经缩小到不足25英里。这是自6月23日以来两集团军之间第一次恢复联系，但却导致他们误解了第2集团军计划抵达易北河的日期。[68] 6月27日，在朗根萨尔察（Langensalza）击败德意志西线的敌军后，毛奇带着十几名参谋终于离开了柏林进入战场，国王和数百名随从像一堆无用的压舱物一样跟在后面。战役的第一阶段已经

181

结束，在这期间，战斗通过电报指挥，甚至可以说完全由电报指挥。战役的第二阶段即将开始，这次要使用更为传统的方法。

## 第六节　柯尼希格雷茨战役

1866年6月30日早晨，毛奇从柏林乘火车来到波希米亚的赖兴贝格，中途在科尔福特（Kohlfurt）停留，给第1与第2集团军各发了一份简短的电报，[69]他可能了解以下局势：在6月27日和28日获胜后（29日的战斗消息毛奇还未收到），第2集团军正向易北河逼近；总参谋长希望其留在河左岸（东岸），并壮大由第5军与第6军组成的右翼。据最新消息，向东行进的第1集团军，尽管没有发现敌人，但还是"马不停蹄"朝着柯尼希格雷茨方向继续前进。也就是说，第1集团军的目的地是易北河某处，地势比第2集团军目的地要低。毛奇和其战地指挥官一样对贝内德克的下落和计划不了解，但他显然相信奥地利军队已经越过易北河东岸并撤离了波希米亚。[70]毛奇一大早就要离开柏林，但走之前他还没有收到29日伊钦战斗的消息，这种情况在这次战役中并不少见。[71]

6月30日晚，总指挥抵达赖兴贝格镇，也看到了前一天伊钦战役获胜的大肆宣传，第2集团军认为这是决定性的胜利，击溃了奥地利军队，并把他们赶回到易北河对岸。清早，总指挥继续出发，前往基罗（Schirow）一座乡间别墅，这里曾是腓特烈·卡尔亲王的总部，因此能够通过电报与位于伊钦的第1集团军总部和柏林建立联系。中午时分，毛奇抵达目的地，并发现了一封来自第2

集团军发给他的电报。电报称，第 1 军已经越过易北河，其他军将在第二天继续前进。[72] 找不到下属发火，毛奇怒气冲冲地给第 2 集团军发了一封简短的电报："昨天的密电（从科尔福特发出的）命令第 2 集团军留在易北河左岸。你们难道没有收到，或者说你们有什么特别理由要让整支部队渡过易北河？"毛奇担心会有一些他不知道的因素在起作用，他又对这封电报进行了补充，发给布卢门塔尔："我今晚要去伊钦。第 1 集团军明天休整一天（这种想法显然是由于奥地利军队在两集团军面前突然消失），后天可能也会休整。我希望能和你们见个面。"[73]

其实布卢门塔尔 7 月 1 日就已经在科尼霍夫第 2 集团军的总部收到了毛奇于 6 月 30 日发来的那封电报，但由于编码过程出现了一些错误，导致他们无法领会电报的意思。像腓特烈·卡尔一样，布卢门塔尔也不知道奥地利军队的下落，他认为第 2 集团军前几天已经成功将敌人驱赶渡过易北河，尽管方向相反。[74] 两支普鲁士军队都在夸大自己获得战斗胜利的意义，同时指责对方未能在易北河岸边发现敌人，都表示自己军队离敌军撤退的地点最远。他们认为奥地利军队已经深入"波希米亚深处"，并在"科林（Kolin）、库滕堡（Kuttenburg）等地"出现。布卢门塔尔提议他的部队全部渡过易北河（第 1 集团军已经自觉地避开，留下了足够空间让他这么做），目的是在那里追击奥军。7 月 2 日凌晨 0 时 15 分，他接到毛奇的电报，要求停止渡河，他立即遵照执行，并回电告知总指挥。那天早上晚些时候，收到总参谋长第二封要求开会的电报后，他与韦尔迪·迪韦尔努瓦一同乘马车出发到伊钦去找毛奇。[75]

7 月 2 日下午，参谋会议召开，国王出席，但因为集团军指挥官都不在，因此很难称其为战争会议。会议中出现意见分歧，因为找不到敌人踪迹，沃伊茨-瑞兹和毛奇都不知道下一步该怎么办，而布卢门塔尔此时野心勃勃，他提议"不管敌人在哪，都要直奔维也纳"[76]。他的提议遭到驳斥，第2集团军再次被禁止渡过易北河。经过长时间讨论，决定第二天让部队休整（这已经是这些幸运的人们连续第三个休息日），赫尔瓦特部队从后面追上来，这样他们可以赶上第1集团军，并派出骑兵巡逻队去寻找贝内德克的下落。会议结束后，与会者返回各自指挥部——国王和毛奇返回伊钦，沃伊茨-瑞兹回到更靠近东边的卡米内兹（Kamenetz），布卢门塔尔坐马车返回科尼霍夫，那天晚上他很晚才抵达目的地。

然而，与此同时，与会者依据仅有的少量信息（有时甚至没有信息）做出的决定已经过时了。7月1日晚，冯·齐克林斯基（Von Zychlinsky）上校在萨多瓦（Sadowa）以北约5英里处的高地上俯瞰比斯特里兹（Bistritz）河谷时观察到营火，并向上级报告。次日下午，腓特烈·卡尔对此做出回应，派翁格尔（Unger）少校进行调查。翁格尔少校带着1名下士和16名枪骑兵直奔杜布（Dub）高地，从那里也可以俯瞰比斯特里兹河谷。途中，他遭遇一支奥地利巡逻队，抓了几名俘虏，得知至少有四支敌军部队集中在比斯特里兹和柯尼希格雷茨之间的地带。他们继续前行，路遇村民也证实了这一消息。紧接着，他们又遭遇另一场小冲突，借此机会翁格尔亲眼观察到奥地利军队及其强大的阵地。晚上6时至7时之间，翁格尔返回到卡米内兹，立刻前往腓特烈·卡尔指挥部，向他汇报情况。[77]

腓特烈·卡尔在整场战役中做过各种独立且略有误导性的决

定。证实敌人存在后，他又做了一个类似的决定。[78] 晚上 7 时至 9 时，他把先前的警告抛诸脑后，和沃伊茨-瑞兹一起制订计划，决定第二天 7 时由第 1 集团军开始对奥地利阵地进行全方位正面攻击，同时要求赫尔瓦特率部队前往尼察尼茨（Nechanitz），占领奥地利军队的左翼（南部）。晚上 9 时 30 分，所有计划准备就绪，命令已经下达给第 1 集团军的下属部队，一名信使也被派往第 2 集团军总部，请求其在即将到来的战斗中给予支持。直到此时，在获悉奥地利军队驻扎的消息以及他们命各师进入出发阵地（至少）3 小时后，腓特烈·卡尔和他的参谋长才决定告诉毛奇。大约 22 时，沃伊茨-瑞兹抵达伊钦，前去觐见国王，发现国王已经入睡（那时还没有电灯），但他叫醒了国王并进行汇报。根据沃伊茨本人叙述，在简短讨论后，国王亲自批准了第 1 集团军的所有部署。他的首席顾问去见总参谋长毛奇，而毛奇也已经入睡。他高喊着"赞美上帝"叫醒了毛奇，毛奇跳下床、穿上长袍、戴上头巾，坐下来看他的下属的部署。此时第 1 集团军已经在路上，他除了批准提交给他的计划外，别无他法。他们提出的正面进攻计划，充其量只能迫使奥地利军队撤退，所以毛奇是否能对该计划满意，这一点很让人怀疑。[79]

对于第 1 集团军独自行动的表现，毛奇强忍愤怒，开会命令腓特烈·威廉"带着所有部队绕过敌军右翼，尽早对敌军进行攻击"以支援第 1 集团军。[80] 两份命令副本已经准备好，一份由国王的御用顾问芬克·冯·芬肯施泰因（Finck von Finckenstein）带着，他大约需要骑行 20 英里抵达科尼霍夫；另一份则从卡米内兹发到赖兴贝格，然后从那里发电报，通过柏林和利巴瓦，抵达离第 2 集团军最近的电报站。会议结束，大家各自回去就寝。

布卢门塔尔于7月3日凌晨2时回到第2集团军总部，叫醒腓特烈·威廉，并向他汇报了伊钦会议的情况。紧接着，腓特烈·卡尔派来的信使赶到，请求支援。然而，布卢门塔尔刚刚接到第三个明确命令，不许渡过易北河，因此他以书面形式拒绝了这一请求，他补充表示，只有第1军和部分骑兵巡逻队能够支援第1集团军。他刚回复完，芬肯施泰因骑了一夜的马赶到；在路上芬肯施泰因已经通知第1军，但是博宁将军4天前刚接受过腓特烈·威廉"严肃的谈话"，毫无疑问，没有上级的明确命令，他拒绝让步。布卢门塔尔刚刚拒绝了第1集团军的请求，因此现在又有新命令让他支援第1集团军，他着实有些为难，这也是可以理解的。然而，受腓特烈·威廉所迫，他不得不于早上5时将命令下达给部队。早上7时，第一批部队开始行动，7时30分第2集团军总指挥也骑马出发。然而，由于博宁将军在必要时不愿意主动作为，致使行动浪费了两三个小时。[81]

第2集团军发生这些事时，第1集团军正按计划进入阵地。腓特烈·卡尔率领第8师的先头部队沿中路前进。上午8时，他和部下抵达杜布高地。察看奥军阵地后，腓特烈·卡尔表示贝内德克显然要继续防守，那就由他决定何时开战。认真查看了一下局势，卡尔也倾向于迟点开战；部队一夜未眠后感到疲乏，还没有吃早饭，而亲王最早也无法在12时30分赶到战场。因此，腓特烈·卡尔骑马到右翼去侦察，但因浓雾阻挡视线，他返回杜布，命令"暂缓"进攻。[82]

早上8时，国王在毛奇、俾斯麦（Bismarck）、罗恩（Roon）和一大群随从的陪同下抵达杜布，"立刻下令对比斯特里兹河全面发动进攻",攻击目标当时被认为仅是奥地利的后卫部队。[83]这时雾渐渐消散,聚集在杜布的那队人马非常引人注目,足以吸引敌方炮火。他们现在已经能够看到自己的中路和右翼部队,但左翼还不清楚,而此时,弗朗切斯基(Francesky)将军的第7师正在斯威夫瓦尔德(Swiepwald)进行当日最激烈的战斗,而且在整场战斗中没有接到一份命令。[84]第2军指挥官冯·施密特(von Schmidt)将军对自己部队失去了控制,各师混在一起,错误地滥用各种危险战术,而且还没有使用炮兵,因此对固若金汤的奥地利军队进行的攻击一无所获,还造成了不必要的高伤亡率。上午,在国王的提议下,总指挥从杜布转移到罗斯科斯(Roskos)几处地势稍低处。但是该处视线并不好,第2集团军先头部队抵达后,过了好几个小时集团军指挥官才意识到这一事实。在这段时间里,腓特烈·卡尔除了接收信使送来的报告外,几乎无可作为。用他后来的话说,他的主要任务就是安抚周围一张张"拉长的脸",(据他说)其中包括罗恩。

午后不久,整场战役对普鲁士人来说很糟糕,国王亲眼看见了部队逃离的场面,他挥舞着他的手杖(或是他的权杖?)去拦阻他们,大声咒骂着。毛奇和波德别尔斯基、瓦滕斯莱本离开罗斯科斯,准备去侦察,但在附近只看到了一头威猛的公牛在四处游荡,丝毫不受周围战争喧嚣的干扰。[85]腓特烈·卡尔显然还不能理解毛奇为什么在计划时要把第1集团军看作铁砧、把第2集团军当成铁锤来砸碎奥地利军队,当毛奇不在时,他命令预备队第3军加入对奥地利军队的进攻。[86]11时30分,毛奇回到罗斯科斯,意识到这是毫无意义且浪费生命的行动,及时撤销了命令。所有人都在努力寻找第 2 集团军的踪迹。国王对他的参谋长说："毛奇，毛奇，这场战斗我们快要输了。"然而，毛奇并未感到不安，他回答说，不仅这场战斗，整场战役我们都要赢了，维也纳就在普鲁士国王的脚下。俾斯麦递给他一盒雪茄，他仔细挑选了其中最好的一根。他就这样无言地说服了宰相，情况并没有那么糟糕。

这段时间，第 2 集团军已经拼命赶到了战场并参加战斗。事实上，由霍恩洛厄 – 英格尔芬根亲王（Kraft zu Hohenlohe Ingelfingen）指挥的近卫军作为先头部队早在 12 时就抵达战场，但由于地形怪异，毛奇和贝内德克都没注意到他们，还认为头顶飞过的炮弹是自己的炮兵连发射的。大约 15 时，在罗斯科斯他们终于注意到战场上来自第 2 集团军的部队。毛奇立即取消对第 3 军的一切控制，允许其发动进攻。腓特烈·卡尔后来写道，同第 2 军指挥官一样，在接受了长时间的束缚后，冯·曼施坦因（von Manstein）将军承受不了突然强加给他的自由。他的进攻毫无章法，胜利无望。几个月后，将军本人也死在了精神病院。[87]

与此同时，赫尔瓦特的右翼部队呢？总参谋部中央处处长德林上校充当了一天的信使。7 月 2 日夜间，德林抵达第 2 集团军第 1 军，清早返回伊钦时却发现总指挥已经离开。[88] 他追随总指挥来到杜布，重新与毛奇会合。次日上午 10 时，他在布龙萨特·冯·舍伦多夫（Bronsart von Schellendorff）的陪同下，在尼察尼茨找到赫尔瓦特，命令其击败奥地利军队的左翼，切断奥军可能撤退到帕尔杜比茨的道路。正午时分，两名军官在尼察尼茨如约会见赫尔瓦特，赫尔瓦特表示骑兵不够，无法执行此命令。返回杜布时，德林和布龙萨特遇到了阿尔伯特亲王率领的"整支骑兵军"，他们从腓特烈·卡尔后方赶来。他们向亲王解释了情况，并补充说赫尔瓦特没有足够骑兵来执行任务。阿尔伯特亲王误以为这是来自总指挥的命令，他继续前进，并派第1骑兵师去支援赫尔瓦特。令腓特烈·卡尔懊恼不已的是，这支援军抵达太晚，无法参加战斗。[89]经过这一番混乱之后，德林去与腓特烈·卡尔会合，而腓特烈·卡尔已经与总指挥转移到更远的马索威德（Maslowed）；布龙萨特留下来，在罗斯科斯与毛奇会合。

尽管第1集团军还没有了解具体事实情况，但这个错误其实无关紧要。因为贝内德克得知后方受到普鲁士近卫军的威胁，而且第1军紧追不舍。起初他不相信自己的耳朵，随后打了一场精彩的防御战，在一半普鲁士骑兵还没有赶到战场的情况下，他成功地将21万大军撤出了18万。同时，位于马索威德的腓特烈·卡尔完全不知道发生了什么事，他和部下刚刚遭到炮火攻击，后来才发现是第2集团军炮兵连发出的炮火。这时，近卫军的信使发现了他们，并解释说，位于贝内德克后方的克勒姆（Chlum）已被攻陷，这场战斗获胜了。现在第1集团军才终于明白第2集团军扮演了滑铁卢中布吕歇尔的角色，而他们则扮演了威灵顿的角色。然而，国王至今还没有意识到这一点。当第1集团军正在挥舞帽子欢呼雀跃的时候，一位皇家信使赶到并表示如果第2集团军没有迅速赶到，这一天就会像耶拿战役那样惨败。[90]冯·博延（von Boyen）将军花了很长时间才说服这名信使，告知他罗斯科斯总部已经跟不上事态最新发展，当天的决战已经落幕。

大约16时，威廉国王从罗斯科斯出发，准备与得胜部队会合。但是他被困在正努力渡过比斯特里兹河的纵队中，与毛奇分开，而且暴露在仍从高处不断发射火力的奥地利炮兵面前。因为局面混乱，毛奇没有追击，他还没有意识到对抗和打击的不只是奥地利的后卫部队，而是他们整个军队。直到第二天对战场进行勘察并确定奥地利军队阵形时，他才意识到取得了全面胜利。

许多历史学家称柯尼希格雷茨战役为指挥杰作，这具有一定误导性。因为这是一场意外之战。尽管距敌人只有几英里远，但在48个小时内都未发现敌人的行踪，只在最后一刻才临时对敌发起攻击。

总参谋长未参与计划这场战役，而且这一计划可能确实与其意愿相悖。即使毛奇再三解释，第1集团军指挥官始终无法理解其作为铁砧的角色。他发起了一系列仓促而无意义的进攻，之后又无法控制这些进攻。毛奇计划在奥地利军左翼发起侧翼包抄的攻势一直未实现，因为一系列误解导致第2集团军姗姗来迟且差一点贻误大局。正如7月25日毛奇在事后剖析中所述："毫不讳言，我们最大的错误在于上级指挥部无法把意志贯彻于下属部队之中。当各个师旅一靠近敌人，上级指挥就不复存在了。诸兵种之间很少相互协同，我们通常只看到分属各团的营甚至是连在各自为战，投身这一伟大战争之中。"毛奇表示，造成这种可悲局面的主要原因是"完全偏离了既定的战斗命令，导致结果无法控制"[91]。若这支部队遭遇完全不同的敌军，他们可能会发现上述缺点将导致"严重的危险"。从刚获得战役胜利的指挥官口中说出的这番话，真是清醒之言。如果说这证明了什么，那就是普鲁士指挥系统除了单纯的机械效率之外还有更多可取之处。

## 第七节 结论：方法的胜利

普鲁士指挥体系和拿破仑时期的指挥系统完全不同，后者类似于私人机构（皇室内阁）通知私人（"我的表弟"）处理私事（"我的事情"），而前者则是第一次完全实现军事化；后者通过全面控制和中央预备队两方面来作战，而前者则都不具备；后者事先没有经过任何训练，完全靠出色的即兴发挥和临时措施，而前者则是在和平时期最艰苦的训练基础上有条不紊地准备着；后者狂热且过度活跃，而前者则是以冷静为主导。马歇尔·麦克卢汉（Marshall McLuhan）认为，这在一定程度上是因为"冷静"的书面工作方法取代了仓促下达口头命令的"狂热"方式。总结两者之间的差异就是后者基于前线指挥，前者基于后方管理。尽管两种体系之间存在差异，但都是有史以来最成功的体系之一，这一事实本身就足以提醒人们不要草率地下结论。

从毛奇时代的普鲁士总参谋部开始说起，或多或少也是要依靠内部人员付出努力。它并不像许多反对者所宣称的那样是一台无灵魂的机器，执行领导指令时盲目追求效率；或者是汇集了一群"衣冠楚楚"的人（这个词出自马戏团业内的隐喻，放在这里无比贴切），不用靠近就能准确猜透指挥官的意图，并在执行时也总能做出正确的决定。他们使用的技术虽然是最新的，但肯定不比对手使用的技术好到哪去。而且，由于采用的是有线连接，在敌占区进行的机动作战中，这项技术的用处并不大。从现代组织理论角度看，甚至可以说1866年的参谋部组织结构并不理想。一旦进入战场，作战时没有固定分工，参谋和部门之间的职责划分也不严谨。

按照现代标准，最后这点可以被认为是严重缺陷，但实际上却是参谋部最大的优点之一。过度专业化不允许大多数参谋人员因临时通知而介入他人的工作，或执行任何可能下达的任务，但当时的专业化并未达到这一程度；而且虽然毛奇再三要求部队要对他的命令和他对"昨天密电"的指示是否已经送达进行确认，但当时的文书工作并没有多到离谱。总之，这些因素促成了非正式沟通渠道的畅通，这对组织结构的顺利运作至关重要，虽然容易受到过度专业化和繁文缛节的威胁，但不会被取而代之。正如韦尔迪·迪韦尔努瓦在其著作中所述，1866年和1870年的战役，无论是在集团军总部，还是在整个普鲁士—德国军队总部，与其说有一个正式的组织结构，其中每个成员都有其固定的岗位和职责，不如说是一个非正式的朋友聚会，每天定期聚会一次，只要有可能就一起吃饭。参谋部的组织结构比以前更有序，内部信息传输系统也更全面，参谋部各级军官之间的联络也更容易，而且没有受太多文书、正式语言、标准作业程序或者封闭车厢等的束缚，自由思想不会受到干扰和阻碍。在每一个野战集团军的参谋人员中，毛奇都有值得信赖的朋友，可以依靠他们通过私人信件去补充正式报告。这些军官们并没有把时间花在办公桌后写作（或者后来改为在办公桌后打电话），大部分人是独自一人或两人骑着马在战区内穿梭，他们用老练的眼神观察周围情况，必要时随时采取行动。执行侦察任务时他们经常冒着生命危险，传递重要信息，为指挥官发挥着"定向望远镜"的作用。

有必要对参谋军官发挥"定向望远镜"的作用做出解释。1866年，总参谋部的成员大多是上尉和少校，威望尚未达到后来被称为

"半人半神"的程度。他们没有受到部队轻视，也没有引起他们的怨恨或恐惧。换言之，这台望远镜的功能强大到足以看清那些指挥官无法看见的细节，但还没有强大到产生与物理学中海森堡不确定性原理（Heisenberg's Uncertainty Law）等量齐观的行政管理理论。在不确定性定律中，亚原子粒子永远无法被测量，因为一旦尝试测量，就会导致它们发生变化。实施监管时要注意保持距离，既要足够严密但又不至于因为距离太近而产生阻力或者更糟，甚至在系统中制造混乱，这就是良好管理的基本原则。

与早期贝尔蒂埃的总参谋部相比，毛奇的总参谋部组织取得一些重要的进步。这些从事各级参谋工作的军官和传递信息的勤务兵都是和平时期经过精心挑选和训练选拔的，现在已经成为军事专家，而不是平民或者随机召集的当地居民，也不是战场上因临时表现好而被选中的下属军官。对1866年战场的来往公函进行粗略分析显示，参谋的日常工作在当时类似于秘书工作。这反过来就可能成为一种指挥手段。因为，在指挥中，最重要的品质不在于是否具备天赋或者是否绝对正确，而在于可靠性和一致性。这两种品质也是当时虔诚的路德教（Lutheranism）所追求的，比拿破仑体系更胜一筹。

为了实现这种可靠性，普鲁士总参谋部必须保持组织结构的稳定性，如同罗马百夫长经常在同一个军团里度过整个职业生涯，在60个岗位上，慢慢按军衔往上晋升。普鲁士参谋军官的主要职业生涯都在同一个机构度过。他们长期在柏林执行任务，并在一些小型卫戍城镇的大型部队担任参谋，因此形成了一个彼此相互熟悉、完全了解的组织，用德语来表示就是"eingespielt"（默契），这个词在英语里没有找到完全对等的术语。这种稳定在一定程度上是以资历为基础的晋升制度造成的。这种制度减少了必须在组织内部处理的信息量，也有助于解释普鲁士（以及后来的德国）军队从失败中恢复和振作起来的非凡能力。尤其对于初级指挥官，他们的生活和进步在很长一段时间内都很有保障，他们对犯错误没有致命的恐惧，这种心理是学习的首要条件。

虽然毛奇拥有消息灵通同时又能贯彻其影响力的机构，但是这个事实并不能防止下属指挥官犯下本书记录的那些错误，也不能防止战术指挥陷入一团糟。[92]第二种情况尤其严重。1861年至1865年和1866年的战争是历史上人类第一次实施卧姿战斗代替立姿战斗。部队分布空间比以往任何时候都要广，部队本身也在寻找掩护，不再是密集列队行军。营以上指挥官发现自己无法再使用旧办法管控士兵。在1866年的柯尼希格雷茨战役中，进攻部队一片混乱。1870年，沃斯（Worth）会战和格拉沃洛特（Gravelotte）会战也发生了同样的情况，而且混乱程度更加严重。每次发生这类情况的结果就是白白浪费大量生命。这些结果没有逃过俾斯麦这类聪明的非军事观察员的注意。

到1870年，战场混乱已成为一种习惯，为了解决这种混乱，普鲁士人采取了一些措施。第一是最基本、最重要的措施，就是纯粹的心理措施，即愿意承认问题并决定解决问题。第二，实施普遍征兵制和预备役制度，这使普鲁士军队在许多战役中拥有数量上的优势。[93]第三，更加依赖炮兵。炮兵的机动性不如步兵，但更容易控制。在1866年战役中这一措施失败了，但在1870年至1871年战争中取得了巨大成功。第四，自上而下将指挥权下放，尤其是将责任下放给连长（其德语头衔为 Hauptleute），连长成为整个指挥链中最重要的一环。在现代战场分散和机动的特点下，连是单个指挥官可以直接指挥的最大作战单位。德国在两次世界大战中获得许多战役胜利背后的指挥体系就是起源于此，尽管它的系统形式略有些削弱，但直到现在联邦德国国防军仍在沿用。

第五，使用先进的战略指挥系统纠正战术指挥错误，这在现代战场环境下非常重要。面对下属犯下的无数错误，其中最严重的是1866 年面对奥地利大炮和 1870 年至 1871 年面对法国后膛步枪却采取了毫无意义的正面进攻，毛奇的反应并不是加强控制，而是通过总参谋部和电报一起监督作战部队的行动，这些部队拥有前所未有的独立权。这些独立权加上持续不断的情报监控，使指挥变得更加灵活。事实上，毛奇的计划如此灵活，以至于下属的行动和失误随时都可能得到调整，确保战争即使在战术层面失败了，但仍能取得战略上的胜利，正如柯尼希格雷茨战役中发生的那样。克劳塞维茨把战争比喻成商业贸易中的现金支付，终极目标就是力争将所有一切变成一张长期支票存入账户。当然，这个目标实现的概率非常小，即使实现了也会失去一些重要的东西。1866 年 7 月 25 日，毛奇在个人备忘录中提及，简单地说，解决战术失控的方法并不是在混乱中强行让其有序。相反，由于战术指挥是分散的，因此战争中使用的指挥系统更加注重战略而不是战术。

1866 年至 1870 年间，因为准备细致、充分和认真，很多次惊心动魄的动员行动得以顺利完成，但是普鲁士指挥的真正本质并不是像列车时刻表一样预测战争的每一步行动。而是使用一些新的方法包括将大量地图的使用权限下放至师一级，[94] 目的是平衡好独立权力与指挥之间的关系,从而创造真正的灵活性。毛奇认为,战略是权宜之策,[95] 他一直强调一旦与敌首次交锋,计划就不能保持不变。因此,如果认为1866年和1870年战斗中的每一步行动都是事先计划好的,那就是大错特错。正如毛奇本人所述,最多先前可能是简单的行动计划,然后根据该行动计划合理地执行,但是就连这一点也值得怀疑。

总的来说,技术或者说电报,发挥了非常重要的作用:使得部队机动和部署顺畅,也能指挥200英里以外的部队。但是,电报的重要性不应该被夸大。动员期间,它的作用比实际作战时还要大,而且离敌人越近,它所起的作用就越小。从技术上讲,它还远远不够完美,甚至现有的技术潜力也没有得到充分利用。这一点可以通过彻底重组整个电报服务公司来实现,由毛奇负责指挥。[96] 由于线路容量有限,编码过程缓慢而复杂,因此传输不稳定,导致无法提前估计信息何时可以到达,甚至最重要的消息亦是如此。整个战役中,电报必须通过铁路在总部和集团军之间传递书面信息,或者由骑兵勤务兵将集团军与其所属的军和师联系起来。此外,电报也暴露了新的弱点,如奥地利军队窃听了第2集团军的线路(美国内战期间双方都这么做)。事情发展到今天,与其说是普鲁士军队在技术上有什么过人之处,还不如说是电报的局限性得到了充分的理解和利用。毛奇曾写道:"作战时背上插着一根电报线的指挥官是最不幸的。"[97]

毛奇的指挥系统在哪些方面与拿破仑的指挥系统相似呢?毛奇比拿破仑更充分地认识到部队之间的信息交流永远无法做到足够详细或速度足够快,以便坐镇后方总部的指挥官进行控制,于是电报得以发明。同拿破仑一样,他处理此类不确定性结果的方法不是实施新的、更严格的控制,而是减少每一级别执行任务所需的信息量——建立强大的、独立的部队,每支部队都包含三支分队,以保持适当平衡。各分队拥有独立的指挥机构,能够在有限的时间内独立作战或以任何方式坚持不屈。同拿破仑一样,毛奇也喜欢将权力下放,而且下放得更彻底。他不仅将执行的细节委派给下属,还使下属真正了解他的计划(即使他们并不总是从中受益)以及计划的过程。

拿破仑和毛奇都使用了"定向望远镜"来监视独立的作战部队,并对他们进行控制。毛奇做得更彻底:他在许多战役中放弃了拿破仑尝试使用的战术控制。尽管如此,毛奇和拿破仑一样,虽然不会勃然大怒,却绝不容忍下属私自行动。1866年他对腓特烈·卡尔和布卢门塔尔的指令,以及1870年他立即免职不服从命令的施泰因梅茨,都足以说明这一点。

1866年的普鲁士总参谋部,如同它起源的18世纪的军需总监部一样,也许最好把它理解为处于过渡时期的机构。它处于新旧事物交替的门槛上,设法把两者优点结合起来,而又不受其弱点影响。它的组织结构优于之前的所有机构,同时又不受过度僵化和专业化的影响。它主要依赖于周密的计划和准备,而且不会误认为这种计划和准备可以延伸到铁路以外的地方并进入战场。它充分利用了当代技术所能提供的最好条件,同时又避免成为这种技术的奴隶(这种情况后来在其他参谋部发生过)。正如施利芬所说的那样:"努力工作——别太张扬——做到更好。"[98]

## 注 释

1. 例子可参见 1981 年 11 月的《军事评论》(*Military Review*)，其中仅 8 篇文章涉及指挥技术，而其中一篇（by Major Dennis H. Long, U.S. Army）解释了为什么不应该这样做。

2. 南北战争期间，双方铺设了 1.5 万英里的电线，雇用了 1000 名接线员。参见 M. T. Thurbon, "The Origins of Electronic Warfare," *Journal of the Royal United Services Institute*, September 1977, p. 61。

3. 数据和引用来自 M. Jähns, *Geschichte der Kriegswissenschaften* (Berlin, 1899), pp. 2865–2867。

4. 1814 年，随着军队规模缩减，拿破仑又重新控制了军队，只是在滑铁卢拥有 12 万兵力时，又失去了对军队的控制。

5. H. von Moltke, *Militärische Werke* (Berlin, 1892–1912), vol. II, part 2, pp. 173–176.

6. 参见 van Creveld, *Supplying War*, p. 81。

7. 参见 *Militärische Werke*, vol. II, part 2, pp. 253–257。里面有一份 1865 年 9 月 16 日的著名备忘录。与大多数历史学家的说法相反，这份备忘录没有为外线战略奠定理论基础，因为它只涉及后勤及其对行军秩序的影响。

8. 1866 年，每一位军事专家，包括老毛奇自己的合作者，都批评普鲁士的部署。弗里德里希·恩格斯（Friedrich Engels）甚至说，普鲁士国王与奥地利皇帝不同，他亲自指挥，而皇家军队指挥官们则是出了名的意志薄弱。

第四章　铁路、步枪和电线

9. 关于这类工作的一个典型例子，参见 W. Gröner, *Lebenserinnerungen* (Göttingen, 1957), pp. 70–71。

10. 每英里军队的人数从 1815 年的 2 万人下降到 1866 年的 1.2 万人；B. H. Liddell Hart, "The Ratio of Forces to Space," in *Deterrent or Defence* (London, 1960), p. 98. Dupuy, *The Evolution of Weapons*, p. 312, 指出每人占据的空间增加了 25%。

11. 关于奥地利流动战场电报，参见 *Allgemeine Militärische Zeitschrift*, 1855, nos. 73 and 74, p. 573。

12. Ibid., 1855, nos. 27–28, p. 210.

13. Ibid., 1859, nos. 39/40, 41/42, pp. 337 and 355.

14. T. Fix, *Militair-Telegraphie* (Leipzig, 1869), pp. 54–58.

15. 唯一的例外是柯尼希格雷茨战役本身，它是第 1 集团军指挥官向毛奇提出的既定事实。

16. *Oesterreichische Militärische Zeitschrift*, vol. II, 1861, no. 2, pp. 150–154. 这是对 *Über den Einfluss der Eisenbahnen und Telegraphen aufdie Kriegsoperationen* by one L. von M 的匿名评论。

17. 关于德国总参谋部的起源，参见 Irvine, "The Origins of Capital Staffs"; P. Bronsart von Schellendorff, *Der Dienst des Generalstabes*, 3rd ed. (Berlin, 1893), pp. 111–117; 关于更多轶事，参见 Goerlitz, *The German General Staff*, chap. 1。

18. 直到 1945 年，军事历史仍然是军校课程中第二重要的科目（仅次于战术）。德国总参谋部的独特之处在于，从沙恩霍斯特到毛奇，再到施利芬，几任总参谋长都是颇有见地的军事历史学家。

19. 参见 H. von Boehm, *Generalstabsgeschäfte: Ein Handbuch für*

*Offiziere aller Waffen* (Potsdam, 1862), p. 9。

20. K. Greenfield, *The Organization of Ground Combat Troops* (Washington, D.C., 1947), p. 361.

21. B. Overbeck, *Das königliche Preussische Kriegsheer* (Berlin, 1862).

22. K. von Blumenthal, *Tagebücher* (Stuttgart, 1902), entry for 6 July 1866.

23. 参见 T. Krieg, *Wilhelm von Doering, ein Lebens-und Charakterbild* (Berlin, 1898)。

24. 在柯尼希格雷茨战役中，瓦滕斯莱本在传递信息时，经常被问及："谁是毛奇将军？"参见 H. von Wartensleben, *Erinnerungen*, Berlin, 1897, pp. 35–36; 以及 D. Showalter, "The Retaming of Bellona: Prussia and the Institutionalization of the Napoleonic Legacy, 1815–1876," *Military Affairs*, April 1980, p. 63, n. 27。

25. 参见 J. von Verdy du Vernois, *Im Grossen Hauptquartier 1870/71* (Berlin, 1895), pp. 16–19，里面对 1870 年的战役进行了描述。

26. O.von Lettow-Vorbeck, *Geschichte des Krieges von 1866 in Deutschland* (Berlin, 1899), vol. II, p. 94.

27. 参见 Boehm, *Generalstabsgeschäfte*, pp. 262–266。第一处负责"所有的战略、战术和地形事务"；第二处负责组织、装备和军备；第三处负责政治事务。

28. J. von Verdy du Vernois, *Im Hauptquartier der Zweiten Armee, 1866* (Berlin,1900), p. 41; Bronsart von Schellendorff, *Der Dienst der Generalstabes*, pp. 215–216.

第四章　铁路、步枪和电线

29. 第 2 集团军由第 1 军、第 5 军和第 6 军组成。第 1 集团军由骑兵军、第 2 军、第 3 军、第 7 师、第 8 师（直接向第 1 集团军负责，不设军部）组成；易北河集团军由 3 个师组成。

30. 甚至作为德军总参谋部的批评者的作家 J. 惠勒－贝内特（J. Wheeler-Bennett），在 *The Nemesis of Power* (New York, 1967) 序言的第一页就承认了它的"非凡能力""天才"和"才华"。用现代眼光评论上述品质，参见 T. N. Dupuy, *A Genius for War* (London, 1977), chap. 17, 标题为 "The Institution of Excellence"。

31. 在当时，没有任何关于情报局（Nachrichtenbureau）行动的报道是很正常的，因为文献资料在第二次世界大战中被大火烧毁。该局能够通过铁路追踪到奥地利人的部署情况，但在火车头停下后，就完全失去了他们的行动轨迹，据此可以推测该局在哈布斯堡帝国（Habsburg Empire）的战略枢纽附近驻扎了特工。据推测，这些特工要么向驻维也纳的普鲁士武官报告，这在 6 月中旬宣战之前是可能的——或者，更有可能的是，使用电报通过瑞士传递加密信息。参见 Krieg, *Wilhelm von Doering*, pp. 148–152，其中描述了情报局是一个为战争而设立的临时组织。

32. Kessel, *Moltke*, pp. 292–293, 445–447.

33. Moltke, *Militärische Werke*, vol. I, part 2, no. 79.

34. 这封信被引用于 W. Foerster, ed., *Friedrich Karl von Preussen: Denkwürdigkeiten aus seinem Leben* (Stuttgart, 1910), vol. II, p. 67。

35. 关于这个论点，有一些有意思的观点，出处同上，第 30 页（腓特烈·威廉解释说："把两军集结点确定在敌人驻扎的地方总是一件坏事。"）；Krieg, *Wilhelm Doering*, pp. 154–157; Kessel, *Moltke*,

201

pp. 453–454; 和 T. von Bernhardi, *Tagebuchblätter* (Leipzig, 1897), vol. 6, pp. 7, 240, 280, 309–310, and vol. 7, pp. 253–258。

36. Moltke, *Militärische Werke*, vol. I, part 2, no. 135.

37. 有一封电报上写禁止第2集团军在未经允许的情况下采取任何重大行动，随后的那封电报解释道："不要误认为先前的电报是我限制你在敌前的行动，我的职责是根据上级指示，尽最大努力防止这种情况发生。至于军队是进攻、防守，还是撤退，只能由皇帝统一指挥。" Ibid., nos. 88 and 89.

38. Ibid., no. 95.

39. Lettow-Vorbeck, *Geschichte des Krieges von 1866*, vol. II, p. 56.

40. 第1集团军总部6月13日之前在穆斯考（Muskau），直到6月13日，他们才搬到格尔利茨；第2集团军的总部在菲尔斯滕施泰因（Fürstenstein），直到6月13日才搬到尼斯。

41. Moltke, *Militärische Werke*, vol. I, part 2, nos. 107 and 108.

42. Ibid., no. 21.

43. Ibid., no. 126, 编者注在 p. 230。

44. Ibid., no. 129.

45. Foerster, *Friedrich Karl von Preussen*, pp. 40–41.

46. Ibid., p. 38; 也可参见 K. von Voights-Rhetz, *Briefe aus den Kriegsjahren 1866 und 1870/71* (Berlin, 1906), p. 39。

47. E. von Francesky, *Denkwürdigkeiten* (Bielefeld, 1901), p. 297.

48. Moltke, *Militärische Werke*, vol. I, part 2, no. 140.

49. 参见 Bucholtz, "Uber die Tätigkeit der Feldtelegraphen in den jüngsten Kriegen," *Militär-Wochenblatt*, 1880, no. 41, pp. 742–747;

Merling, *Die Telegraphentechnik in der Praxis* (n.p., 1879), p. 469; 关于毛奇在 1866 年 7 月 25 日所下达的命令，参见 *Militärische Werke*, vol. II, part 2, pp. 142–143。

50. 计算参考 Foerster, *Friedrich Karl von Preussen*, pp. 54 and 55, 和 Moltke, *Militärische Werke*, vol. II, part 1, nos. 140, 142, 144。

51. 参见 Lettow-Vorbeck, *Geschichte des Krieges von 1866*, p. 383。

52. Foerster, *Friedrich Karl von Preussen*, p. 36.

53. 关于这一插曲，参见 G. A. Craig, *The Battle of Königgrätz* (London, 1965), p. 65 ff。

54. 据他的传记作家所言，腓特烈·卡尔意识到奥地利打算在永本茨劳开战，依据有二：一是"奥地利方面在做军事准备"；二是"从永本茨劳和蒙城拉茨来的一位普鲁士士兵称，这两个地方（两个他本来按计划不可能经过的地方）布满了军队"。Foerster, *Friedrich Karl von Preussen*, p. 48.

55. Ibid., p. 53.

56. 出处同上。1866 年 6 月 30 日，为了挽回面子，沃伊茨－瑞兹将军仍然向他的妻子报告说，奥地利人先撤退到永本茨劳，然后又撤退到伊钦。Voights-Rhetz, *Briefe*, p. 7.

57. 早在 29 日，赖兴贝格和蒙城拉茨之间就有一条电报线路，但这条线路并不可靠，而且大多数信息都是有序传送的。参见 Foerster, *Friedrich Karl von Preussen*, p. 59, n. 1。

58. Moltke, *Militärische Werke*, vol. I, part 2, nos. 142, 143, 144.

59. Ibid., no. 145.

60. Foerster, *Friedrich Karl von Preussen*, pp. 56–57.

61. Ibid., pp. 61 and 62.

62. Verdy du Vernois, *Im Hauptquartier der Zweiten Armee*, p. 65 ff; 以及 Blumenthal, *Tagebücher*, entries for 20, 22, 23, and 25 June 1866。

63. Blumenthal, *Tagebücher*, p. 93.

64. Verdy du Vernois, *Im Hauptquartier der Zweiten Armee*, p. 97.

65. E. Kraft von Hohenlohe Ingelfingen, *Aus Meinem Leben, 1848–1871* (Berlin, 1897), vol. III, p. 246.

66. Verdy du Vernois, *Im Hauptquartier der Zweiten Armee*, p. 98.

67. Ibid., p. 108.

68. Foerster, *Friedrich Karl von Preussen*, pp. 59, 61.

69. Moltke, *Militärische Werke*, vol. I, part 2, no. 146.

70. Lettow-Vorbeck, *Geschichte des Krieges von 1866*, vol. II, p. 369.

71. Moltke, *Militärische Werke*, vol. I, part 2, no. 147, and editor's note on p. 240.

72. 毛奇不确定第2集团军行动背后的原因，他问施蒂尔普纳格尔（明显绕过了沃伊茨-瑞兹将军）是否收到了任何可能解释此次行动的原因，但是得到的是否定的回答。施蒂尔普纳格尔表示两个集团军之间不存在直接的电报通信。Lettow-Vorbeck, *Geschichte des Krieges von 1866*, vol. II, pp. 385–386.

73. Moltke, *Militärische Werke*, vol. I, part 2, nos. 148 and 149.

74. Lettow-Vorbeck, *Geschichte des Krieges von 1866*, vol. II, p. 386.

75. 关于这一行程，参见 Verdy du Vernois, *Im Hauptquartier der*

# 第四章 铁路、步枪和电线

*Zweiten Armee*, p. 127。

76. Blumenthal, *Tagebücher*, entry for 6 July 1866.

77. 关于整个经历，参见 T. Fontane, *Der deutsche Krieg von 1866* (Berlin, 1871), pp. 457–459。

78. 事后，沃伊茨-瑞兹将军写道，"我们的前哨"曾看到奥地利军队"从 8 时到 15 时"沿着比斯特里兹河的对岸横向机动。第 1 集团军参谋长表示："我估计有 3.5 万骑兵（实际上约有 20 万人）。贝内德克将军一定在那儿，因为有人在伊钦看见他（实际上 29 日他在约瑟夫施塔特）。从这些因素，我可以推断出，奥地利人计划在易北河前面再建一个据点，推测他们将集结一切兵力以避免失败。这就是目前的事实。"Voights-Rhetz, *Briefe*, p. 7. 要么是第 1 集团军参谋长的情报有误，要么是他在凭借记忆记录。

79. Schlieffen, *Gesammelte Schriften*, vol. I, p. 132.

80. Moltke, *Militärische Werke*, vol. I, part 2, no. 152. 根据一封嘲讽毛奇的信，Voights-Rhetz, *Briefe*, pp. 13–15, 当毛奇与国王谈话时，正是他本人与瓦滕斯莱本起草了这个命令。

81. 参见 Blumenthal, *Tagebücher*, entry for 6 July 1866。

82. 关于腓特烈·卡尔在柯尼希格雷茨的讲话，参见 Foerster, *Friedrich Karl von Preussen*, pp. 76–79。

83. Wartensleben, *Erinnerungen*, p. 31.

84. Francesky, *Denkwürdigkeiten*, pp. 360–363.

85. Kessel, Moltke, p. 479.

86. H. Friedjung, *Der Kampfum die Vorherrschaft in Deutschland 1859 bis 1866* (Stuttgart, 1898), vol. II, p. 58.

87. Foerster, *Friedrich Karl von Preussen*, pp. 104–106. 因此，在1866年的9支普鲁士军中，有两支没有指挥官，另外两支（第3军和第5军）的指挥官则像疯子一样。

88. Krieg, *Doering*, pp. 183–185.

89. Foerster, *Friedrich Karl von Preussen*, p. 107.

90. M. von Poschinger, *Kaiser Friedrich in neuer quellenmässiger Darstellung* (Berlin, n.d.), vol II, p. 24. 当然，这是无稽之谈，因为普鲁士人在柯尼希格雷茨所面临的最糟糕的情况就是战术上遭到牵制，而耶拿的战略地位在战斗之前就已经决定了。

91. Moltke, *Militärische Werke*, vol. I, part 2, pp. 75–76. 古老的法语词"ordre de bataille"（"战斗命令"）在这本书中出现。

92. 关于这一点和下面的内容，参见以下令人印象深刻的分析：G. F. R. Henderson, *The Science of War* (London, 1905), pp. 3–8, 118–121。

93. 在柯尼希格雷茨，双方人数大致相当。

94. Verdy du Vernois, *Im Hauptquartier der Zweiten Armee*, p. 58. 相反，在法国大军团中，即使是军级部队在行军中也常常会迷失。

95. Moltke, *Militärische Werke*, vol. I, part 2, p. 293.

96. Stoffel, *Rapports Militaires, 1866–1870* (Paris, 1871), pp. 346–350.

97. Moltke, *Militärische Werke*, vol. IV, part 1, p. 42.

98. 相似的英语翻译是："Work hard—make no waves—be more than you seem。"

# 第五章
## 刻板的战争

*The Timetable War*

1871年至1914年间,一场巨变席卷了欧洲,永久改变了这块大陆的面貌。新建的工厂、城镇拔地而起,数百万农民从农村涌向城市。世纪之交时,千年不变的农业社会已经完全转型为工业社会。当时的发展情况可以用几组数据来描述:奥匈帝国的工业产值(根据价值来衡量)增长幅度为155%,法国为70%,德国为200%,意大利为100%,俄国为330%,瑞典为900%。英国这个唯一于1870年就实现工业化的国家,其工业产值增长幅度也达到了60%。[1]部分关键商品的产值增长更为突出。以煤块和褐煤的开采量为例,已经从每年205吨飙升到669吨,生铁年产量从1103.5万吨增长到3855万吨。其他领域,如发电量和铁轨长度,也发生了类似的增长变化。

## 第一节 "当代的亚历山大大帝"

　　随着国民经济增长,军队规模也逐渐扩大,涨幅超过了同期人口增长的速度。1870年,每74名法国人、34名德国人中仅各有1人能经过培训投入战斗。1914年,这两项指标已经分别变成了每10名法国人和13名德国人中各有1名。同年,各国训练有素的后备人力编成部队，可以立即或在动员之后投入战斗，这些人数为：法国320万人，德国273万人，俄国390万人，奥匈帝国230万人。[2] 换句话说，自波斯王薛西斯大帝（Xerxes）征战希腊以来，"百万雄师"第一次不再只是编年史家笔下的传奇。

世纪之交，为了解决军队规模扩大带来的管理问题，大多数国家建立了类似普鲁士模式的总参谋部制度。英国和美国是两个重要的特例，因为这两国的军队规模比其他国家小得多。[3]但通常情况是，参谋培训时只学习了形式，并未了解这个规模不大但成员彼此熟悉的非正式组织的精髓，而且组织里的成员通常既是专才，又是一专多能的复合型人才。布龙萨特·冯·舍伦多夫所著《总参谋部概述》（*Generalstabsdienst*）一书就是宣传这个组织最重要的媒介。正如其书名所述，这是一部关于组织结构和程序步骤的技术专著。[4] 书中并未多么关注曾是毛奇时代参谋部真正优势的非正式通信网络，更没有提及同时代奠定自信的道德和宗教理念。若不是这份淡定与自信，1866年和1870年的战争能否获胜则难以想象。生活在德国和美国第一批工业研究实验室建立的科学时代，人们尝试通过对比探究普鲁士总参谋部制度的"玄机"：仔细认真的训练、清晰明了的组织结构、周密严谨的汇报系统——总参谋部的每一部分都可以通过大量篇幅和组织框架图来详述。正如我们现在所了解的，新方法并没有使德国总参谋部精简：1871年其规模扩大到135名军官，1888年达到239名军官，其中197人来自普鲁士，25人来自巴伐利亚，10人来自萨克森，7人来自符腾堡（Württemberg），[5] 组织结构中也不断增加新的部门，参谋们不再像过去那样彼此相近或熟悉。参谋的专业能力和职业水准确实得以提升，但目光变得短浅了。这个问题似乎也困扰了毛奇。他在任期最后几年游历甚广，还接受了广博的教育。胜利带来荣耀，自负也开始滋长：1871年后，在半个世界的吹捧下，总参谋部的参谋们被视为"半人半神"，他们亦如此自视。

开尔文勋爵（Lord Kelvin）认为那个时代的物理学已经发展到了极限，并以另一种方式影响着军队指挥。长期以来，战争一直被视为艺术领域，现在被视为同物理和化学一样的科学，也需要进行系统研究和分析。克劳塞维茨指出统治战争的精神力量不可估量，不容小觑，他关于合适时间合适地点合理使用兵力的讨论被认为是其理论的核心。[6] 对战争科学性的认同促使各个发达国家建立了战争学院，军事期刊如雨后春笋般大量涌现，官方出版了许多大部头军事史著作，比如阿隆贝尔（Alombert）和柯林（Colin）出版的关于1805年奥斯特里茨战役的五卷本著作，至今仍是研究者们取之不尽的资料宝库。战争原理在当时也很盛行，很多前沿书籍花了大量篇幅列举和介绍战争原理。当时，德国总参谋长阿尔弗雷德·冯·施利芬严正要求军史部寻找（或者更准确地说是证实他本人发现的）"魔法石"（the philosopher's stone），也就是找到能在任何时间、任何地点都能制胜的关键因素。

促成战争科学思维形成的另一事实是，目前大部分部队由后备力量组成，他们都是平民，战争时期会被征召至战场，接受装备培训，编组成队，调动到部署地域。和平时期每个总参谋部最重要的任务就是尽力使上述流程变得更迅速更顺畅。这需要组织结构庞大而且不断完善，组织内各"齿轮"（上万辆列车和上千封电报）都必须如钟表般精确。改善这个过程需要摆脱敌方一切可能的干扰。

例如，可以通过让部队在前线后方提前下火车的方式。因此，战斗部署成了一项工程壮举。从这点来说，差一点就可以认为战争本身能够通过时间表和日程表来计划。"施利芬计划"（Schliefen Plan）试图通过预先计划的机动方案在42天内摧毁法国，就是这种想法的缩影。

另一个促成"战争工程壮举"的原因是铁路发挥了非凡的作用。1866年至1870年的战争印证了铁路在军事上的实用性。自此之后，铁路成为各国主要战略运输工具，欧洲的铁路长度也在1871年至1914年间增加了两倍。但铁路本身不灵活，使用铁路运输不能临时决定。人们认可老毛奇的看法[7]，认为铁路的有效性非常有限，必须严格执行总部控制的时间表才行。铁路部门因其在机动和部署中扮演的角色，已成为各国参谋部中最重要的分支，其思维方式开始影响整个战争计划。1914年8月1日，战争计划缺乏灵活性的程度达到了极致。总参谋长赫尔穆特·冯·小毛奇（Helmut von Moltke）在皇帝的要求下，改变德军动员方向，将其部署为对抗俄国而不是法国。对此，小毛奇绝望地举起双手，诅咒这是不可能的。正如他后来写道，皇帝居然提出这么临机仓促的想法，这足以永久地击碎他对皇帝的忠诚。[8]

最终，和平积习——持续两代人的和平——让人感到战争终于可以简化为一门科学，其中的任何东西都可以预知和计算。演习时，提前精心布置专门的演习场地，使用非实物替代等可以将财产损失降到最低。兵棋推演时，所有参加者聚集在一间舒适的房间里，围绕地形图或模型进行；当现有通信网络不受敌军或己方部队干扰（如1914年再次发生过类似情况）时，可以自由使用。每次

第五章　刻板的战争

演习后都进行彻底的讨论，每名军官都对自己保持有序战斗的能力进行评估。战争的本质是人类活动中最混乱也是最难理解的一种；在这种情况下，人们很容易忽视其真实特点，而战斗指挥则被认为是定期展开的周密计划。[9]

因此，为了将这些论点主线串起来，包括军队规模和总参谋部的崛起，动员的必要性和对铁路的依赖，以及长期和平的影响，使人们相信在战争中计划和控制可以实现明确目的。老毛奇的名言"战略不过是一套随机应变的系统"，被忽视或遗忘了。为了使这样的计划和控制可行，1914年指挥官们所使用的一系列技术装置远远超出其"前辈"最大胆的想象。正如德国总参谋部军史部主任西奥多·冯·伯恩哈迪（Theodor von Bernhardi）在1912年所列举的：有用于侦察和炮兵观测的气球、飞艇和"飞行机器"；有用于传递信息和保持联络的汽车和摩托车；有能够与大约130英里以外大部队进行通信联络的无线电（当时设备仍然过于笨重，集团军级以下的指挥部无法操作）；有能够与部队一起使用的蜂鸣器、电话和各种光学信号装置；有技术上得到改进的远程电报系统，该系统的使用现在已从集团军扩展到军部和师部，甚至到更低级别的部队。[10] 技术发生变化的程度可以从以下事实了解：以德军为例，1870年有1000个电报站，1911年就增加到63.7万个，外加50万用户的电话网络。即便如此，这些数字还是低估了这些年技术进展的程度。新技术使得一根线缆上可以同时传输两份电报，同一根线缆也可以同时用于电话和电报。[11] 由于在紧要时刻无法临时拼凑人员，所以为了操作这些新设备，成立了一支专门的部队。[12]

1914年前，关于这些新技术手段是否能够控制散布在数百英里

213

前线的新型百万级军队仍然存在争议。伯恩哈迪本人对此也持怀疑态度，他针对前期对计划的迷信曾提出过警告。曾经担任普鲁士近卫军指挥官的冯·施利希廷（von Schlichting）将军坚持认为遥制不可行，并因此而被撤职。[13]大多数观察家则更坚信积极控制。实际上，放弃这种信心可能触发军队规模的缩减——这对引用克劳塞维茨理论来证明兵力数量优势重要性的一代人来说无法理解，正如那些把和平希望寄托在核威慑上的人无法理解裁军一样。为了证明他们信念的正确和合理，他们以1904年德国在非洲东南部与赫雷罗人（Herero）的战斗为例，当时部队分布在灌木丛中且第一次使用无线电建立起通信。他们还指出1905年的日俄战争时，如一名德国观察家所言，电话和电报的大规模使用帮助日本陆军元帅大山岩（Oyama）在后方总部能"借助地图，使用精确的数学计算来指挥行动"[14]。施利芬虽然对其计划的无误性以及确保计划实施所需足够兵力的可行性持保留意见，[15]却用科幻色彩将主流观点总结如下：

> 拿破仑不会身着闪闪发光的军装出现在俯瞰战场的高地。性能最佳的望远镜也不能帮助他观察太多。他的坐骑很容易变成无数排炮的靶子。军队统帅位于遥远的后方，在一栋有着宽敞办公室的别墅里，各类有线、无线电话和信号装备触手可及。一排排能长途机动的汽车和摩托车随时待命出征。现代亚历山大坐在舒适的椅子上，面前是一张很大的办公桌，他从地图上俯瞰整个战场。他用电话发布指示，并接受集团军和军指挥官们的报告，气球和飞艇监视敌军的行动并记录其位置。[16]

第五章 刻板的战争

1906年1月1日,小毛奇接任施利芬的职位,他不太赞同上述观点。[17]他对演习结果也不太满意,因为演习中展现了总参谋部与快速推进部队之间通信存在的问题。[18]然而,当1914年战争爆发时,总参谋长或许因为身患疾病,听从了其前任的建议,试图在其右翼150英里处展开指挥,没有将总部设置到比卢森堡更远的地方。[19]

在这场行动中,德军试图依赖现代化通信手段实现战争目标,结果证明是错误的。因为缺少严密组织的通信车辆和通信员,总部很快就与前线失去联系,只能纸上谈兵。[20]通向每个集团军指挥部的常设电报线每天只能铺设5英里,完全跟不上快速挺进的部队,以至于只能慌张地铺设可靠性和传输能力较弱的野战线缆。德国通信制度要求下级单位负责维护与后方的联系,而不是自上而下向前推进通信线路,结果证明这种制度是错误的而且浪费人力物力。为防止当地居民将他们的行动情况通过电报传输出去,前线部队经常切断己方线缆或破坏相关设备。[21]绝大多数战役中,无线电是总部与右翼部队之间唯一的联络方式(集团军内部联络亦是如此)。从技术角度看,无线电运转功能非常好;但是繁复的编码和解码程序导致同时对8个(西边7个,东边1个)野战集团军进行有效指挥时速度太慢。而且,无线电速度还会受到巴黎埃菲尔塔顶部发射机的干扰。

战争中指导不当引起的不利影响逐渐积累,最终导致近乎灾难性的后果。毛奇没有冷静地在作战桌前指挥战役,而是被动地等待永远不会到来的消息。有些集团军一连几天都没有消息。[22]8月30日,总部不得不通过截获下级指挥部间的无线电消息来做重要

215

决定。[23]虽然缺少上级坚定有力的指挥，但位于德军中心的第3集团军、第4集团军、第5集团军没有退缩不前等待第1集团军、第2集团军去进攻法军，而是凭借本能对法军进行正面攻击。由于无法控制最右翼的第1集团军，总部将其交给其左翼的第2集团军指挥，从而使第2集团军的指挥官可以根据自身需要对其进行指挥。但是，接下来战场情况仍然混乱，困惑的小毛奇只好派亨奇（Hentsch）中校连续两次到前线进行实况调查，弄清战场实际情况。调查结果众所周知，此处不再赘述。1914年9月9日，作战计划和准备时间沦为由一名初级军官来决定，经与第1集团军、第2集团军指挥部（或者说其中能接触到的部门）磋商，德军未请示总部就做出将右翼部队撤退到埃纳河（Aisne）的决定。这一举动虽然没有带来战术上的损失，但是马恩河（Marne）战役的结局——甚至很可能整个世界大战的结局——都在朝着对德军不利的方向发展。[24]

1914年，所有部队都发生了类似的不幸（例如，俄军在坦能堡会战中把无线电信息进行明码传输），导致了两个相反结论：第一，在未来，作战计划必须更多考虑到现有通信设备的技术限制。因此，只能实施那些能够得到有效控制的行动；第二，在缺少可靠的机动通信手段时，未来作战行动要加以计划，以至于令自上而下施加连续的积极控制措施变得多余。战争期间，交战方在不同时间尝试使用了两种方法，结果也大不相同，从而得出了一个客观教训：相同的技术基础，不同的指挥体系下哪些可以做，哪些不可以做。

## 第二节　索姆河战役

1914年，战争刚开始几个月，参战部队一片混乱。到处都是士兵，有的在前进，有的在战斗，他们完全推翻了战前制订的计划，陷入无序混乱中，甚至70多年的历史研究也没有理清坦能堡战役和马恩河战役的责任归属。在西线，双方在最初的运动战之后便开始急速调向海边；双方的总参谋部从一切可能和不可能的方向收拢部队，但很快就发现部队陷入了无望的混乱中。11月上旬，战场上出现了第一条战壕，战斗开始转入僵持阶段，混乱程度也达到极点。很明显，是时候停止战斗并对部队进行整顿了。

此后，由于战壕本身的固定性特点，战场秩序开始逐渐恢复。双方都将新老作战师分配到前线指定位置。这些师重新整编成军，军又整编成集团军。大型指挥部中心设立在前线后方各个不同间隔处，通过一张庞大的半常设电报电话网络联系在一起，逐步建成并影响和掌控战局发展方向。所有这一切需要大量的人力和设备。例如，从1914年到战争结束，德军通信机构扩大了30倍，从6000人壮大到19万人。

军级以上单位的参谋人员在离前线几十英里的乡间房子里办公。办公环境舒适，通信条件优越，而且位于火炮射程之外。参谋们往往忙碌于日常行政事务，与泥泞战壕中的部队失去联络。随着战争持续进行及其规模逐渐扩大，日常管理工作越来越重要，甚至超越了军事方面的工作。查特里斯（Charteris）将军长期担任黑格（Haig）的情报局长，在1916年4月7日的日记中，他描述了当时的氛围：

我感到非常震惊，因为所有来访者（包括那些与我们经常联系的人）在来这之前，都没有意识战场上的军队组织已经发展成如此巨大的机构，每个人对与自己相关的部门比较了解，但对其他部门情况都不甚了解。在这个远离前线战壕的总部里几乎看不到战争的迹象。

我们差不多快到英国了。几乎每个与民法和民生相关的分支机构在行政部门中都有对应的机构，包括食品供应、公路和铁路运输、法律和秩序、工程、医疗工作、教堂、教育、邮政服务，甚至农业，以及针对英国任何一个人数超过单一控制部队的地区（伦敦除外）……此外还有重要的纯军事方面……

令人惊奇的是，除了交通和邮政服务，该组织中的每个特定业务都由正规士兵控制……一切都非常顺利……每个部门都有领导，所有部门领导只接受总参谋长的指挥。总参谋长一天见这些部门领导不超过一次，每次很少超过半小时。有些部门领导一周也见不到总参谋长一次……但工作一直在进行，办公时间比和平时期还要长很多。军官一天工作时间很少低于14个小时，基本都是工作到深夜。

除了这些重要的行政部门，还有负责所有战斗事宜的总参谋部行动部门，以及我方情报部门。作战部只需要负责思考和计划，不关心具体细节，因为他们要计划的事情都取决于政府，因此他们必须了解政府，了解所有继续要做的事……

现在所有部门的工作都系统化了，大部分都在办公室完成。在总部，为了能与前线保持密切联系，每个人最大的困难就是经常需要离开办公室而且需要离开很久。可以说，很少有人能到达比集团军总部更远的地方……

总部的前线指挥部一般都更靠近战场，它们大多位于前线后面几英里远的城镇或村庄里。比前线指挥部更靠近战场的是军指挥部，通常能了解到大量的战争信息……现在军指挥部也是一个相当大的组织，他们大多总待在一个村庄里。师指挥部设置在军指挥部的前面，多位于农舍内，但是这里已经是前线了。人们可以把车开到师指挥部跟前。不过，这里就是界限，再往前会非常麻烦。不管怎样，我们都能设法了解到师指挥部的某个方面，但除非有某个特定目标，不仅是为了四处看看，我们才会前往比师部更远的地方。上个月我在前线甚至一个旅部都没有看到。[25]

尽管查特里斯继续称赞，表示"没有哪个委员会混淆和拖延"公务，"和平时期所有正式信件和便条都逐渐消失"，但实际上军官、办公桌和文书工作的数量却在激增。作战时，一支英国野战集团军平均每天需要发送1万封电报、2万个电话和5000条由军事派件部门转发的信息。[26] 如这些数据所示，85%的通信是通过电线进行的，电线固定不动，易受炮火攻击，加上电线如果保护起来（即被掩埋），它往往更无法移动。[27] 这一基本特点对指挥过程的影响，正如从不因循守旧的伟大军人"瘦猴"富勒（"Boney" Fuller）所描述的那样：

将军整天待在自己的办公室里，很少与下属沟通交流。将军不依赖人力，而是依靠机械电报和电话。电报和电话可以建立人与人之间的联系，但只有把下级指挥官从火线中拖出来，或者经常劝说他们不要进入火线，这样他们才可以听从上级的指挥和召唤。在第一次世界大战中，最可怕的就是从营指挥官到集团军指挥官整天都坐在固定或简易的电话旁，不停地说，取代了以前的种种领导行为。[28]

由于无线通信的可靠性较差，使用过程中和原始设备存在相互干扰，在堑壕战中发挥的作用有限，因此有效指挥往往存在于那些拥有有线通信设备的地方。[29]为防止上述情况发生，总部有时不得不限制作战的规模，将其控制在有线通信范围之内。正是这种做法产生了索姆河（Somme）战役。

回顾这场被称为"大推进"（Big Push）的战役，同时将其可怕的成本和微弱的收益进行比较，很容易让人忽略一个事实，就是从规模上来说这场战役是历史上组织最彻底的战争之一。1915年12月，法国总司令霞飞（Joffre）将军提出建议，为完成准备工作，修建了道路、铁路、医院、基地营区、抽水站、供应仓库和运货停车场，导致一次又一次地推迟进攻。最终发起进攻时，有40万兵力、10万匹马、18个师、1537门炮（包括467门重炮）以及近300万发炮弹可用。炮弹数量甚至超过了1812年在博罗季诺（Borodino）会战发射数量的50倍。[30]还有8种大型和11种小型地雷，都装满了炸药。所有这些准备都是为了把长达14英里的德国前线碾成肉酱。经过 4 个月的集训和部署，这支部队体现了科学管理的杰出成果。除了需要保密的部分外，他们没有忽视任何细节，甚至连死人的棺材都考虑到了。根据英国官方历史记载，最后的准备工作进行得如时钟般精确，这一切都与细致的参谋工作、出色的沟通技巧和集中控制是分不开的。每支部队都能准时到达出发位置。穿过英国铁丝网的路径也已经确定并标注清楚。从地图到餐具，把所有现成的装备都准备完毕，每人背包平均重量达 66 磅①。这实在是太多了。

然而，这些细致和周密的准备工作与作战计划相比，仍然相形见绌。堑壕战与众不同的一点是其有助于定量分析：每月每营突袭次数，每个人、每门炮或每匹马占据前线的空间码数。[31] 黑格在其依据 18 个月经验编写的手册中声称"基奇纳新军"（Kitchener Army）经验不足，只会严格遵从命令，其他事情都不会做（而这个时候大部分师部既有正规军也有志愿兵）。[32] 而且黑格很可能是钻了牛角尖，他让参谋长基格尔（Kiggel）将军下达了一份 57 页共 32 节的进攻命令，其中还不包括附录部分的"毒气使用""架桥准备"和"各师准备"等。[33] 这次进攻将对德军防线进行为期一周的轰炸，包括其驻军及防御据点，以及通往这些据点的道路。炮兵准备的第二部分包括了"弹幕"，这个词是 1916 年从法语引入的新词，指在步兵进攻前像幕布一样进行密集炮击，并与步兵精确协调，以便在炮弹停止和第一波进攻部队到来之间没有时间差，使防御部队没有反应时间。

---

① 1 磅 =0.4536 千克。——编者注

因为缺少可靠的便携式无线通信设备，步兵进攻时如何做到炮兵支援协调成为难题。第一次世界大战中各交战国都没有找到真正满意的解决办法。英国在索姆河战役中采用的方法也极其呆板：根据"摧毁"一码壕沟所需炮弹的数量，给每个班和连都分配了各自的"前进通道"。该通道与前线垂直，各支部队只能把火力都集中在自己通道上，而不管左右两侧会发生什么事情。射击严格按照时间表进行，射击每个目标所花费的时间精确到分钟，方便紧随其后的步兵缓慢、统一稳步向前。尽管前进炮兵观察员也随步兵一起行动，但受客观事实的制约：射表变化只能由军指挥部批准，而军指挥部位置基本在前线后方 5 英里至 10 英里处。[34] 这种情况下，即使接到命令说发生变化需要重新进行轰炸，轰炸也有可能发生在错误的时间和错误的地点。而且系统也会起反作用，炮兵指挥官一旦不能控制时间表，就很容易将炮兵连视为火力输出机器，最后甚至变成盲目发射，根本不考虑任何装弹、瞄准和射击等机械顺序。[35]

鉴于上述情况，法军最初建议在 7 时 30 分开始，便于前进炮兵观察员能够观察到射击的落点。英军本来想提前一个小时开始，但当他们改变主意，接受法军建议后，炮兵组织结构的僵化导致他们没有利用好这次机会。

步兵与炮兵的进攻计划相似。理论上的推进纵深极限由火炮射程决定。比如说，平均距离炮兵阵地 6000 码，距离前线战壕 5000 码；但实际上，只有前进炮兵观察员观察到火炮落点，通过电话进行通信联络，然后对火炮的斜角和仰角进行修正，这样火炮才更有威力。假设炮兵观察员的视野上限是 1000 码，他离步兵先头部队的距离上限也是 1000 码，那么他能观察到炮弹落点的最远距离就是距离部队战壕 4000 码处，这个距离刚好也是英国步兵部队在索姆河战役第一天要完成的最远距离目标。因此，这些目标是由工程设计决定的，而不是根据敌情决定的。在计划制订过程中，敌人的角色是无足轻重的。结果，由于德军的第二条防线并没有在英军的第一天目标范围内，它在整个 15 英里的战线中超过一半，最终得以完好保存，因此导致了这次进攻在实施之前就已经失败了。[36]

目标确定后就需要制定相应的战术。英国最高指挥部总结了 1866 年以来每场战争的经验，他们最担心的是战场上出现混乱导致指挥官无法进行有效指挥。为防止上述情况发生，每个军、师、团、营都分配了一块标准长度的前线阵地，部队在这块阵地上缓慢而谨慎地前进，避免影响部队队列，并保证在规定时间内抵达目标。完成既定行军目标（大约 1 英里到 2.5 英里）后，尽管这其中大部分是步行 1.5 英里到 2 英里，无论敌对力量如何，部队都要停止行军，进行整队、重建通信，等待第二轮进攻。进攻时枪炮向前推进，如同机器一般，整个过程重新开始。总之，要想战场上不混乱，只能以限制战术为代价，以至于在战斗开始之前，似乎没有人考虑过这场战斗会失败。

部队命令已经如此详细，营以上指挥官无需再与士兵同行，因为这样做也只会让他们与上级指挥脱离联系。相应地，他们会被禁止前进，只是他们大多数人会忽视这条禁令。[37] 然而，即使指挥官确实与士兵同行，也会明确禁止他们发挥主动性，因为"在下一步行动所有准备工作做好之前，不允许前进"。[38]

为了全面描绘索姆河战役中英军的指挥系统，有必要把师里的通信网络情况介绍一下。如前所述，无线通信系统因为太笨重，战场条件下携带不方便,因此并不十分适用于堑壕战条件。为了弥补无线通信系统的缺失,人们使用各种其他方法替代,包括使用信鸽(仅用于先头部队对后方部队的单向通信,可靠性总是令人怀疑)、信犬(德国人也很喜欢用)、信使、旗帜、灯火、彩色烟花、布告板等。这些装置用来向观察员和友军飞机指示部队位置,同时给飞机装上高音喇叭,至少使得飞行员和步兵之间能够实现简单的通信。然而,可以预见的是,所有这些都无法真正解决进攻战中的指挥问题;而且,英国最高指挥部从中得出的结论也被证明是错误的。可以说,战场条件使得上下级指挥官之间以及下级指挥官相互之间难以进行情报合作,为了弱化该不利影响,英军的做法是让单个步兵携带大量的装备和食物(这是为了让步兵在一定时间内能够独立行动),并规定他们坚决服从预先约定的计划。黑格的性格、部队训练的不足(尽管如此,这并没有阻止他命令士兵们在火力下如同阅兵一样步伐精准前进)、堑壕战的性质,可能还要加上英国古怪"民族性格",共同促成了上述对策,当然也埋下了灾祸的种子。

1916年7月1日,天气炎热,雾霾散去,能见度很好。经过10天的初步轰炸,大英帝国有史以来装配最好的军事机器积极行动起来。为了观察这次进攻的进展,黑格清早便离开了位于前线后方45英里处的蒙特勒伊(Montreuil)常设指挥部,一直走到前线后方14英里处的博克森城堡(Chateau de Beauquesne),从那里他可以听到枪声。黑格将进攻任务委托给罗林森(Rawlinson)将军率领的第4集团军,仅此一点就剥夺了计划本来可能存在的灵活性,同时也使自己失去了最高统帅的地位。大约9点钟,他观察了一会

第五章 刻板的战争

儿，返回蒙特勒伊，吃了早饭，坐下来等候。

在进攻的第一个小时，罗林森跟总司令一样，也在高级指挥所里度过。他的指挥所位于阿尔贝（Albert）附近的一处高地，距离前线只有4英里，可以清楚地看到炮弹轰炸德军防线。罗林森一直在这里待到7时30分左右，这时传来了地雷的爆炸声，标志着步兵开始袭击。他开车回到奎尔里厄（Querrieux），吃完早餐，坐下来等待五位军指挥官通过电话连线向他汇报。军指挥官距离前线后方平均5英里处，但对前线战况一无所知，即便是靠近前线，身处指挥所内的师指挥官对前线情况也不甚了解。旅指挥官相对来说了解情况稍多一些；在这些没有参加最初袭击的人员中，最了解情况的是营指挥官，每个旅有一名到两名营指挥官留下来发起第二波袭击，他们亲眼看见一批批前线战友被德军机枪扫倒。营指挥官焦急地给旅指挥官打电话，旅指挥官又给师指挥官打电话，部分师指挥官甚至可能给军指挥官打电话。按照这种方式行事，由于缺少总参谋部的"定向望远镜"——总参谋部军官通常很少能渗透至比师指挥部更靠前的位置[39]——不可避免的结果是，在战线上的某处，一位较为固执的军官（或者说更愿意担责的军官）答复说：执行命令，按计划行动。

执行这些计划其实类似于复仇行为。英军展现了他们闻名于世的纪律性，他们在100码开外发起四次至八次进攻，肩并肩地缓慢前进，不允许突然逃跑或寻找掩护，一天内就损失了6万人（2万人死亡）。夜幕降临，许多营仅剩下约100名幸存者，或坚守在最前沿攻占的德军战壕中，或躲藏在弹坑里。让人感到奇怪的是，上级总部并没有意识到战斗可能失败的严重性。黑格和罗林森的日记

225

中都没有任何内容表明他们有预感自己的军队可能遭遇整个战争史上最严重的灾难之一。7月1日晚,黑格在日记中写道:"(显然)第8军几乎没有人离开战壕",而事实上该军已伤亡了1.3万人,不再具有任何战斗力。这不是因为极度的铁石心肠(当然,在无谓的一战战况下,对于一名指挥官来说,这种无情可能无法避免,而且确实也必不可少),而是有线通信系统导致了这种局面。一旦战壕失守,通信系统就会崩溃。这一缺点本应得到及时的认识,而自下而上的定期信息发送系统也应该得到自上而下积极的补充。但即使是军指挥官也没有这样做,因为他们对电话和堑壕战太过依赖,这可能是索姆河战役进攻中最严重的一次指挥失误。[40]

在罗林森的所有部队中,迄今为止最成功的是位于最右翼的第18师和第30师。这两个师在一定程度上借助法军的支持,成功地在前线进行了炮击,他们将部分德军战壕被夷为平地,守军非死即残,毫无斗志。这两个师分别于13时至14时实现了各自目标——抵达蒙托邦修道院(Montauban Abbey)的附近——他们惊奇地发现自己面对的是一片平地。第12军指挥官康格里夫(Congreve)打电话给总部,请求允许继续战斗。然而,从计划执行角度来看,这场胜利出现了偏差,而且无论如何当天的战斗安排已经结束,因此总部拒绝了他们继续战斗的请求。[41]

索姆河战役开战5个月的细节不是我们这里研究的重点。这场战斗很快演变成了一场艰苦卓绝的行军。英军在一定程度上成功挫败了德军,使其疲惫不堪而且再也没有恢复元气。在某种程度上甚至可以说英军"获胜"。继7月1日的"大推进"之后,在一连串局部的进攻和反击中,倒是有几次有趣的例外。第一次发生在7月

第五章　刻板的战争

10日上午，第38师114旅对马梅茨伍德（Mametz Wood）发动攻击，几乎没有损失就顺利完成了任务。两个营请求继续前进，汇报说对方几乎没有反抗，但师部认为"不可能改变炮兵计划"，从而放弃了进攻。这几乎就是富勒所描述的那样，上级指挥官禁止旅长离开旅部，结果旅长发现自己无事可做，并且与部队失去了所有联系。[42]

第二个例子更具有启发性，因为它表明上级指挥部夸大了对控制的要求，英军虽然相对缺乏经验，但能在不受控制的情况下进行作战，并能取得不错的战果。1916年7月10日，罗林森已经意识到损失的严重性，并得出结论，要越过德军第二道防线，唯一的方法就是在夜色掩护下，压制德军机枪的火力，然后慢慢靠近。黑格比较谨慎，他认为夜间无法进行指挥控制，但在第二天召开会议时发现军长和师长们都强烈支持这个想法。经过三天初步轰炸，罗林森的步兵于7月14日3时25分发动进攻，并在两个半小时内完成扫清隆格瓦勒（Longueval）两边3.5英里长前线的目标，根据第一次世界大战的标准，此次进攻伤亡人数较少：9194人伤亡。然而，当第3师指挥官霍尔丹（Haldane）将军申请使用预备队进行追击时，却遭到了明确拒绝。正如官方历史评论的："最不幸的情况是，生力军随时准备维系攻势，但上级指挥却在拖延……或许可以把这一职责委托给师指挥官，因为他所处的位置最了解什么可以做以及什么不能做。"[43]

本书的目的并不是要评判黑格的军事指挥官身份，全面讨论将在本章结尾处进行。尽管英军的指挥系统代表了自柏拉图（Plato）时代起就存在的一种思想流派，但是其在索姆河战役中的特点值得

227

总结。⁴⁴ 在这个系统中，作战计划精心布置并严格而坚定不移地实施，这是克服战场混乱的一种方法。为防止下属犯下任何错误，需要进行严格的集权化管理，同时还进行交错战斗，每场战斗结束时建立适当的秩序并进行管控。计划和服从是决定胜利的两个关键方面：任何机会主义，或任何没有明确规定的相互合作，即使不禁止，也是不鼓励的。如果总司令掌握所有事实，他随时可能会改变计划。为了防止浪费并确保协调，要求严格遵守计划。但是正如上述例子所示，这种遵守最终会导致浪费并阻碍协调。黑格本人一直在总部内，他希望在电话这端掌握所有事实，结果却一无所获。正如他日记中所记载的，他是索姆河上消息最不灵通的人之一。这样就造成了真空，而除总司令，没有人能发动行动，导致整个计划无法控制。当成千上万的人在战场上厮杀时，⁴⁵ 参谋们沉浸在日常工作中，发现自己能做的就是发出警告，提醒部队要留意喷雾器的喷嘴上会有铜绿或者让宠物远离战壕等。⁴⁶

索姆河战役中的英军指挥系统在某种程度上可能是由堑壕战和当时的战术自然产生的，当然即使是这个原因也无法得到谅解。他们的视线被无数的弹坑和成千上万枚炮弹和子弹掀起的泥土所阻挡，由于缺少可靠的便携式无线设备，后方指挥官无法与前线士兵保持联系。同样困难的是，"定向望远镜"难以运用，不过必须补充的是，英国人可能是因为习惯于使用电话，他们甚至没有尝试过使用"定向望远镜"。由于这是一个依靠源源不断、协调良好的弹药和零备件发挥作用的机器战争，因此在战斗的准备阶段绝对有必要进行相当程度的集中控制（集中控制具有高度传染性），实际战斗中亦是如此。但是，集中控制也存在过度控制的可能性。黑格未将进攻行动在两个或两个以上集团军之间进行任务分配，而是给顶层一定的灵活性，弥补下级的刻板，他将进攻任务仅委托给第 4 集团军（尽管第 5 军作为预备队确实也起到了一定的牵制作用）。将第 4 集团军划分为 5 个军并没有改变战争局势。根据总部计划，每个军都要向前行军。因此，索姆河战役不存在各军之间互相支援的情况。

尽管指挥系统有些部门受当时主要技术和战术因素的支配，但其他部门并不存在此类情况。如果营长、旅长都和他们的士兵在一起，他们就会失去与上级的联系，并在某种程度上失去指挥权，因为上级总部禁止他们与士兵一起，上级甚至使得他们变得更加无能，同时剥夺他们可能提供的现场指挥。如果将各分队的前进路线平行排列，与前线垂直并严格与两侧路线区分开来，有助于上级指挥官把握住总体局势。然而，这一目标并未实现，甚至丧失了相互支援的机会，同样也丧失了在局部获胜后乘胜扩大战果的机会。前进炮兵观察员纠正火力本来是为了确保精确性，但由于火力控制权集中在军指挥部，因此即使通信畅通，这一目标也不可能实现。换言之，技术因素仅决定了在索姆河战役中英军指挥系统的部分方面，其还受到其他各种因素的影响，如和平时期的军队结构约束了职业军人生活的方方面面，可能还包括黑格一根筋的工作方式等。

德军在 1918 年攻势中采用了另一种指挥系统，这表明了在第一次世界大战中面对催生堑壕战法的技术环境时，英军所做出的反应并不是唯一的可能表现。尽管两军使用的信号技术非常相似，但他们解决指挥问题的设计方法完全不同。下一节将详述德军的解决方法。

## 第三节　德皇的战役

即使在第一次世界大战战斗频繁且容易量化的情况下，衡量军事成就仍是一项饱受质疑的工作。像1916年索姆河战役那样进攻如此失败，伤亡如此众多，战术收益如此甚微的战役实属罕见。德军于1918年3月发起攻势，按上述标准来看，这是第一次世界大战期间西部防线最成功的一次进攻。[47]短短4天内，德军夺回了英国战斗了4个月的阵地，而且是在索姆河防线比21个月前防御能力更强的情况下完成的。[48]战役获胜的部分原因是引进了新式武器——火焰喷射器、冲锋枪；部分原因是引进了新战术；最重要的原因是采用了新的指挥方法，充分利用了这些武器和战术。

1914年秋，德军与英军、法军一样，对西线堑壕战的爆发感到意外，同时德军也精心建造了总部和通信网络。随着时间的推移，前线保持稳定，这种通信网络逐渐加强，并呈常设的状态。总的来说，德军使用的信号设备与对手的非常相似，因此，使用结果也很相似。[49]德军参谋和协约国参谋一样位于后方相同距离处，据说他们有时会达成默契，不允许炮击扰乱彼此的和平。[50]他们都是"电话癖"的牺牲品，这也是上级总部插手细节的一个原因，因为打个电话太方便了。部队面临的文书工作越来越多，如果要谨慎地统筹德国有限的资源，就必须处理好这些层出不穷的表格和信件，这就是所谓"文书战争"（der papierkrieg）。[51]

但是德军组织不像英军组织那样僵化。通过调整和平时期部队的社会结构可以防止出现同样的结果：部队由应征入伍的士兵组成，他们服役两年就能退伍，而不是待上半辈子。此外，沙恩霍斯特和格奈泽瑙（Gneisenau）在耶拿战败后，对旧普鲁士的机械行为论的否定，为建立一个指挥官与参谋之间自由开展情报合作的指挥系统奠定了基础。1866年和1870年至1871年的毛奇战争经历表明，该指挥系统正处于最佳状态。尽管1914年的前几年，由于参谋人员增加（可能受施利芬影响），最高级别领导之间的合作变得更加困难，但是指挥理念已经渗透到各个部队运作最重要的基层：营、连、排，甚至渗透到由军士指挥的班，后者现已成为一支独立的战术单位。

德军以柯尼希格雷茨战役和普法战争中的战斗经验作为指导，视战场混乱为正常状态。他们寻求的补救办法不是像英军模式那样进行严格的管制，而是将权力下放并降低决策门槛。当时，德国的工业建立在威权主义基础上，家长制作风有时会起到缓解作用。军队走了一条自己的路，自由合作的风气最初出现在顶层，并逐渐向基层传播。因此，1906年德军规定："作战需要思考，需要独立的领导者和能够独立行动的部队。"这个规定在1908年有了进一步补充，其中的关键字句一直到1945年的后续版本都保留着："部队所有人员，包括最年轻的士兵，都必须保持体力和智力上的完全独立。只有这样，才能发挥部队的全部力量。"[52]

根据上述规定，1915年春，德军已经在尝试使用相对不严格的指挥体系，当时英军在新沙佩勒（Neuve Chapelle）发动了第一次失败的进攻。在戈尔利采—塔尔努夫（Gorlice-Tarnow）战役取得突破的前夜，冯·马肯森（von Mackensen）将军和参谋长冯·泽克特（von Seeckt）发布了第11集团军的"总体指示"，内容如下："要想顺利进攻，就必须迅速推进……因此，集团军无法给实施进攻的军和师每天指定明确的目标,以免他们受这些目标牵制而阻碍进一步进展。"指示还进一步说明:"任何一支成功往前推进的进攻部队都会暴露在被包围的危险之中。因此,无论什么部队,如果推进速度过快,都有可能陷入灾难。鉴于这种可能性,集团军有必要划定几条特定战线进行牵制,各支部队都能够使用。"集团军也鼓励采用特定战线以外线路的进攻行动"[53]。冯·泽克特认识到上级无法完全控制进攻,因此他制订了最低目标,而黑格和基格尔在索姆河战役制订的是最高目标。

诚然,第11集团军在东线采用的指挥方法受到几个因素的支持。德军面对的是二流对手。在人口稀少的开阔空间取得突破不会像在法国那样困难。那里没有密集的铁路网络可供防御部队撤退使用,当然进攻部队同样也无法使用。然而,德军很快证明,同样的原则也适用于西线的防御作战。反攻时机至关重要,敌人一旦占领了己方战壕,在他们建立起防御之前就要立即采取反攻。1916年年初,陆军最高指挥部发布的通告写道:

> 根据经验,前线师最能控制好干预部队(如用于反击的预备队)。前线师了解战斗进展和地形条件,并且对于坚守战斗地域负有最大的责任。唯有如此,我们才能确保战斗行动的协调一致。出于同样的原因(即为了节省时间,不必请示上级司令部),明智的做法是将前线师的司令部和预备队师的司令部部署在同一指挥所。上级指挥官不得干预……(不用等待前线师的召唤)预备队指挥官最好通过自身手段判断局势,独立下达反攻命令。集团军司令部的

命令不无道理："严禁因等待上级司令部批准而推迟本级的反击行动。"这确实是非常正确的；这样的问题仅仅表明指挥官的决心和干劲不足，在等待答复的过程中浪费了许多时间，以至于进攻被拖延得太晚。这一点对大规模和小规模交战同样适用。[54]

德国人意识到反击时机至关重要，他们甚至准备冒着降低决策门槛可能带来混乱的代价来赢取反击时机。这一点有助于解释德军非凡的重组和休整能力，这是两次世界大战中备受人们津津乐道的主题之一。1916年，德军把握反击时机，成功阻止了英国步兵在索姆河战役中进行的一系列反击行动。1917年，德军坦克在康布雷（Cambrai）获取了更大的胜利。

尽管赋予下级更多的独立性，但仍要确保整体的协调，这时有必要再次求助于"定向望远镜"——这由经验丰富、值得信赖的观察员组成，他们从上到下积极搜寻信息，并对下级提交的信息进行核查和补充。库尔（Kuhl）描述如下：

> 当我担任集团军参谋长时，总部的每一位军官，不只是总参谋部的军官，还有副官、军械官和通信官，都被派到前线去。每人每周都要去最前线参观一次，仔细了解本科室的最新发展。参观时，他们会收到调查问卷，提醒他们需要调查的最重要问题：战壕、补给、装备等。后来，当我担任集团军群参谋长时，麾下有4个集团军，此类参观不再能常态化进行。每次有大规模行动爆发时，我派一

名参谋去现场，目的是了解最新的当地局势、敌军实力和我军情况。[55]

德国指挥系统的两个要素——赋予下级领导人更多独立性以及任命总参谋部军官为指挥官的"眼睛"——是相辅相成的。前者使后者成为必要；后者又制约着前者。德国军以下部队都以战区为基础，这也侧面证实了两者之间的关系，因此参观前线特定区域的参谋军官经常能遇到私人朋友，可以进行非正式交谈，从而跨越了正常报告系统。

1918年，在面临着要实施一场毁灭性打击并在美国做好战争准备之前结束战争的局势下，鲁登道夫（Ludendorff）承担起了这项任务，试图将这些原则融为一体，目的是突破西线，这是自1914年以来双方指挥官都苦求不得的目标。[56]鲁登道夫冷酷无情、精力充沛，他解决问题的方式与其前任截然不同。其前任依靠战略选择突破口（英国在索姆河战役中的位置正好是德军西部防线最强的部分），鲁登道夫则认为战术比战略更重要：最主要的问题是选取一个地点展开攻势，这是战术突破点，无需战略突破点。[57]这是对常规计划程序的颠覆，非常适合德军，因为其对战术问题进行了最充分的研究；另一方面，这种方法也带来了一种危险——即使进攻成功，可能意义也不大。

朗斯（Lens）和拉费勒（La Fere）之间的前线正好位于圣康坦（St. Quentin）的两侧，代表了该线英军控制区的极右翼，鲁登道夫和副官争论半天后选中了该地区，并于1917年12月开始利用一整个冬天进行准备工作。与1916年的英军一样，他们更加注重保密。

准备工作包括修建公路、铁路支线、机场、仓库、医院和通信网络；聚集兵员、马匹、枪支和物资。根据1918年1月1日发布的"基本指导"，要彻底整训士兵、指挥官和参谋人员，使他们摆脱四年堑壕战所灌输的习惯，并逐渐养成新的进攻理念。[58]与索姆河战役的英军不同，德军总参谋部并没有将整个军队一概而论。鲁登道夫深知，按照和平时期的标准来判断，他的部队与混乱的民兵相比好不了多少。因此，他把每个师中最好的士兵挑出来，集结成具有专门组织结构、受过专门训练的风暴部队，目的是为进攻开路。因为可以从东线调集士兵（年龄在35岁以下），但是其中涉及的组织工作甚至可能比1916年索姆河战役之前的工作还要多。正如曾经发生的那样，德军的计划和准备工作相当成功。

1916年，在索姆河战役中，英军把每支进攻部队的路线都限制在与部队正面垂直的线路上。因此，每支部队无法相互支援。1918年，德军通过在前线进行对角进攻解决了这一问题，并将47个突击师划分为3支集团军，由右至左分别为第17集团军、第2集团军和第18集团军，分别由冯·贝洛（von Below）、冯·德·马维茨（von der Marwitz）和冯·胡蒂尔（von Hutier）指挥，这给上级决策提供了更大的灵活性。[59]此外，1月底，德军左翼的第18集团军从巴伐利亚王储集团军群转入帝国王储集团军群。因此，这次进攻由两个集团军群进行。这一决定也可能与王朝声望有关。然而，鲁登道夫辩解说，他想亲自指挥，而不是像黑格在索姆河战役时将指挥权交给下属。在评判他所做的安排时，必须记住，这两个人的地位并不相同。黑格只是一支规模庞大的远征军的总指挥，而鲁登道夫在1918年实际上已经是卷入世界大战的大国独裁者。

无论这个顶层组织的优点是什么，在进攻战术原则上德军与英军完全不同。对它们特点最好的解释或许可以直接引用1918年1月1日题为《阵地战中的进攻》（*The Attack in the War of Position*）的训练指示：

3. 这次进攻……需要严格的指挥、周密的准备，各作战部队内部各兵种的配合，各邻近部队的配合，以及对要达到的目标的明确把握。另一方面，每次袭击都为每名士兵提供了自由活动和果断行动的机会。

4. 各兵种和各指挥官之间，从前线到后方，从后方到前线，以及横向之间的密切联系都必不可少。只有这样，才能使高级指挥部及时采取必要的措施。

5. 这次进攻目的是尽可能深入地渗透到敌军阵地，第一天至少要到炮火线。第一个突破相对容易实现。困难是在正确的时间和地点进行增援。不能等措手不及的敌军恢复平静，必须迅速发起进攻直至推翻敌军。一切都取决于先头部队进行的快速推进，他们确信，后方部队将保护其侧翼和后方并提供火力支援。

唯恐进攻会耗尽自己的力量，这具有极大的危险性，必须克服，可以依靠远在前线、精力充沛的指挥官和后方源源不断的增援部队。

最关键的因素不是军队数量，而是炮兵和步兵的火力。兵力过多的部队也可能相互阻碍，并使供给复杂化。一切有赖于各总部在一个整体框架下行动，以及发起的快速独立的进攻和火炮弹药供应能力。[60]

该指示详细阐述了这些原则，说明了无论是攻击还是防御，师都是组织的基本单位，因为师单独拥有各类参谋人员和技术手段，可以确保诸兵种合同作战。要避免将各兵种指挥链分开或绕过师直接联系军部。计划要尽可能详细，但也不能剥夺下级指挥官的权力。部队在最初前进时应指定明确目标，一旦达到这些目标就不应受到不必要的限制。师级以上指挥官应当跟随部队前进，确保身边有必要的通信部队和装备。在参谋部太大无法完成上述任务时，应当设立前线指挥所，或者从师以上总部调用瞭望员、传令兵和空中观察员来观察战斗进展，并对战斗情况进行独立报告。指示中还指出："进攻的机动性越强，高级指挥官就越应该靠近前线，通常可以通过骑马的方式靠近。"

尽管部队接到指示要用彩色烟火进行报告，如每次抵达特定目标、越过战线、探测到敌方炮火转移等情况时，但上级指挥部也得到警告不能过于依赖这些报告，而要用自己的方法，即可以再次启用"定向望远镜"，了解自己和邻近部队的情况。联络军官会从炮兵派遣到步兵或从步兵派遣到炮兵，显然必须要对权力进行下放，否则在进攻后期这种兵种之间的协同是不切实际的。这意味着一些火炮和迫击炮部队将不参加炮火掩护，但要保持战备，并随时准备行动。这些炮兵依附于步兵先头联队，紧紧跟在他们后面，随时随地提供直接火力支援援助营长或连长。截至目前，机枪一直被认为是一种防御性武器，和分遣队携带的火焰喷射器（1918年的一种新式武器）都被列为先头部队的武器。综合运用这些武器，部队就能够自行处理遇到的障碍,从而在某种程度上无需跟遥远后方的上级总部进行单独沟通或依赖总部的支援。

然而,先头部队的主要任务并不是克服前进道路上的障碍。在掩护火力结束的最后一刻到达敌方位置,他们应该绕过抵抗中心地带(指令中说明:"只有在最小规模的攻击中才建议从侧面进攻堑壕。"),必要时可留下分遣队处理这些问题,但绝不要因为与撤退的敌军交火而阻断进攻锐势。尽管没有任何规定要保持进攻的势头,但是指挥官们接到明确警告,不要让当地的设卡或预备队拖延整个攻势。若不进行全面计划和控制,完全依赖下级的动力和临场发挥,那么进攻行动注定会混乱不堪。德军对抗混乱的方法是安排上级指挥官深入前线进行指挥并在步兵后迅速建立电话通信网络。然而,指挥官们也得到警告不要太过依赖该网络,可以使用信号灯、信鸽和传令兵代替。

关于步兵前进和徐进弹幕射击之间的协调目前还没有找到解决办法。在没有便携式无线系统的情况下,预先制订炮兵射击计划的弊端很容易理解。但在大多数情况下,最好的解决方案仍然是制订一个时间表,一个接一个有序安排火力目标。但是,炮兵被明确警告不要妨碍步兵前进,两个兵种之间的通信在某种程度上主要依赖彩色烟火,表明抵达和越过预定战线的时间。德军采取的另一个措施是训练步兵紧跟在爆炸炮弹的后面。这个方案需要有良好的士气,在一定程度上有些冷酷,不可避免地会造成一些伤亡。但是用鲁登道夫的话说,最终可以节省损失。

这种方式解决了战术细节,3月10日兴登堡(Hindenburg)将军签署的指令中明确了进攻的战略目标:

## 第五章 刻板的战争

1. 米夏埃尔（Michael）将于3月21日发起进攻，上午9时40分将进入敌方第一个阵地。

2. 集团军群鲁普雷希特（Rupprecht）王储（右翼）的第一个重大战术目标是切断在康布雷突出部的英军，并占领奥米尼翁河（Omignon）与索姆河交汇处以北地区，突破克鲁瓦西耶—巴波姆—佩罗讷—奥米尼翁河口（Croisilles-Bapaume-Peronne-mouth of the Omignon）防线。如果右翼（第17集团军）行军顺利，他们将向比克鲁瓦西耶更远的地方继续前进。这个集团军群的后续任务是向阿拉斯—阿尔贝（Arras-Albert）方向推进，用左翼牵制住佩罗讷河附近的索姆河上部队，利用右翼主要进攻力量扰乱位于德军第6集团军正面的英军，从而将德军从阵地战中解放出来。

3. 集团军群德国王储（左翼）将首先占领奥米尼翁河以南的索姆河和克罗扎特运河（Crozat Canal）防线。第18集团军也准备将其右翼势力扩展到佩罗讷河。这支部队将研究第7集团军、第1集团军和第3集团军增援第18集团军的问题。

德国进攻并不能看作是正面攻击，而是试图通过右翼越过英军后方，使用中路部队（第2集团军）和左翼部队（第18集团军）首先进行辅助攻击，抵挡位于南部的法军，然后加强右翼突破。鉴于这一战斗顺序，再根据1月1日训令中所述，顺利进攻主要依靠"机器而不是人力"，第18集团军的前线每英里分配的枪支数是第

# 地图 3

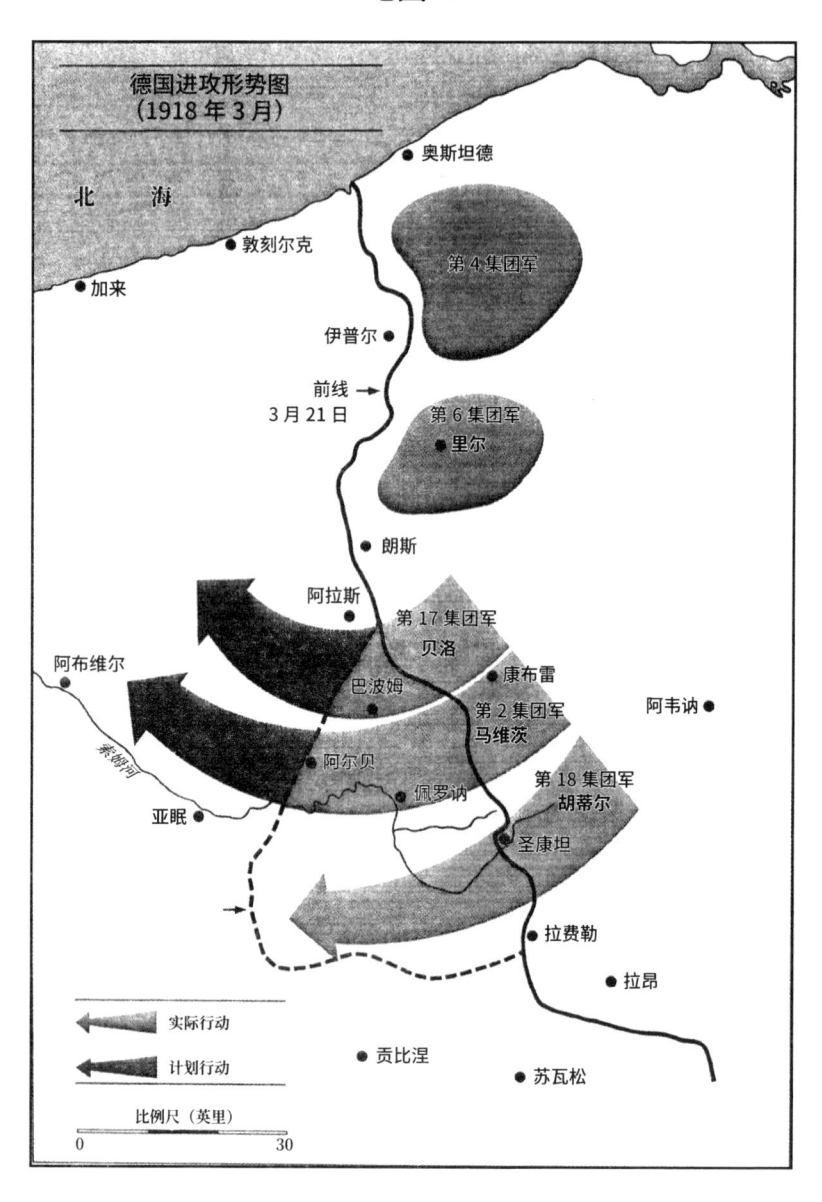

## 德国进攻形势图（1918年3月）

17集团军的两倍,但是前者人数只比后者多50%。[61]

1918年3月21日上午5时54分,天气潮湿多雾,在40英里的前线,6608门德军火炮开启了一场精度和强度都史无前例的轰炸。[62]为了尽可能保障攻击的突袭性,德军火炮在没有试射的情况下开火,按照预定的时间表有条不紊地从一个目标转移到另一个目标,轮番使用高爆炮弹和毒气弹,目的是先摧毁英军据点,然后再抓捕从地下掩体里逃出来的幸存者。整整4小时50分钟后,轰炸突然达到高潮,猛烈的高爆炮弹像雨点一样倾斜在英军第一道防线上。持续五分钟后,然后毫无停顿地变成了徐进弹幕射击,紧随其后的是发起冲锋的先头部队。德军步兵发现英军大部分阵地已被摧毁,他们绕过其他阵地,快速推进,仅用了半个小时就突破了英军的第一道防线,这是第一次世界大战中闻所未闻的战绩。14时,各地英军都被赶回到自己的主要防区内,右翼第5集团军只能绝望地吊在后面。由于电话网络被轰炸摧毁,传令兵也由于德军的渗透而无法穿行,英军的凝聚力开始瓦解;与对手不同,他们既没有用于独立行动的组织结构,也没有受过相关的训练。

与此同时,在遥远的后方阿韦讷(Avesnes)总部,鲁登道夫和他的参谋们除了坐在办公桌前等待,无事可做。他们的苦恼因德皇的出现而进一步加剧。同1914年一样,德皇在宣布第一次胜利时失去了理智,并开始欢呼胜利。到21日中午,晨雾消散,太阳升起,这为德国侦察气球提供了便利。每个师有5个气球,这些气球紧跟在攻击部队之后。不过,查看一下巴伐利亚鲁普雷希特王储在21日及其后几天的日记就会发现,总部真正掌握的信息非常少。偶尔会有一份进展报告通过,此外还有一份飞行员的报告,表明有人看到一支英国纵队在撤退。[63] 从此处和其他来源[64]可以清楚地看出，通信中断情况同1916年索姆河战役时的情况一样严重，总部无法清楚地了解事件。但是，与英军不同的是，德军预料到了这一点，并据此进行了组织。

因此，尽管上级指挥已经失败，但进攻仍取得良好进展，而且德军利用这种混乱进一步加快了进攻步伐。

截至21日晚，大量信息到达阿韦讷，至少可以得出一些初步结论。与德军预期相反，第17集团军和右翼第2集团军的正面战斗异常惨烈，遭到了重大伤亡，两支军队都没有越过英军防区或控制两军之间的康布雷突出部。与计划相反，胡蒂尔率领相对较弱的左翼部队前进的距离比其他部队都要远，势如破竹地突破了英军第5集团军（指挥官为高奇将军），以至于第17集团军认为他们击败的是撤退中的敌人。鲁登道夫面临着在等待时机还是坚持目标之间做出选择；他可以加强右翼力量，寄希望于既定计划最终能够付诸实施，他也可以把预备队转移到左翼，以便利用胡蒂尔第18集团军获得的意外战果。3月21日晚，他选择了第一种方案，而不是他一贯采取的侧翼包抄战术。3个预备队师被分配到巴伐利亚王储的集团军群，所有3个集团军都得到命令于第二天按计划继续推进。

3月22日，又是一个大雾天，胜利再次出现。鲁登道夫在回忆录中指出，第18集团军和第2集团军取得了相当大的进展——尤其是第2集团军在此阶段做得更好——而第17集团军的右翼（第9军）几乎没有取得任何进展，而是被牢牢困在戒备森严的阿拉斯镇。[65] 在23日上午发出的继续进攻命令中，鲁登道夫仍然坚持他的立场。又有3个预备队师分配到巴伐利亚王储的集团军群，3个集团军收到继续进攻的指令。当时，鲁登道夫几乎没有表现出要等候时机，尽管他对下属曾这么要求过。他没有要求第18集团军停止行动，而是将其当作支点，让向南行进的其他部队围绕着它运动，也没有将预备队派往前线最成功的地方，而是在目前方向已经分散的局势下继续向前进攻。当天晚些时候，鲁登道夫将军与副手韦策尔（Wetzel）交谈时，甚至提到可能让向北进攻的第6和第4集团军加入进攻行动中，这样就可以对英军再次发起正面进攻，同时也不可能利用第18集团军取得的任何战果了。

根据一名在德国进攻行动最右翼部队服役的参谋人员的日记判断，接下来两天的局势发展显示鲁登道夫的决定似乎是正确的。[66] 尽管阿拉斯前线局势没有变化，但是第17集团军和第2集团军的情况都有所好转，据说大部分部队都取得了"惊人的进展"。鲁登道夫仍然不会偏离他最初要粉碎和破坏英军前线的计划，而不是强力楔入英军和法军之间，虽然胡蒂尔意外获胜给他提供了这样的机会。3月25日上午，他下令第6集团军从28日开始发起进攻，从而将第18集团军的作用改为仅在侧翼和后方防御法军。24日黑格和贝当（Petain）会晤后，法军开始从南部集结兵力。

总之，新一轮进攻开始时，先头部队已经筋疲力尽。但是疲惫的德军并没有像英军那样调换先头师，让其他部队开展第二波进攻，因为他们认为这样会降低士气和凝聚力；同时他们也极其渴望掠取已在囊中的丰厚英军战利品，不曾想这样反而导致进攻部队逐渐失去控制，不再听从命令。正如鲁登道夫所见，"第17集团军已经疲惫不堪。在3月21日和22日两天的败仗中，它损失惨重，显然是由于其队形过于密集。第 2 集团军更有活力，但也抱怨遍地都是弹坑，他们已经不可能向前推进越过阿尔贝了……第 18 集团军仍然充满斗志和信心。"但由于某种原因，3 月 29 日鲁登道夫命令第 18 集团军不要越过努瓦永—鲁瓦（Noyon-Roye）线。此时，进攻基本结束。

鲁登道夫在这段时期内的推理过程并不为人所知，而且，鉴于消息来源匮乏，可能永远都得不到解释。然而，我们可以从促成第一次世界大战的两个因素——铁路和电报——来寻求解释，而非战略角度或心理角度。由于对铁路的依赖，前线后面的部队很难在前线向两侧移动，尤其是他们在前线已经部署紧密的情况下，就像这次战役一样。因为电报主要依靠电线，所以依赖电报使得战场上一旦开始进攻就很难控制部队，尤其是战场已经被战事所摧毁，如 1917 年德军在撤退到齐格菲（Siegfried）防线时就对战场采取了"焦土政策"。在防守状态下，进攻规模较小时，可以依赖于堑壕战中的固定通信网络或者允许下级指挥官拥有较大的行动自由来克服这些困难。但是，军级和师级单位不能像风暴部队那样灵活行动，更不用说集团军了；任何此类行动的尝试也只会导致部队混乱不堪。1914 年 9 月，德军第 1 集团军在马恩河和乌尔克运河（Ourq）同时展开几场战斗，结果几乎阻止了德军第 1 集团军供应物资的流动。[67]换言之，因为一些无法控制的技术因素，鲁登道夫可能无法改变进攻重心，即使正在进攻也不行。当然，这只是可能，未经证实。

结果，1918 年的进攻获得了胜利，这与进攻中执行了 1 月 1 日训令中的新指挥原则是分不开的。著名的布鲁赫米勒（Bruchmüller）上校在第 18 集团军计划了炮击和兵种协同，因此，与第 17 集团军相比，第 18 集团军取得了更大的进步。据鲁登道夫表示，第 17 集团军的右翼试图以严密的旧体系控制作战，后因伤亡惨重而被迫改过自新。从现存证据来看，鲁登道夫对战争的控制似乎并没有那么严格，甚至可能给予了部队太多自由。3 月 23 日，部队突然朝着不同的方向前进，并没有像预先要求的那样排列好队形，协调好进攻。而且，鲁登道夫错误地按原计划使用预备队，而不是将其投入敌人抵抗最弱的地方。然而，考虑到当时的技术水平，从某种程度上来说这些可能都是不可避免的。

尽管德军在战役中的总体战略指导未能展现出必要的灵活性，但他们在战术层面上取得了巨大的胜利，正如接下来的几个月中捷报频传。这种战术上的胜利必须被视为"二战"初期那些非常成功的闪击战技术的前身。[68] 这次胜利所用的技术实际上与黑格在索姆河战役中使用的技术完全相同，但它使用的指挥系统与英军不同。英军最担心战场出现混乱，毫无疑问归因于其部队训练相对粗糙，而德军则认为混乱是不可避免的，并试图通过下放权力，给予下级指挥官独立行动的权力以规避问题。两次进攻，一次是朝着仔细选定的线路直奔目标而去，禁止士兵左顾右盼，另一次则事先没有预定战术目标，只有一些初步目标，队伍小而松散，既没有排兵布阵，也没有与其他部队协同配合。[69] 英国营级以上指挥官被禁止离开指挥所，因为担心电话联系不到他们，无法和上级进行沟通。德军接到的指令是尽可能往前进，因此他们与前线保持联系，有时为了前进甚至不惜牺牲后方。英军师在没有得到军部许可的情况下不能自由使用预备队，而德军师可以独立作战，他们的军部仅作为其指挥部存在。英军组织集权化，只能在军一级才可以实现炮兵和步兵的协同作战，而德军所有的炮兵都可以由师部指挥，有些权力还下放给团指挥官，使他们可以请求并得到直接火力支援。虽然技术条件使得德军的轰炸和弹幕无法做到英军那样严格计划和执行，但德军已经认识到这些不足，并为打击临时目标做了一些规定。[70]

与索姆河战役中的英军总部相比，德军将最低决策层级下放，减少对其控制，再加上部队自给，充分使用或至少试图使用更有效率的"定向望远镜"。单纯适合德军体制的情况几乎不存在，因为它也肯定适用于英军，即使英军训练水平公认较低。另一方面，没有完全执行1月1日训令的德军（第17集团军）付出了血的代价，尽管他们武器装备和兵力都更充足，但他们只是在英军防御工事前消耗兵力。这个例子看似简单，但其实还需要进一步探讨，下一节我们将继续讨论。

## 第四节 结论：机器时代的战争

本章开始提到的1914年至1918年的战争是历史上第一次主要由机器而不是人类发动的战争。换句话说，自历史开端以来，那些影响战争的有生命和无生命的工具之间的传统平衡被打破。自1914和1915两年部队弹药严重短缺危机之后，这个平衡重新建立。后勤部门的数据也许可以最好地说明这个变化。在1870年至1871年，德军对法军5个月的战役中，每门炮只发射199发炮弹；而1914年，同样的部队每门炮发射弹药量为 1000 发炮弹,但其储备只够持续五周到六周;到 1918 年,弹药消耗量有时一天能达到 400 发至 500 发。在 1870 年至 1871 年,德军消耗的物资九成以上是食物和饲料,而 1916 年,英军一个师所需的全部物资中有三分之二是弹药(尤其是炮弹和炸药)、工程材料(混凝土、钢梁、金属丝、架设电线所需的电线杆、遮泥板、沙袋)和各种设备。因此,部队里的需求,包括每个人、每匹马的需求量增加了近 3 倍,这还低估了后勤的负担规模。食物和饲料以往都是由部队或通过承包商直接到现场收集,但在堑壕战中因为阵地是静止的,导致这个过程难以操作。相反,包括饲料在内的所有东西都必须从后方运输,导致马饲料成为世界大战期间从英国运往法国的最笨重的商品。

引用巴顿(Patton)的话,战争中人可以吃皮带,而马匹通常什么也吃不到,最终倒在战场上。机器只要在运转就不会出现什么问题,而且比马或人速度都要快得多。步兵总能再走一英里——至少很多指挥官是这么认为的——而一门没有弹药的大炮就是一堆无用的金属。缺少一个配件就可以让机关枪从一种无与伦比的致命工具变成一件笨拙的累赘物。与食物和饲料不同的是,维持机器运转所需的补给并不长在树上。虽然或多或少有一些例外情况(例如使用缴获的武器装备越来越困难,因为武器训练变得越来越复杂,武器本身的制造公差也越来越小,以至于弹药和配件并不总能适用),[71] 但绝大多数补给必须由后方提供,通常这需要更多的机器,而这样也随之增加了更多的要求。毋庸赘述,如果没有高层的精心计划和协调,就不可能实现这一切。如果没有一个坚定的指挥者来提供源源不断的补给品、轮换部队和增援兵力,机械时代的军队在几天内就会停止运作，就像汽车工厂失去零部件供应一样。在这种情况下，如果部队的各个组成成分更加专业，并且在某种程度上更依赖于相互合作，那么它的崩溃就可能比工业化之前的部队更快更彻底。

第一次世界大战时期的军队比之前更依赖于后勤服务，战争指挥已经从战场回到了工厂和办公室。如果不迅速采取措施来防止这种情况发生，办公室和工厂的指挥方法就会重新主宰战场。从1866年至1870年普鲁士人首次建设和管理战略性铁路开始，这些方法就在逐步向前发展，直到1914年至1918年出现了最重要的战壕，因为数以百万计的部队加上无数的机械需要部署，因此这些方法已经变得不可或缺。这些方法使我们能够做好充分准备并成功实施上文所描述的那些大规模进攻。然而，将其进一步延伸到战场上后，就会带来英军在索姆河战役所遭遇的那种血腥灾难。这有两个基本原因，我们将分别讨论。

第一，第一次世界大战的战场上没有出现对现代管理运作至关重要的通信网络。光学手段还是和以往一样不可靠且适用性受限，传令兵又无法穿越弹幕铁雨，而新铺设的有线通信不断被炮兵的猛烈轰炸摧毁，因此在第一次世界大战中根本无法实施严密的控制，但这种控制对帮助他们完成准备工作还是必要的，甚至是至关重要的。换言之，黑格的指挥系统体现了一种试图将战斗转变为工业行动的尝试，但他并没有合适的通信系统来实现工业生产。鉴于防御者和进攻者各自的通信系统效果存在差异，且不论曾被大书特书的现代武器防御能力如何，他的失败并不令人惊讶。

第二，在我看来，更重要的是，战争反对将工业控制扩展到战场上。尽管现代军事著作喜欢把指挥和管理作比较,就像前人热衷于将指挥与科学进行比较一样,但管理与指挥是绝不相同的。准确地说,除了动机,两者之间的区别存在于影响战争的更大的不确定性之中。战争是最混乱也是最难以理解的人类活动。用克劳塞维茨的话说,战争的本质是与敌人的意志进行对抗。这种意志受技术手段影响,但并非完全受其限制。所有的人类行为都会受到环境的影响,但这一事实是其中最大的不确定因素,它使得战争即使可以计算也会难度极大。不考虑这一点就等于让自己的努力在开始之前就注定要失败——除非一方的物质优势(无论是数量上还是质量上)大到足以把战争本身变成屠杀。[72]

这两个问题,从定义上来看,都不是第一次世界大战的新问题,但由于缺乏像帮助老毛奇取得伟大胜利的其他因素存在,二者都变得越来越重要。第一次世界大战中,西线的任何一方在数量上都不具有压倒性的优势(当美军最终拥有这种优势时,战争已经结束)。无论取得什么方面的优势,前线后方的铁路运输都能将其迅速抵消,而且不受敌人干扰的影响。1870年,毛奇曾用大炮来弥补他无法控制步兵的缺陷。现在,大炮至少在防守和进攻方面同样有效。曾在1866年至1870年用来纠正战术缺陷甚至战术失败的战略,在1914年至1918年的西线不可能也无法再以同样的形式存在。如果1866年毛奇没有运用战略,柯尼希格雷茨战役会在哪里结束呢?也许是在(下)易北河的另一边,普鲁士参谋长曾计划过如果战败则在那里重整旗鼓。

这些问题更加复杂,我们只能推测,大多数英国中层军官前身都是文职,接受过办公室和工厂的培训,因此,从美国内战以来,至少有两种方法可以克服战场上的混乱。第一种方法是在混乱状态下强行实施命令，即回归腓特烈大帝的在作战中机械执行命令的制度，但随着防御火力大幅提高，1916年这种制度的效果实际上不如1756年至1763年的效果，甚至也不如1806年的效果。另一种选择是将毛奇的自由合作理论从最高层向下延伸，赋予下级指挥官更大的责任，让他们学会泰然自若地看待甚至是期待混乱，因为混乱同样会影响到敌人。正如拿破仑时代所发生的那样。事实证明，这支军队非常优秀，它认识到自己所掌握的技术手段的局限性，但在发动战争时又没有受到这些局限性限制，而是找到了规避甚至利用这些局限性的办法。虽然这个解决方案最终没有给德军带来胜利（已经很接近目标），但也是因为所有德军部队并没有完全理解这些局限，因为新技术和后勤因素使其在最高指挥层的应用比以前或之后的战例都更加困难。自拿破仑在1800年左右建立军组织结构以来，指挥工作就已经回到了原点。然而，正是依据他所倡导的原则，根据毛奇建立的坚实的组织和理论基础，从鲁登道夫的指挥链向下延伸，人们不断追寻着胜利的奥秘。

## 注　释

1. 参见 C. M. Cipolla, ed., *The Fontana Economic History of Europe* (London, 1973), vol. 4 (2), statistical appendix。

2. 数据来自 H. von Kuhl, *Der deutsche Generalstab in Vorbereitung und Durchführung der Weltkrieg* (Berlin, 1920), pp. 16, 53, 103。

3. 然而，两国都在1900年至1905年设立了各自的总参谋部。

4. 德国版本：柏林1875年至1876年、1884年、1905年；英国版本：伦敦1887年至1890年、1893年、1895年、1905年；法国版本：巴黎1876年；美国版本：由华盛顿特区副官长办公室出版，1899年。

5. Goerlitz, *The German General Staff*, p. 96.

6. 参见 J. Wallach, *Kriegstheorien, ihre Entwicklung im 19.und 20. Jahrhundert* (Frankfurt am Main, 1972), chap. 4。有必要补充说明一下，由福煦和格朗迈松指挥的法国总参谋部，采取了相反的措施，与物质因素相比，他们更倾向于道德因素。

7. "部署一旦发生错误，就永远无法纠正。" Moltke, *Militärische Werke*, vol. II, part 2, p. 291。到1914年，覆盖欧洲的战线网络已经变得足够密集，足以推翻这一论断，正如法国第6集团军在乌尔克运河和德军在坦能堡的行动所证明的那样。

8. H. von Moltke, Jr., *Erinnerungen, Briefe, Dokumente* (Stuttgart, 1922), pp. 21–23. 皇帝也不傻，他反驳道："你叔叔会给我一个不同的答案的。"

9. 关于和平对德军的影响，出处同上，第339页。

10. *On War of Today* (New York, repr. 1972), pp. 163–178. 大体来说，对新一代通信技术和它对战争的影响进行的系统分析，当时和现在一样罕见。

11. H. Thun, *Die Verkehr- und Nachrichtenmittel im Kriege*

(Leipzig, 1911), pp. 172–173. 每小时可以传输的字数已经从 600 个增加到 2000 个。

12. 参见 C. M. Saltzman, "The Signal Corps in War," *Arms and the Man*, 49, 1909, unpaged, 和 E. D. Peek, "The Necessity and Use of Electrical Communications on the Battlefield," *Journal of the Military Service Institution of the U.S.*, 49, 1911, pp. 327–344。

13. S. Schlichting, ed., *Moltkes Vermächtniss* (Munich, 1901). 书中主张权力下放。

14. Thun, *Die Verkehr- und Nachrichtenmittel*, pp. 184–185.

15. 参见施利芬写给他妹妹玛丽（Marie）的信，Nov. 13, 1892, in E. Kessel, ed., *Graf Alfred Schlieffen-Briefe* (Göttingen, 1958), pp. 295–296; 他纪念老毛奇 100 岁诞辰的讲话，收录于 Schlieffen, *Gesammelte Schriften*, vol. II, p. 439; 和他对 1904 年兵棋推演的总结，收录于 *Dienstschriften* (Berlin, 1937), vol. II, pp. 49–50。

16. "Der Krieg in der Gegenwart," *Gesammelte Schriften*, vol. I, pp. 15–16.

17. Moltke, Jr., *Erinnerungen*, pp. 292, 293.

18. Gröner, *Lebenserinnerungen*, p. 75.

19. 根据毛奇自己后来的叙述，在选址时受到"我不能带皇帝去法国"这个事实的影响（尽管他的叔叔在 1866 年和 1871 年都是这么做的）。H. von Moltke, Jr., *Die deutsche Tragödie an der Marne* (Potsdam, 1934), p. 18.

20. Gröner, *Lebenserinnerungen*, pp. 167–168.

21. 1914 年德国通信部门在技术上的失败，参见 P. W. Evans,

"Strategic Signal Communications ... the Operations of the German Signal Corps during the March on Paris in 1914," *Signal Corps Bulletin*, 82, 1935, pp. 24–58。

22. Reichsarchiv edition, *Die Weltkrieg* (Berlin, 1921– ), vol. I, p. 609; H. von Kuhl and A. von Bergmann, *Movements and Supply of the German First Army during August and September 1914* (Fort Leavenworth, Kans., 1935), passim.

23. W. Gröner, *Der Feldherr wider Willen* (Berlin, 1931), p. 130.

24. 关于亨奇的任务，参见 W. Müller-Löbnitz, *Die Sendung des Oberstleutnants Hentsch am 8–10 September 1914* (Berlin, 1922); 相关精彩描述可参见 K. Strong, *Men of Intelligence* (London, 1970), pp. 13–18。

25. J. Charteris, *At GHQ* (London, 1931), pp. 208–210.

26. Evans, "Strategic Signal Communications," p. 29. 1917 年，德军西部有 33.2 万英里电线，东部有 22 万英里电线。前线每月平均每英里消耗 250 磅电线。W. Balck, *Development of Tactics——World War* (Fort Leavenworth, 1922), pp. 133–134.

27. 为了准备索姆河战役，英国人把连接师部之间重要的电线都埋在 6 英尺深的地下，总共埋了 7000 英里。参见 J. E. Edmonds, ed., *France and Belgium, 1916* (London, 1932), vol. I, p. 286。

28. *In Generalship:Its Diseases and Their Cure* (London, 1937), p. 61.

29. 参见 D. L. Woods, *A History of Tactical Communications* (Orlando, Fla., 1945), pp. 225–226。所用装置主要依赖高耸的天线，非常显眼也非常危险。用现代术语来说，它们目标特征信号太过明

显。在引进三电极真空管之前，无线传输语音不可能实现。

30. 关于博罗季诺会战的数据（双方火炮各发射6万发炮弹），出自 C. Duffy, *Borodino: Napoleon against Russia, 1812* (London, 1972), p. 140。

31. 关于堑壕战，参见 T. Ashworth, *Trench Warfare,1914–1918* (New York, 1980), pp. 53, 84–85。

32. 参见 J. Keegan, *The Face of Battle* (London, 1976), pp. 215–218。

33. 关于黑格，参见 N. Dixon, *On the Psychology of Military Incompetence* (London,1976), 特别是 pp. 249–253。黑格受过良好的教育、严厉、缺乏想象力、一丝不苟、干净，很可能因为太干净了，以至于整个战争期间都没有到过师指挥部。

34. 关于炮火计划，参见 Edmonds, *France and Belgium 1916*, vol. I, pp. 294, 296–297; and vol. II, 567; 以及 M. Middlebrook, *The First Day on the Somme* (New York, 1972), p. 262。

35. 炮兵连指挥官尼尔·泰勒（Neil Tyler）在7月1日的日记中写道："总的来说，我们度过了非常愉快的一天，除了向总部发送大量报告，观察面前的壮观景象外，根本不需要控制炮火，因为炮火打击的命令都已经提前下达。" 转引自 Keegan, *The Face of Battle*, pp. 262–263。

36. Edmonds, *France and Belgium,1916*, vol. I, appendices 8 and 10.

37. Middlebrook, *The First Day*, p. 144.

38. Rawlinson order, 4 June 1916, 转引自 Edmonds, *France and Belgium, 1916*, vol. I, pp. 311–312。

39. Charteris, *At GHQ*, p. 144. 从理论上讲，飞机应该充当定向望远镜（情报联络系统）的作用。事实上，许多飞行员确实尝试拥有这种工作能力，面对小型武器火力，他们在50英尺的低空上勇敢地飞行。然而，由于他们与步兵之间没有无线电话通信，情报几乎无法传送，甚至身份也可能无法确定。此外，1916年时飞机还没有配备与基地连接的无线电，因此他们提交的任何报告都必然会被推迟。

40. 7月1日上午，第10军第109旅取得重大胜利。在离开战壕不到一小时，它就占领了德军的最前线，准备继续前进。然而，军指挥官莫兰（Morland）将军绝没有想到这一点；没有任何一名师指挥官、副指挥官或副官想到还会有第二波进攻。参见 A. H. Farrar-Hockley, *The Somme* (Philadelphia, Pa., 1964), pp. 104, 111。

41. 关于这些事件，参见 Edmonds, *France and Belgium, 1916*, vol. I, p. 337, 和 Middlebrook, *The First Day*, p. 163。

42. J. Marshall-Cornwall, *Haig as a Military Commander* (New York, 1971), pp. 196–197.

43. Edmonds, *France and Belgium, 1916*, vol. I, pp. 83–84.

44. *The Laws*, xii, 942A："最大原则是，任何人都不应该没有指挥官，任何人都不应该习惯于做任何事情……但在战争时期，他期待和平，就应该听从领导指挥，即使是最微小的事情……为了在战争中获得拯救和胜利，没有比这更高、更好、更科学的原则了。"

45. 1916年8月6日前，除堑壕战中的常规伤亡，英军伤亡人达12万，他们试图掩盖这个秘密，Kiggel to the army commanders, 6 August 1916, the Kiggel Papers, V/31/8, at the Liddell Hart Centre for

Military Archives, King's College, London。

46. R. Graves, *Goodbye to All That* (London, 1957), p. 217.

47. 然而，有人可能会认为索姆河战役击碎了古老德军的主力部队，而1918年的德军攻势却是筋疲力尽，一无所获。

48. 两种情况下双方防御情况对比，参见 C. Barnett, *The Swordbearers* (London, 1963), p. 297。

49. 1916年至1918年德国通信装备，参见 M. Schwarte, ed., *Die Technik im Weltkrieg* (Berlin, 1920), p. 266。

50. Vagts, *A History of Militarism*, p. 395.

51. 参见 Kuhl, *Der deutsche Generalstab*, pp. 198–199; 以及 A. Praun, *Soldat in der Telegraphen- und Nachrichtentruppe* (Würzburg, 1965), p. 28。

52. 转引自 W. Schall, "Führungsgrundsätze in Armee und Industrie," *Wehrkunde*, 1964, pp. 8–10。

53. 转引自 Edmonds, *France and Belgium, 1916*, vol. I, p. 298。将这个指示与他的参谋1916年7月写给基格尔的信相比较，信中提到只有缓慢、深思熟虑、循序渐进的前进，才能取得成果，甚至保密也没有考虑。The Kiggel Papers, iv/3, Liddell Hart Centre for Military Archives, King's College, London.

54. 转引自 Balck, *Development of Tactics*, p. 162–163。虽然已经过时，但我仍然选择引用1922年美军译本，而非我自己的译本。关于防御战中各军"独立"和"主动"的重要性，也可以参见 E. Ludendorff, *Urkunden der Obersten Heeresleitung* (Berlin, 1922), pp. 606–607。相比之下，黑格则抱怨在索姆河时其部队过于主动。

55. Kuhl, *Der deutsche Generalstab*, pp. 201–202.

56. 关于德军的进攻策略，参见 Barnett, *The Swordbearers*, pp. 280–292。

57. E. Ludendorff, *My War Memoirs* (London, n.d.), vol I, pp. 590–591.

58. 有关德军准备工作，尤其是关于保密方法，都可以在一批由英国人翻译的德军文件中找到，这些文件也因此躲过了1945年摧毁波茨坦档案馆的那场大火。这些文件编号为PH3/54, PH 3/287, and Msg101/206 at the Bundesarchiv-Militärarchiv, Freiburg i B。

59. 德军进攻计划未上报军部。每个师制订各自的计划，然后直接向集团军总部汇报。军部只是一个空架子。

60. 载于 Ludendorff, *Urkunden*, pp. 642–645。

61. 这些指令来自 Reichsarchiv ed., *Der Weltkrieg*, vol. XIV, appendix 38a。这些数字出自同一来源。

62. 关于这个宏大的描述，参见 Barnett, *The Swordbearers*, pp. 306–307。

63. Rupprecht, Crown Prince of Bavaria, *Mein Kriegstagebuch* (Munich, 1922), pp. 101–105.

64. J. Gies, *Crisis 1918: The Leading Actors, Strategies and Events in the German Gamble for Total Victory on the Western Front* (New York, 1974), p. 83.

65. Ludendorff, *My War Memoirs*, vol. II, pp. 598–599.

66. A. von Thaer, *Generalstabsdienst an der Front und in der O.H.L.* (Göttingen, 1958), p. 172, entry for 25 March 1918. 第17集团军第9军参谋长的日记记录得非常详细，是为数不多的资源，帮助历史学

家了解每日发生的事情（特尔记录这些并没有什么目的，也不理解其记录的重大意义）。

67. 参见 van Creveld, *Supplying War*, p. 128。

68. 这些对技术最好的描述，极似鲁登道夫 1918 年的指令，仍然出自 F. O. Miksche, *Blitzkrieg* (London, 1944)。

69. 要了解全部情况，参见风暴部队队员尼古劳斯·舒伦堡（Nikolaus Schulenburg）的信，引自 Gies, *Crisis 1918*, pp. 82–83。

70. 详情参见 J. E. Gascouin, *L'Evolution de l'Artillerie pendant la Guerre Mondiale* (Paris, 1920), pp. 210–216。

71. 1800 年，拿破仑在阿卡 (Acre) 城门前收集敌军炮弹，以保证己方的弹药供应，5 个铜币购买 1 枚炮弹。

72. 这种情况在第一次世界大战前的殖民地战争中比较常见，英国人在殖民战争中经验最丰富。正如希莱尔·贝洛克（Hilaire Belloc）所说："无论发生什么，我们都拥有马克西姆手枪，而对手没有。"转引自 J. Ellis, *The Social History of the Machine Gun* (London, 1973), p. 94，其中也描述了许多屠杀战例。

# 第六章
# 运动战大师

*Masters of Mobile Warfare*

在第一次世界大战停战之后的20年间，又一场技术革命重新谱写了战争艺术，并永久地改变了战争面貌。在1914年，只要看一眼煤炭和钢铁年产量图表，几乎便能了解大多数国家的相对战争潜力。数据显示，比利时的煤炭和钢铁产量分别为2480万吨和230万吨，俄国为3020万吨和420万吨，法国为3990万吨和410万吨，英国为27540万吨和690万吨，德国为24750万吨和1620万吨，美国为48380万吨和2510万吨。[1] 25年后，这些数据虽仍举足轻重，但已被更具时代特色的另一连串数据取而代之：汽车产量、用于飞机的铝开采量以及组装的电子产品数量和质量。鉴于本书主要探讨陆军指挥，我且不谈铝的问题，仅告知各位读者，德国在1939年已经成为世界上铝产量最大的国家。当然，机动车辆和电子设备引发的问题及其对战争的影响也不能轻易忽视。

## 第一节 "速度加数量"

在1914年，德国入侵法国和比利时的7个野战集团军共有500辆卡车，大约每3000人有一辆。到了1939年，仅一个德军装甲师就配备有1.5万名士兵和3000多辆机动车辆，其中约14%为装甲战车（AFV 或 Kampfkraftwagen），其余为无装甲车辆，主要是公路行驶的汽车、卡车和摩托车。在 1918 年，英国在任何一次作战行动中集结的坦克数量从未超过 48 辆；[2] 而在 25 年后，德军在库尔斯克（Kursk）战役中就投入了 1500 辆。1944 年 6 月底，盟军在诺曼底登陆中动用了 452460 名士兵和 70190 辆机动车辆，比例达到了 6.4:1。[3] 按照常理，这样的数据几乎可以无限延长下去。然而，仅仅罗列数据却不探究其深意，只会徒劳无功。

从战略上讲，汽油动力汽车的兴起意味着军队摆脱了自毛奇和格兰特时代以来铁路运输的束缚，其结果是灵活性大大增加，而不是直线速度或吨英里数明显提高（只要不受空中封锁，在这两项指标上铁路至今仍然可以保持优势）。作战机动性也有了显著提高，装甲师或机动师在一小时之内便可轻松完成拿破仑部队需要一天才能走完的路程。[4] 事实上，为了保障成千上万辆汽车以及战争的其他需要，后勤保障的力度随之大幅增加，但同时这也使速度和灵活性受到一定限制。速度和灵活性是新型交通工具的主要优势，胜利将属于最了解如何利用这些特性的一方。1914 年至 1918 年间，战争已被大大简化为数量问题，但同时也兼顾速度。在闪击战进攻中，或在 1943 年至 1945 年德军的机动防御中，以及 1973 年以色列军队在戈兰高地（Golan Heights）的机动防御中，需要解决的首要问题是如何灵活使用己方资源，以便在任何时候都能超越敌人。机动车辆的崛起使速度再次超过绝对数量成为决定性优势。从这个角度看，装甲战与拿破仑指挥的战役有着更多的相似之处，而不是毛奇或黑格指挥的战役，因此，二者的指挥方法相似也就不足为奇。

我们要铭记的是，拿破仑可以优化组织结构和程序步骤重新发动战争，以克服和超越当年技术手段的限制。这意味着首先要成立独立战略部队，并将相应权力下放给部队指挥官；鉴于当时的技术水平并不可靠，有必要由贝尔蒂埃总参谋部来建立和指挥军内双向信息协调系统；最后，还需要建立一个"定向望远镜"（情报联络系统）来检查信息系统的运行情况，并在规定范围内独立于部队。"二战"装甲部队的领导人与拿破仑有相似之处，但其下属部队机动性更强，部署分布的空间更大，因此不得不将权力下放，并从最基层军官开始依靠各级军官的思维主动性，[5]抓住并充分利用每一个稍纵即逝的机会。[6]与拿破仑一样，装甲部队指挥官被迫学会利用一些手段来实现权力制衡，防止权力下放造成一片混乱。蒙哥马利以身作则，建立了由联络官组成的"影子制度"，这些联络官驾乘汽车和飞机巡视战区各处，并直接向总部汇报。最后，像拿破仑一样，这些装甲部队指挥官需要有双向通信系统与高度机动的部队保持联系。就在此时，他们幸运地拥有了一项新技术——无线电。

在两次世界大战之间的那些年里，无线电发展迅猛，其操作简单、便于携带，随着技术的进步，无线电的可用频谱得到扩展，从而在一定程度上消除了相互干扰，这种干扰曾是无线电在堑壕战中面临的主要障碍之一。到1939年，无线电已发展到既适合战术用途，也适合战略用途；可用于机动车辆之间、固定总部之间的通信，[7]以及联合空地作战和纯地面作战（在第一次世界大战期间，飞机无法同所属基地联络，无法直接向总部报告侦察结果，也无法同地面部队进行对话，这是限制其发挥效力的一个主要因素）。

技术质量并非决定无线电指挥系统效能的关键因素，对这一点做出决定性证明的是1939年至1942年令人震惊的德军大捷。尽管在双方的交锋中，对手与德军使用的通信技术相近，但对方告负。相较装备质量而言，数量更为重要（而数量反过来又取决于价格高低和制造便利与否）。这决定了是将装备提供给所属下级指挥官（在机动编队/摩托化编队中，通信装备永远只提供给个别车辆），还是仅仅提供给上级指挥部。同一套装备的分配也并不平均，制订一项周密的总体计划相当重要，该计划将根据总部和每位指挥官的需要，分配各具性能特点的装备。如果要建立完整严密的网络，而不是一个喧嚣热闹的巴比伦城（Babylon），就必须进行彻底的训练、制定严谨周详的操作程序（例如，不会任由各电台在任意波段以任意术语随意呼叫）。即使上述所有要求得到满足，通信部队组建完备，但至关重要的还是让各部队熟悉彼此，使通信人员在最大程度上了解部队的需求和问题。最后，必须在实际对垒前而不是在作战中彻底掌握和克服无线电的局限性，其中包括安全、过载、相互干扰、堵塞，以及在许多情况下无线电覆盖范围有限和可靠性有限等关键问题。[8]

尽管富勒和利德尔·哈特（Liddell Hart）因开创了装甲战法而受到了广泛的肯定，但他们在其著作中并未密切关注上述这些问题；而后续很多关于闪击战研究也未给出充分的证据。[9]因此，赞誉应给予海因茨·古德里安（Heinz Guderian）和弗里茨·费尔吉贝尔（Fritz Fellgiebel）。正是他们认识到无线电通信这一问题的重要性，并首次就解决方案做出成功尝试，首次出色地演示了如何指挥装甲战。成功绝非偶然，海因茨·古德里安曾在第一次世界大战中担任通信军官，是一名负责无线电台的中尉；而弗里茨·费尔吉贝尔将军则在纳粹时代长期担任德国国防军通信部队指挥官。在此期间，无线电指挥原则得以制定并发展，这些原则经过一定程度的修改，在技术上更加复杂，直至今天仍在大量使用。[10]

无线电的使用使机动部队之间准确、即时的双向通信有可能得以实现，这在历史上尚属首次。无需考虑部队的相对位置和行进速度，也不受天气、时间和地形的影响，无线电以新的方式让指挥产生了革命性的变化。正如前几章所述，要理解中世纪以来的指挥史，方法之一就是了解其中逐渐发展起来的专业分工和级别固化。指挥官最初从战士起步，他们血统更高贵、武器更精良，或者仅仅略强于他人。自15世纪开始，指挥官们开始减少参战、侧重指挥，在这一过程中他们逐渐离开部队前线位置，在后方占据固定位置。随着军队规模不断扩大，手中武器日益精良，指挥官渐渐远离前线。1918年，鲁登道夫距前线仅30英里，他比"一战"期间的大多数指挥官都更接近前线。无线电使任意两地之间能够保持通信，从而扭转了这一趋势；如同在古斯塔夫二世时代或马尔伯勒时代一样，指挥官再次出现在遥远的前线。他们由小型前进指挥所陪同，乘坐外装天线与众不同的坦克或装甲战车前行。现代机动作战的流动性增加，战斗机低空飞行使得威胁无处不在，一百多年来这头一回让指挥官几乎与其下属部队一样脆弱不堪，令他们小心翼翼地尽可能保持低调。黑格和毛奇只有离开司令部，暂时放弃全部指挥控制权，才能亲眼看到战局，亲身体验现在又重新成为指挥官的核心职责。由此而来的结果并不令人意外，此时配备的一些装备，如胸前悬挂的沉重的双筒望远镜，一跃成为指挥官不可或缺的身份象征。

指挥在装甲战中至关重要，尤其当大多数军事历史学家对指挥缺乏全面关注时，这一点如何强调也不过分。

在第二次世界大战的一系列标志性著名战役中，指挥的重要性表现得尤为明显，其中涉及 1940 年伦德施泰特（Rundstedt）领导的 A 集团军群、1941 年古德里安的第 2 装甲集群、1941 年至 1943 年隆美尔的非洲军团、1943 年初曼施坦因（Manstein）的顿河集团军群和 1944 年巴顿的美国第 3 集团军。除了美国第 3 集团军外，在其他战役中对阵双方的数量都大体相当甚至对手更具优势。决定胜负的因素来自其他方面，尤其是指挥官排兵布阵的卓越才能。然而，这些战役距今已有 40 年历史，因此笔者选择了距今时间更短的另一支军队作为案例来研究：以色列军队在 1967 年和 1973 年的战役。[11]

## 第二节　权宜之策

虽然关于以色列国防军的军事指挥体制已有大量著述，[12] 但最精练的总结或许是由时任总参谋长的莫迪凯·古尔（Mordechai Gur）将军在 1978 年年初发表的一篇演讲：

> 健全的指挥系统可以比作弹道导弹。燃料带动导弹加速，以高精度到达某远程目标，并以此目标为唯一目标，在飞行过程中会受到各种内力和外力作用。一枚精准的导弹将在克服天气、风力等不利因素后命中目标，制造导弹的前提便是假设在飞行中有各种不可预见的力量，导弹必

须能够识别并克服飞行过程中存在的这些问题。然而，影响导弹飞行的力量偶尔过于强大，以至于它无法自行解决问题。为此，需要有一种控制机制，能够在导弹飞行过程中跟踪发射装置，并在必要时纠正其航向，但不会导致导弹终止飞行。导弹接受修正并继续向目标前进。很少有导弹能绝对精准地命中目标，有些甚至根本无法抵达目标。然而，只有当导弹严重偏离轨道时，其自毁机制才会启动。只有在导弹明显无法接近目标的情况下才应做出自毁决定，而不应因轻微偏差或暂时偏差决定自毁……

合理的指挥系统应当能够设定目标，随后努力实现目标，即便在清醒意识到事有偏差时，也要相信系统能够在出现错误时克服障碍。该系统或以两种不同方式运行。其一是针对所有问题制订详细计划，然后开始行动。其二是只制订总体目标，随后立即开始行动。然后，系统获得动力，在取得进展的同时，将细节补充完整。以色列国防军通常采用第二种方式。这好比一枚基于常规数据发射的智能炸弹，起初甚至没有发现目标，几英里后，炸弹识别出目标并锁定目标，然后开始精确飞行，直至抵达目标……

能否以这种方式建设一支军队，不偏离目标太多？答案是，正如以往经验表明的，理论、研发以及组织结构都无法使计划巨细无遗，必须制定指导方针，并使系统开始运转。然而，只有当政府机构运行合理、精简高效，并且信息传达准确无误时，这才有可能实现。如果没有快速准确的反馈，以色列国防军就不可能存在，更不用说与时俱进了……

因此，合适的指挥系统是由细致甚至乏味的准备、自由的想象和个人的勇气结合而成的。该指挥系统按以下三条原则运行：（1）明确清晰的目标；（2）周密的计划；（3）恰当的优先次序。第三条原则意味着，要认识到无论关系何人何事，都应不断重新审视这一先后顺序。坚持某种想法，甚至坚持某项预定计划都存在风险，因此必须避免此风险。严守纪律和团队合作必须审时度势，外部和内部控制都须持续进行。

这三条原则看似自相矛盾，但在现实中，正是三者之间的平衡决定了以色列国防军的独特性……

在执行过程中创新、严守纪律、随机应变——这是组成以色列国防军指挥系统的三大基本要素，虽然后两者有时相互矛盾。[13]

需要补充的一点是，计划、纪律和随机应变之间的平衡不仅因不同军队而有所不同，而且随着时间的推移，同一支军队内部这些平衡也会发生变化。以色列国防军自身的发展很好地诠释了这一点。从以色列1948年至1949年独立战争的情形来看，以地区强国的标准衡量，以色列国防军的规模相当庞大，但装备严重缺乏，尤其是重型武器。[14]人力资源和物质资源之间的平衡保持原样，精神因素可以弥补物质资源的不足，因此必须高度重视精神因素：胆识过人、目标坚定、审时度势、足智多谋，所有这些仍是以色列国防军向各级部队和指挥官反复灌输和要求遵循的作战原则的关键要素。强调个人的独立性和主动性主要因为通信设备严重短缺，这也是导致1956年西奈半岛（Sinai）战役中几次重大失误的原因之一。另一方面，作为一支小型部队，以色列国防军负担不起足以让总部影响战局的预备队。[15]

1956年投入战争时，以色列国防军的整个指挥系统就是在上述种种约束的条件下运作的。正如达扬在日记中所述：

> 我们将针对每一个主要军事目标单独组织部队，每一支部队的任务是在一场连续战斗中完成目标，休息一段时间后，作战、推进、再作战、再推进，直至目标实现为止……（这套系统）也与我军及军官队伍的性质相适应。我可以手指苏伊士运河（Suez Canal）的地图对以色列部队的指挥官说："这是你的目标，这是你的进攻轴线。不要向我发出信号要求分配更多人员、武器或车辆，我们已经倾尽所有，再无剩余。你必须保持主动，在四十八小时内到达苏伊士运河。"我可以向下属部队指挥官如此下令，因为我知道他们已经准备好承担任务，并且有能力执行任务。

这些部队"必须'坚持目标'，不断前进，直至达成目标，因此他们必须……自给自足，携带所有必需品达成最终目标，不依赖外部物资供应"。达扬在同参谋人员举行的几次会议上也强调，必须尽可能给予每支部队最大的独立性，并要求它们尽可能独立作战。[16]

这一指挥系统的成果或许可以预见。由于发布的是任务式命令以及缺乏中央预备队，达扬使自己变得"无足轻重"，他几乎无事可做。因此，整场战役中他都在西奈半岛上乘坐飞机或汽车东奔西走，只有一辆无线电通信车伴其左右，有时还会撞上尚未被击败的敌军，也有时会出现某旅指挥部命令该旅进攻或改变进攻轴线（虽然名义上确实存在师级单位，但以色列国防军在这次战役中动用的最大作战单位是旅）。然而，绝大多数时候旅长行事仿佛视总部如无物，从意图和目的来看，实际情况也恰恰如此。

由于各旅执行任务的方式相当灵活自由，有些取得成功，有些不太顺利，有些则大获全胜。尽管技术条件差强人意（全旅甚至都没有一把更换轮胎的扳手），但沙龙（Sharon）中校的伞兵旅当时成功向前推进，在战役打响36小时内，他们突破了埃及军队的几条防线，与空降在帕克纪念堂（Parker Memorial）的部队会合，此地离前线已有约120英里。第10旅试图夺取乌姆卡泰夫（UmKatef）未果，达扬当场解除了该旅长的职务。[17] 第7装甲旅的向前推进，虽未获上级批准但大获全胜，这打乱了总部制订的整体计划，甚至改变了战役的性质，使其从有点样子的摩托化步兵推进变成了高效但仍很粗糙的坦克闪击战。沙龙决定进入米特拉山口（Mitla Pass）的行动也未经上级批准，虽然最后成功了，但其部队为此付出了沉重的代价。[18] 尽管达扬没有直接说问题在自己身上，但提到了过分强调随机应变而缺乏有力控制将意味着"极有可能遭遇不幸"，如有数次以色列部队相互开火或遭到己方飞机扫射等。在被赋予"极大的独立指挥权"（又是达扬所说）后，各旅指挥官未能做到协同动作；曾有一次，当两个旅在为夺取阿布阿盖拉（Abu Agheila）激战时，附近有个旅竟然袖手旁观。不过，埃及军队的计划中完全不考虑相互支援和协同，哪怕是单兵之间也无支援。对付这样一支埃及军队，达扬这种"乱中有序"（希伯来俗语）的指挥体系已经绰绰有余了。[19]

战役结束后，由达扬的副指挥官、总参谋长继任者拉斯科夫（Laskov）将军领导的一个委员会研究了战争的经验教训。[20] 最重要的教训是，以军认识到，未来以色列国防军的主要打击力量必须由装甲旅组成，它们虽然会在一定程度上违抗命令，但在西奈战役中发挥了关键作用。另外，伞兵和摩托化步兵独立作战的时代似乎已基本结束。其次是要全面加强控制，解决导致沙龙部队停止前进的技术问题，进一步完善空地部队及地面部队之间的协同，防止今后更多惨剧的发生。

从 1956 年至 1967 年间，在质量稳定、数量充足的新装备的支持下，在拉斯科夫、楚尔（Tzur）和拉宾（Rabin）等职业军人的指导下，以色列国防军通过实施严格的纪律和管理，使其技术服务通信系统得到了全面迅速的发展，颠覆了所有人的认知。[21] 但这种改革重组是不能违背作战条令的，既然装甲兵种已经成为主力兵种，那么作战条令也更加强调速度，并且赋予各级部队更多的行动自主权来提升速度。正如 1960 年时任副总参谋长的拉宾将军在总结时所说："（装甲部队）指挥官和总部必须能在运动中收集情报、处理情报、拟定命令并发布命令。"[22] 在详细计划完成后才开始行动毫无用处，这种拖延有害无益，不可纵容。相反，"装甲部队指挥官在行动之前，只需明确自己的目标对象和时间安排，划清部队之间的行动界限，确定大概的作战方法。装甲指挥官应当训练有素，在决定如何行动时要尽可能少依赖上级"。上级总部的工作并不包括为下属部队制订详细计划，相反，它的任务是"不断施加压力"，在强化秩序和战斗力的基础上争取更快的速度。此外，即使以色列国防军拥有世界上最先进的通信设备，也总有出现差错和不确定性的时刻，在20世纪60年代更是如此。因此，另一位晋升为总参谋长的军官说过："当有疑问时，就继续进攻。"[23]

1967年6月，以色列军队令人炫目地展现了古尔将军那个"计划、纪律、组织"三位一体的指挥系统。在那场战争中，以色列集结起一支强大的军队来对抗埃及军队，包括3个师级特遣部队，加上北部的1个独立旅（雷谢夫旅），总共9个旅。其中3个师的组成各自不同，分别都是为了特定任务而量身打造的。指挥前线的是耶沙亚胡·加维什（Yashayahu Gavish）将军，其后方指挥部（负责后方地区行政、后勤、交通管制、撤退等）设在尼尔伊扎克（Nir Yitzhak）的内盖夫沙漠（Negev Desert），由其参谋长指挥。将军本人在大部分时间内都在"随同"旅以上部队行动（据他本人解释，他要在这些部队的指挥部亲自观察局势发展），或乘直升机在部队间视察。他曾说过："只有这样才能对下属的情况亲见亲闻，别无他法。"[24]加维什所掌握的情报来源众多，除了常用的报告系统，还有无线电网络用来保持他与下属三位师长之间的联系以及这几位师长之间的相互联络；[25]有一名通信参谋负责监听各部门的通信网络，昼夜不停地工作，并以书面形式向加维什报告；有"专用"无线电话线路将后方特拉维夫（Tel Aviv）总部传来的消息传达给加维什；还有空军转发的由后方指挥部处理的空中侦察结果，等等。然而，加维什并不完全依赖这些情报来源。他不仅花时间亲自监听

第六章　运动战大师

下属单位的无线电网络［加维什说过，他曾认为由葛农（Gonen）旅部决定发起的战役是"大错特错"的，但在无线电监听后改变了这一印象］，而且他还有一支由参谋组成的情报联络官队伍，他们乘坐半履带车辆，跟踪最北端两个师的动向，不断地报告战况进展。[26] 由于手下大部分参谋都在执行这一任务，加维什在四处飞行时，随行的只有情报官、几名作战部成员和通信部门的副职，他们共乘两架直升机，组成了南方司令部的前进指挥部。

在为时4天的战役中，只在第一天有详细计划，其余都是随机应变。南方司令部的主要任务是在3个师之间分配进攻轴线、划定界限和分配飞机空中架次，没有为组织多个师的协同动作做准备。[27] 详细的战术计划交给各个师长制订，他们每人按照手头工作、个人性格和训练情况来完成各自的任务。举个极端的例子，如在南方沙龙将军的师，他细致精确地制订了在阿布阿盖拉的夜间作战计划，其中强调可靠的协同和出色的控制。要实现上述这两点，首先要有准确的前线情报，其次由于埃及的防御阵地分布广泛但相对独立，很容易将其与外界隔绝。然而在北方，为了欺骗敌人（埃及最高统帅部被以色列误导，认为以军会像1956年一样从南向北发起进攻，而非从北向南），以军不能通过空中和地面侦察来收集准确情报。结果，以军未曾发现巴勒斯坦旅的存在，因此没有预先对战斗做出计划，战况失去了控制，只有个别旅长在仓促应战，其他部队则在沙丘之间迷失了方向。[28] 在这种情况下，"坚定目标"成为压倒一切的考虑。只要下级指挥官坚定目标，他们就会主动作为而不是坐等命令，自行找到抵抗最薄弱的战线。

由于加维什的作战计划未考虑多个师的联合行动［除了一个

273

行动，即约菲（Yaffe）师曾为塔勒（Tal）师进攻比尔拉克凡（Bir Lachfan）开辟了道路］，加维什自己很少做出指挥决策。[29] 他做出第一项决定是在6月5日中午时分，即战役第一天，他请求比原计划提前投入雷谢夫部队（Reshef Force），并获得批准。几个小时后他就必须做出第二项决定，把沙龙在阿布阿盖拉进行的夜间进攻计划推迟到第二天上午，以便空军能够参加战斗，空军后来的胜利超出了所有人的预期。然而，沙龙声称他可以夺取阿布阿盖拉，事实证明确实如此。加维什最重要的一项指挥决策是在战役第二天，即6月6日午后不久做出的。随着加维什最初目标的实现，总部告知他埃军正在"溃败"（以色列无线电监听部队截获了埃及最高统帅阿密尔元帅发出的撤退命令）。加维什面临的问题是，是乘胜追击，还是采取更大胆的计划，绕过（实际上是穿过）撤退的埃及军队，到达并封锁东部吉迪山口（Gidi pass）和米特拉山口的通道，这是埃军唯一的撤离路线。6日大约14时至16时30分，加维什与其前线指挥部成员协商后，决定采用第二种办法。随后召集各师长开会，加维什向各师长说明情况并下达了命令。据他所说，所有一切用时很短。

1967年，除了计划占领加沙地带（Gaza Strip）的雷谢夫部队外，南方司令部并无预备队。不过，南方司令部将其所属的5个装甲旅都派到了当时最急需的地方，在一定程度上弥补了这一不足。这样，各师实际上都成了非标准化的特遣部队，后来几年情况也是如此。这种依赖部队"内部"设立预备队的方法要想行得通，就必须要求上级指挥官保持无可争议的权威，而且不要频繁地使用该方法，否则将会导致混乱。

## 第六章 运动战大师

这位南方前线指挥官回忆说，1967年时"指挥、控制和通信都近乎完美"。这句话自然可以从战役结果中得到印证。鉴于运动战的复杂特征，可以想见即便这一切无懈可击也存在失误。其一，埃坦（Eytan，1978年至1983年任总参谋长）伞兵旅在拉法（Raffah）沙漠遭到突袭，在双方混战时，该师师长塔勒却没有任何支援；其二，约菲将军下属的几个营险些相互开火；其三，6月7日，加维什将军下令对比尔拉克凡发动空袭，而就在几分钟后，葛农下属某装甲旅报告称，他们已占领了该地区。[30] 更有甚者，对于达扬下达的在苏伊士运河停止前进的命令，沙龙手下旅长达尼·马特（Dani Matt）并未收到或者选择了无视，他们的伞兵部队在特拉维夫总部意识到此事之前，就已经抵达了岸边。[31] 这种趋势在1956年就彰显了出来，这群"高贵的战马"（引自达扬原话）如同脱离了缰绳，超过既定目标还不停下，当然这也是一种过度自信的表现。

但总的来说，以色列的指挥系统在1967年战争中的表现不容置疑。装甲战的本质是必须给予下属指挥官极大的自主权，从特拉维夫总部到下属各级都认识到这样做的必要性。自加维什开始，埃及前线上的各位指挥官都深入前线，当场做出决策，主要依靠口头命令，事后会向上级指挥部提交发出命令的书面材料以备案。这次的指挥跨度相当小，前线部署了3个师，每个师下辖2个到3个旅，但由于以色列国防军整体规模有限，因此官兵之间并无太大的隔阂。权力分配清晰明确，指挥链也相当稳固，这都有助于使用部队内部的预备队。南方司令部行事十分小心谨慎，绝不滥用这一手段。对赋予下级指挥官独立性施加约束的方法，包括靠前指挥、持续监测无线电网络，以及以司令部分队的形式建立"定向望远镜"，跟随三个师中的两个师一起行动，后者是加维什值得称道的一项创新。以沙龙将军和塔勒将军为例，计划会从一个极端转变到另一个极端，很好地顺应了战争局势的发展。计划从不会持续到第二天仍保持不变，这正如毛奇所言，作战计划只能保持到与敌第一次交锋为止。一旦计划不再奏效，以色列指挥官的训练有素可以确保任何一级指挥官都能想出权宜之策，譬如把没有燃料的坦克牵引到米特拉山口，或者加维什那个令人拍手叫绝的决定（命令他的部队穿过敌军部队来阻止其撤退）等。因此，不妨这样来理解，令以军在1967年大获全胜的指挥系统是各种因素平衡的产物。然而，这种平衡既微妙复杂又难以维持，而且在随后几年里产生了混乱。

## 第三节 1973年：计划和准备

在1967年至1973年间，在大批美国武器装备的支持下，以色列国防军的传统特征发生了改变，不再是一支人数众多但装备匮乏的军队。[32]这里仅引用几个数字进行说明：1967年，以色列国防军中兵员与战斗机的数量对比是1145∶1，坦克则是343∶1。六年后，两个数字便减少了大约一半，分别为614和176。[33]（相比之下，1980年德国联邦国防军的相应数据为900和143，而后者据说是北约组织中装备最为精良的部队。[34]）或许由于规模的突然扩张，其维修和保障的标准大大下降。等到了1973年，参加"赎罪日战争"（Yom Kippur）的预备队发现，应急物资仓库的秩序已无法与1967年相提并论。

## 第六章 运动战大师

种种因素促成了组织结构的改革，包括人员装备之间新的平衡、军队规模的扩大和 1967 年战争带来的经验教训，尤其是几场装甲旅大捷。经过诸多争论之后，标准化师级单位取代了 1967 年时的特遣部队，这使得使用部队内部预备队更加困难，并在一定程度上削弱了上级（军级）指挥部影响战局的能力。自 1956 年起，装甲兵和步兵之间的平衡逐渐向前者倾斜，并进一步加重；基层单位（排、连和营）不断被缩减（有些步兵部队编制甚至被取消），方便旅、师级指挥部具备更大跨度的指挥能力。[35] 上述这些变化，加上一贯忽视步兵（包括机械化步兵）建设，使得旅以下单位自主性较弱，应对各种威胁的能力也较差。因此，自下而上和自上而下的双向通信变得比以往更加重要。

1967 年战争带来的地域扩张也促成了更多的改革。这场战争中，以色列占领的地盘是其领土面积的 3 倍之多。1967 年以前，除了在训练营，以色列国防军称得上是一支全机动野战部队，其作战区域离各个动员中心距离很近，有的甚至不到 12 英里，便于迅速部署部队。而此时，特拉维夫到前线的距离扩大了 3 倍到 4 倍之多，有必要在西奈沙漠和戈兰高地建设庞大的综合训练场、营区、仓库、维修设施和指挥部，同时也要持续扩建通信网络来把这些机构设施都连接起来。对防御工事的突然重视，使以色列国防军从一支机动部队转型为一支相对静止的部队。颇为讽刺的是，在 1967 年以前的边界防御似乎更加困难，但从未有人认为有必要或有可能加强边境防御。不出意外，国防军的指挥官们也逐渐适应了在设施齐全的固定总部内发号施令。

1973 年 10 月 6 日，在遭到埃及军队突然袭击时，南方前线指挥官史密尔·葛农手下部队，包括一个实力较弱的步兵旅，在苏伊士运河上控制着已部分损毁的巴列夫（Bar Lev）防御工事，[36]其后约50英里处是一支由义务兵组成的装甲师。代号为"鸽舍"（Dovecot）的防御计划演习多次，制订该计划的前提是假设有足够的预警时间让坦克向前开动，在这条防线上的16个要塞之间建立据点。他们必须在空军的支援下坚持到预备队到达，这大约需要48小时，然后会对运河发起反攻，最终渡河。准备工作已经提前完成，包括部署装备和指定渡河地点。

结果是，本已收到充分预警可以按照计划进行，然而在10月6日中午时分，葛农或许听从了上级指示，拒绝准许西奈装甲师指挥官向前推进。他称情况还不确定，这一行动将可能无谓地激怒埃及人。[37]最终该师获准向运河推进，但原本假设埃军的进攻时间是在18时，而实际进攻时间则在14时。结果，当曼德勒（Mandler）将军的坦克部队全速前进时，途中（由于该路线通向要塞，已被埃及军队事先掌握）遭到反坦克导弹的密集攻击；到7日傍晚，该师损失已高达三分之二。

在10月6日至7日两天中，曼德勒装甲师的推进并非唯一出错的行动。巴列夫防线上的各个要塞一向是南方司令部的耳目，负责报告敌军的兵力和行动。但事实证明，这些据点太少且距离太远，无法完成这项任务；更糟糕的是，埃军在进攻初期绕过了其中许多要塞，将守卫部队困在其后方。空中侦察本可填补这一空白，但在实际面对大规模导弹防御时却毫无收获，而且戈兰高地紧急呼叫空中支援，这也削弱了空中侦察。因此，在后方50英里处的雷非迪姆（Refidim）总部，葛农将军从一开始就面临着一片混乱的局势。[38]

　　10月6日下午晚些时候，为了更好地了解局势进展，曼德勒的参谋长皮诺（Pino）准将乘着直升机沿运河进行了一次冒险飞行（值得注意的是，这是在西奈半岛战争开始的头几天中，以色列高级将领对整个前线进行的唯一记录在案的个人侦察）。他带回来了"他本人（皮诺）认为的第一手清晰的局势报告"，但这没能阻止葛农再次犯错。10月7日凌晨1时，葛农已将前线指挥部转移到了乌姆哈希巴（Um Hasheiba），如此一来就将同运河之间的距离缩短了一半，他显然认为下属部队已全线返回至运河。因对曼德勒旅的情况（7日上午已毁损过半）误判，葛农认为没有必要再继续实施6日晚总参谋长给他的命令，即撤离那些在防御中未发挥重要作用的要塞。[39]

　　截至10月7日11时，曼德勒的各个旅——或称余部——已得到指挥官的许可撤到了所谓的"炮兵公路"（Artillery Road）。这条路在运河以东约6英里，与运河平行。[40]现在想来，以色列军队当时在西奈地区面临的困境已经一目了然——是把各个要塞联系起来，还是集中兵力与突破至内陆的埃及军队作战。葛农当时是否真的意识到这一点，现在已经不得而知。但无论如何，他有了新的理由来保持乐观：预备队的调动速度快于预期，其中部分已到达前线。7日上午8时，两支预备队的高级指挥官阿丹（Adan）将军和沙龙将军已经分别到达位于运河以东约20英里的"侧翼公路"（Lateral Road）附近的部署地区，各先头分队也已就位。葛农先前曾在阿丹和沙龙手下任职，现在他开始划分前线，将北部地区交给阿丹，中部给沙龙，南部给曼德勒，3个师各自分别接管3个常规

279

旅的余部。这一重新分配引发了后续一系列混乱的安排。此外，在阿丹将军右侧以色列防线的最北端，还有一个旅在马根（Magen）准将的指挥下行动。

因此，葛农和沙龙（后者一到其指挥部就提议当天晚上发起一次反攻，目的是把其防区内的各个要塞连接起来[41]）都相对平静，但在特拉维夫总部，局面则截然不同。7日11时，埃拉扎尔（Elazar）将军参加完内阁会议返回，他的副手塔勒将军告诉他说："我们在巴列夫防线的所有要塞都已被包围。埃及军队控制着一块狭长地带，大约有10英里宽。"[42]这一估计如何形成，由谁做出，现在已经无从考证。但是，这显然与此时葛农的先头部队正控制着炮兵公路全线的事实相互矛盾。

国防部长达扬上午视察了戈兰高地，[43]返回后了解了情况，然后飞往葛农指挥部，于11时40分抵达。根据几份可靠报告所述，[44]他在会议开始时便说"这是战争，我们要撤退到有利的地方"，然后在地图上画了一条线，从雷非迪姆以东穿过马拉山（Mount Maara）和马利克山（Mount Malek），直到苏伊士湾（Gulf of Suez）的阿布鲁代斯（Abu Rudeis）。"放弃（巴列夫）防御工事，所有能撤离的人都撤离，让伤员作为俘虏吧。"据赫尔佐克（Herzog）说，葛农同意必须撤离防御工事，但他认为没有必要撤退30英里。相反，他决定将主力部署在侧翼公路，只留下先头部队守住炮兵公路（Artillery Road）。达扬对这一决定没有异议，在返回特拉维夫之前，他留下了一句意味深长的话，即他的意见会被视为"部长级建议"。

国防部长离开后，葛农于中午12时06分联系各师长，命令他们将下属主力部队部署在侧翼公路,只保留"小股机动部队"在运河以东6英里的炮兵公路前线,"以报告敌人动向并拖住敌人"。他还决定实施埃拉扎尔前一晚给予他的命令,用无线电通知据点的幸存人员,如果他们愿意可以尝试突围。后来的事实证明,这一决定为时已晚。[45]13时10分,葛农将这些行动汇报给埃拉扎尔。据埃拉扎尔的传记作者所说,葛农还提到计划在沙龙部首批100辆坦克(其下属师的建制内大约共有200辆坦克)到达侧翼公路时立即发动反击。据说,埃拉扎尔听后勃然大怒,他拒不同意,对葛农大发雷霆。这位总参谋长说,必须拥有足够兵力才能反击,同时,葛农必须按部就班地打一场阻滞战,除非迫不得已,否则决不让步。[46]

因此,在10月7日下午早些时候,南方司令部和总部之间出现了意见分歧——至少埃拉扎尔痛苦地意识到了这一点,他或许想起了1972年的一次演习,葛农在那次演习中过早地进行反击,导致部队分崩离析。埃拉扎尔对葛农的担忧得到了证实,13时50分沙龙致电给他(这一行为实乃越级),抱怨葛农会白白消耗他的部队。显然,埃拉扎尔认为需要对葛农实行严格控制,于是告诉沙龙,他将在当天下午视察南线。随后他又致电葛农称:"让阿里克(沙龙)集中注意力,但如果你需要的是坦克增援,没问题。这样我们才能在空军的支援下一直坚持到晚上。"他绝不"打算只用一个师的力量就发起反击,我们必须动用大部队"。埃拉扎尔还说,应该推迟反击,让埃军先进攻,然后再组织以色列的部队来给他们"迎头痛击"。据他自己战后所说,在接下来的几天里,他一直坚持如此,直到埃军在10月14日发动进攻。[47]

14时25分,据回忆录所述,达扬"记得任何时候都不曾如此焦虑过"[48]（有人后来称他已经变成了失败主义者，他口中"以色列第三圣殿的毁灭"这样的言辞打击了所有人的士气），他走进埃拉扎尔的办公室，告诉总参谋长，连接各要塞的行动将不得不停止，而他本人将向内阁提议向纵深撤军。正如埃拉扎尔后来向其传记作者所说，他确实认为这些据点等同于失守，但"我与达扬不同，我考虑的是反击。他（达扬）决心在后方建立新的防线，而我认为没有必要在埃军面前主动撤退"。[49]

在视察北部和南部前线时，陪同达扬的是中部前线的前任指挥官泽维（Zeevi）将军，中部前线面向约旦。泽维于10月6日被任命为"总参谋长助理"，4天前他卸下戎装从军队退役。达扬离开后，泽维向埃拉扎尔解释说，双方的情况实际上比特拉维夫意识到的还要糟糕。葛农的汇报过于乐观，即使在10月9日周二那天，事实上在西奈发动反攻绝无可能。泽维并不像达扬那么悲观，不过他也说，"你对这里过于乐观了"。[50]

此时，有必要说一说埃拉扎尔的具体工作环境，这始终是影响指挥的一个重要因素。自10月6日中午以来，他和参谋人员一直在特拉维夫总参谋部大楼地下的综合指挥部里办公，这里也是一座防空洞，他们在此度过了战争的第一个不眠之夜。这里一切如常进行，参谋人员进进出出，电话铃声不断，无线电波噼啪作响，到处都拥挤不堪、烟雾缭绕（埃拉扎尔本人就是老烟枪），环境一塌糊涂。此外，他的身边汇集了许多将军，都是1967年战争中的英雄，虽然大多已经退役，但还是前来欲助一臂之力。由于无法或不愿请走这些人，埃拉扎尔不得不有所收敛。这些将军中有的是他的前任上司，包括三位前任总参谋长［亚丁（Yadin）、楚尔和拉宾］、泽维将军和前军事情报局局长亚里夫（Yariv）将军等，每一位都理所当然地认为要通过发表言论或参加任务来证明自己的存在。正如拿破仑曾致信国民议会称，两位优秀将领在一起比不上一名庸才。1973 年以色列指挥系统的一大问题恰恰是受到一群将领的干扰。

在与泽维的谈话结束后，埃拉扎尔向在场所有人解释说，以色列国防军在早期反攻中不能冒损失超过一个师的风险。随后这位总参谋长再次致电葛农，他似乎觉得在这天有必要持续与南方司令部保持联系。谈完之后，他转身对泽维说："你说总部过于乐观，但你听听这个，葛农想在今晚带领沙龙向大苦湖（Great Bitter Lake）以北的德沃索（Deversoir）发起进攻，击败埃及军队后，再向南行进 30 英里，连夜一路杀过去，进攻苏伊士，并在那里占领一座部署了 250 辆坦克的桥头堡。"[51] 埃拉扎尔再次断然拒绝葛农在当晚发动袭击。

埃拉扎尔正在讨论第二天的计划，此时总理传来了信息。原来达扬从总部直接去面见总理，报告了自己所掌握的情况，并提出辞职。这位"民族英雄"突然表现出的悲观情绪让总理梅厄（Meir）女士感到震惊，起初她不愿相信自己的亲耳所闻，于是召集总参谋长埃拉扎尔参与讨论。[52]16 时许，埃拉扎尔到达总理办公室，他对局势的估计没有达扬那么悲观，随后他解释说以色列国防军在南方有三种备选方案：一是派一个师在运河东岸发起局部反攻；二是接受达扬的撤退建议；三是采取葛农的建议，动用两个师尽早发起反攻，最后渡过运河。埃拉扎尔感到第三种方案太过冒险，因此主张第一种方案，即在 10 月 8 日晨动用 200 辆到 300 辆坦克进行局部反攻。如果反攻成功，或许能在东岸扫清障碍，即使不成功也不会一败涂地。然后他请求前往南方司令部，现场做出决策。达扬附议，会议结束。[53]

16时30分，埃拉扎尔回到总部。他收到了空军司令佩莱德（Peled）将军的消息，消息称自两小时前开始空袭埃及桥梁以来，14座桥梁中有7座已经被摧毁，其余桥梁将在黄昏前被摧毁。埃拉扎尔高兴地称要佩莱德"过来亲吻一下"，并将此事汇报给总理。所有人都群情振奋，其中也包括泽维，他突然感到现在一切皆有可能。埃拉扎尔随即致电葛农，命其召集三位师长在南方司令部开会。出发之前，埃拉扎尔向参谋人员解释了摆在以色列国防军面前的三种方案，重申了他本人倾向第一种方案，并告知大家该方案已经得到了内阁（实际上是总理）的批准。[54]同样在10月8日将在戈兰高地发动另一场反击——这显然背离了以色列国防军的原则，即主张不能同时对两个对手发动大规模进攻。

10月7日晚，阿丹早早飞往乌姆哈希巴。他在那里会见了曼德勒将军，却没有见到沙龙；沙龙迟迟未见南方司令部的直升机来接他，他后来表示"有人不希望我去那里"。[55]阿丹回忆说，进入葛农总部时，"地堡的走廊上挤满了几十个男女军人，我不得不从人群中间挤进去……我看到了熟悉的朋友和同僚，也注意到有许多外人和记者。作战室里满是参谋军官和来访者，地上一片狼藉，连自己的脚面都几乎看不到。我看看地图、听听无线电，试着收听前线部队的报告，但徒劳无功，房间里震耳欲聋的噪音干扰了无线电，什么也听不清……我不禁想，在这样一团混乱之中，绝对无法制订出明确的计划"[56]。

埃拉扎尔将军还未抵达，因此没有参与这次讨论。他坚持要亲自策划反攻，现在已经等了几个小时，而到22时休会之前还要再过几个小时，因此到实际准备时将已过了午夜。葛农、阿丹、曼德勒、葛农的参谋长本·阿里（Ben Ari）准将一起讨论了埃军的行踪、要塞的命运以及以色列可能发动的反击。18时45分，埃拉扎尔抵达，陪同他的有办公室主任、负责会议记录的沙莱夫（Shalev）中校和前任总参谋长伊扎克·拉宾（Hyitzhak Rabin）。会议于19时20分开始，由于葛农的作战室拥挤不堪，会议便在其私人房间召开，房间三平方码大小，几乎没有落座的空间。

在正式会议开始时，葛农介绍了情况。埃军的"5个步兵师，或许还有几百辆坦克"全线渡过了运河，"正在向东运动"。尽管在三处地点发现有大量坦克集结，但在战争开始24小时后仍未明确埃军的"主攻方向"。葛农计划让阿丹和沙龙手下各师在夜间进行反击，从各自战区中利用埃方桥梁渡过运河，然后，沙龙要转向北方与阿丹会合。[57]

曼德勒将军接着发言，他也赞成两师在8日进行反攻，但他希望由他和沙龙的部队发起反攻，这样如果要渡河，地点便仅限运河的中部和南部地区。与其他同僚相比，阿丹不太乐观，他说，任何试图连接各要塞的意图（肯定也有人提过这一问题）都必败无疑，剩余部队必须立即撤离。8日将会进行"局部反攻……目的仅仅是从埃军那里夺回主动权，阻止他们向西推进，摧毁已经深入我方领土、不受运河附近工事掩护的埃及装甲部队"。最后发言的本·阿里对此也表示同意。

经过长时间讨论后，总参谋长埃拉扎尔做了总结。他在离开之前已决定进行局部反攻，因此他和特拉维夫认为葛农和曼德勒的计划过于激进，拒不同意。阿丹师次日将"从坎塔拉（Qantara）向南进行循序渐进的局部反攻"，沙龙部队担任预备队。阿丹于早晨开始行动，他要守在距运河两英里处，"那里聚集着大批配有反坦克武器的（埃及）步兵"。如果阿丹需要，他将得到沙龙的支援，沙龙接到指示随时待命；如若不然，阿丹在中午时分结束进攻后，沙龙也会自北向南发动进攻。只有埃拉扎尔本人才能明确下令准许沙龙动用预备队。只有取得成功，才能"尽可能多挽救一些"据点。最终的渡河行动将基于同样的条件，并且埃拉扎尔再次把批准权保留在自己手中。[58]

时间大约是21时。会议已开了两个多小时，这足以证明它并非埃拉扎尔总结所说的"非常简洁"。由于没有侦察部队与敌人接触[59]，以色列指挥官对埃军动向一无所知。计划的前提是推定如果埃军按照"苏联模式"行动，其动向位置如何，但事实上埃军并未如此行动。[60]以方认为埃军到达了运河以东7英里到8英里的地方，而不是实际的3英里到4英里。[61]阿丹如何能在不与埃及主力部队（包括步兵）交战的情况下打败对方，这个问题一直没有得到解释。（以军总在不断清点己方和敌方的坦克数量，因为他们错误地认为这一因素最为重要，于是会夸大己方数目而压低埃军坦克数量。[62]）阿丹打算在离运河两英里外"营救"困在要塞的部队，这一点同样也不明了。看来，沙龙的攻击方向仍有模糊不清之处。埃拉扎尔本想让沙龙从塔萨（Tassa）向南推进，但次日葛农打算让他退出行动，令他向南前往米特拉山口对面，让他的师从那里发起进攻。最后，鉴于埃拉扎尔"从此地到特拉维夫之间仅有3个师"（包括3个损失严重的常规旅），他的逐步进攻计划是合乎逻辑的，几乎不冒任何风险——假定 10 月 8 日的进攻势在必行,而且假定无法等到更多以色列部队抵达,或无法等到埃军发动进攻后"给其迎头痛击"(埃拉扎尔语)。

会议结束后,埃拉扎尔用电话向达扬汇报后离开房间。在阿丹的陪同下,他会见了刚刚赶到地堡的沙龙。沙龙重申了他早先的想法,即在当晚连接各要塞,埃拉扎尔不置可否,而是让他去见葛农。沙龙和阿丹一起走进葛农的房间,继续开会商讨。沙龙向葛农解释了他的立场,葛农并没有完全否定他的观点,只是说此时并未计划连接各据点。然而,夜间的局势发展可能会导致计划改变,而且葛农并不反对沙龙计划连接其防区内的据点。葛农说,南方司令部将在黎明前调查情况并做出决定。[63]

回到总部后,埃拉扎尔首先会见其副手塔勒将军和军事情报局局长泽拉(Zeira)将军,向他们说明了自己的计划。0 时 35 分,埃拉扎尔又和总参谋部成员召开了大型会议,他再次解释了自己的计划。凌晨 1 时,达扬赶到并建议在坎塔拉北部渡河,总参谋长埃拉扎尔回答称此地点并不合适。即使要渡河,也只能是为了乘胜追击,而且地点不会选择北方,而是会向南,在阿丹进攻结束时渡河。最终渡河的也有可能是沙龙,但前提是他所指挥的进攻意外取得胜利。达扬走后,埃拉扎尔也上床休息了。以色列参谋工作的普遍情况是,这些会议都没有保留任何书面记录,埃拉扎尔也未曾就其策划的进攻行动下达书面命令。但他安排人在葛农命令副本送达时叫醒他,他要亲自与葛农商谈。[64]

据阿丹所说,葛农回到乌姆哈希巴后于凌晨 1 时就寝,[65]半小时后被叫醒,签署了由参谋准备的书面命令,2 时 05 分他再次入睡。

# 地图 4

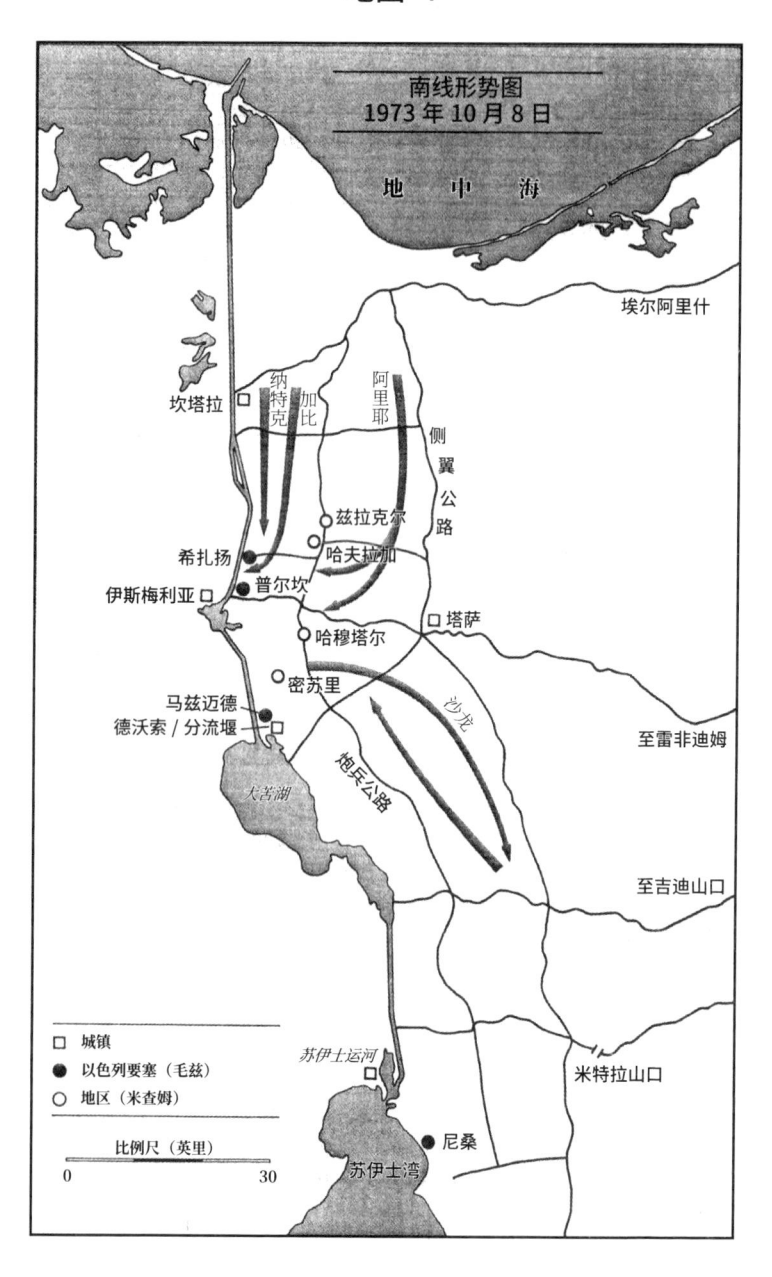

**南线形势图 1973 年 10 月 8 日**

- □ 城镇
- ● 以色列要塞（毛兹）
- ○ 地区（米查姆）

比例尺（英里）
0　　　　30

地中海

埃尔阿里什

坎塔拉
纳特克加比
阿里耶
侧翼公路

兹拉克尔
希扎扬
哈夫拉加
伊斯梅利亚
普尔坎
塔萨
哈穆塔尔
密苏里
马兹迈德
德沃索/分流堰
沙龙
炮兵公路

大苦湖

至雷非迪姆

至吉迪山口

苏伊士运河

米特拉山口

尼桑

苏伊士湾

截至 2 时 45 分，这些命令已发往特拉维夫，并配有附件，内容包括一张地图和简短的说明。据阿丹所说，进攻目标是"肃清炮兵公路和运河岸边之间的区域；在摧毁该地区敌军的同时，营救要塞部队，撤回被困坦克；做好准备，渡过运河到另一侧"。阿丹称，这与前一晚的总结相悖，事实是否如此还有待商榷；至少在埃拉扎尔于 5 点 35 分批准葛农的计划时并不这么认为。[66] 6 时 05 分，埃拉扎尔致电葛农司令部与其通话，葛农告知他将利用埃方桥梁渡河，他同意了葛农的计划。他曾经警告过葛农不要太靠近岸边，但似乎并未意识到二者前后矛盾——睡眠不足可能让他在此刻并不清醒。[67]

直到战争结束后阿丹才看到葛农的书面命令，所以埃拉扎尔的批准无足轻重。尽管 10 月 8 日的书面命令意义重大，但这些军官们的表现却连文盲都不如。凌晨 3 时 45 分，葛农被再次叫醒，得知阿丹防区部分据点的情况变得恶化后，他试图致电阿丹，但电话未接通。因此，他转而与阿丹的副手马根准将通话，马根准将当时正半自主地率领一支部队，控制着运河的最北端。葛农说阿丹的攻击不要按原计划向南推进，而应行进到伊斯梅利亚（Ismailia）对面的普尔坎（Purkan）要塞，然后夺取埃及桥梁并渡河。葛农补充说，如果阿丹无法在普尔坎找到桥梁，那就必须再执行原来的任务，向南抵达马兹迈德（Matzmed）要塞，然后同样利用埃及桥梁渡河。

马根告知葛农，阿丹下属的各个旅长已经于凌晨 1 时 30 分接到命令，此时无法即刻重新部署。葛农似乎经过了一番斟酌，在 4 时 13 分，他通过无线电发出一项"更正命令"，通知马根让阿丹取消在普尔坎的渡河行动，直接前往马兹迈德，在那里渡河。葛农打算让马根将此更正用无线电通知各旅长,但马根适时指出这可能会导致混乱。于是葛农说:"好吧,阿丹应该已经整装待发了,我把这个联络任务交给沙龙吧。他会在联络各个要塞后返回,届时阿丹再向南行进,在马兹迈德渡过运河。"[68]

这一匪夷所思的任务变更终于告一段落。到此时为止,参与行动的指挥官们仍对各自的任务、攻击目标和进攻顺序都不十分清楚。虽然期间困难不断(当天无线电通信彻底崩溃,原因之一是各指挥部长期连续使用无线电导致相互干扰,另一原因则是埃军干扰),但葛农还是与阿丹取得了直接联系。当被问及能否"自北向南行进至希扎扬(Hizayon)、普尔坎和马兹迈德要塞,并在执行任务时与各要塞驻军取得联系",然后准备在马兹迈德渡河时,阿丹回答说,这些要取决于上午的战况进展。随后葛农提出了与马根先前讨论过的想法,让沙龙先前往各个据点,最后说:"你(阿丹)必须对两种可能都做好准备。"

葛农引发的混乱并不只此一点。凌晨 4 时 32 分,南线指挥官联系了沙龙,让他向南进发,在苏伊士城对面的尼桑(Nissan)要塞附近渡过运河。这一点显然背离了埃拉扎尔的计划,只有和葛农前一天的建议联系起来才能解释得通。

即便人们忽视以军进攻所面临的战略问题和战斗问题,计划的程序步骤本身自始至终也都是错误的。由一支缺乏组织性的部队早早发起进攻是否必要;进攻是否能够或应该与对戈兰高地的进攻同时进行;是否应该逐步进行而不是集中进攻;与在某一地点取得突破相比,穿越埃及前线的行动是否确实更加可取?[69] 有一点也令人费解,总参谋长是否应该亲自制订进攻计划,毕竟这只是一项局部行动，目的是使南线指挥官重新获得自由行动的主动权；而且他这么做的时候也没有下达过任何书面命令，实在不可思议。尽管埃拉扎尔坚持在葛农的计划实施之前对其进行审核是稳妥的做法，但他没能注意到计划有变动，这一点令人困惑，说明他有疏漏之处，或者过于疲倦，或者说明在10月7日的指挥官会议上做出的总结十分含糊，以至于大家的理解各不相同。有一点确定无疑，葛农和阿丹都以自己的方式来解读这一计划，而且大家很可能认为，是南方司令部和总部之间长期存在的混乱状态导致了这一结果。指挥系统相当不健全，葛农不得不执行一项与其个人意图背道而驰的计划，而且与此同时他还必须统领两名指挥官，一位是昔日上司，另一位（沙龙）则经常绕过他，直接同总参谋长对话。由于葛农确实无法巩固自己的权威，埃拉扎尔坚持亲自制订主要进攻路线也可以理解，结果导致葛农的地位被进一步削弱。更令人费解的是，制订作战计划需实时掌握埃军的动向，但以军做不到这一点。除非这是由于部队人员紧缺所致，而这意味着反攻行动在计划阶段就注定失败。如果类似错误出现在任何一所参谋学院的演习中，那么相关学员会无法通过考核。但事实上，以军却错上加错，把这些漏洞百出的计划付诸实施。

## 第四节 1973年：反击

由于同葛农联络困难，阿丹在10月8日上午选择了一座位于运河以东约6英里处的山丘作为指挥部，代号为"兹拉克尔"

（Zrakor）。在这里，他与葛农的通信联系还算畅通，但事实证明，他对所属部队的战区情况并不十分了解，其第162师下辖加比（Gabi）上校的第460旅，其中包括两个重组后的坦克营，[70]也是10月6日至7日间战败的那些营；还有纳特克（Natkeh）上校的第212后备旅，其中包括在奔赴前线的路上受到埃军伏击、损失惨重的3个坦克营；以及阿里耶（Aryeh）上校的第500旅，由3个新坦克营组成，但仍在后方。另外，由费达勒（Fedaleh）上校率领的机械化步兵旅仍然远离前线，无法参加战斗；师属炮兵部队也是如此，结果导致以军在10月8日的大规模反攻中仅有4门炮可以动用。空中情况也好不了多少。拂晓后不久，以军出动了几架飞机空袭埃军阵地，但出于某种原因，葛农坚持由自己的观察员而非阿丹的观察员来指挥，结果再无后续行动。[71]

7时53分，阿丹下达最后攻击命令。由于纳特克已经在坎塔拉附近与埃及装甲部队交战，而阿里耶旅仍在后方20英里处，因此只有加比麾下两个坦克营参加了这场师级进攻。加比被告知"计划与希扎扬和普尔坎的要塞建立联系，但只有接到具体命令后才能行动"[72]。行动于8时开始，几分钟后葛农通过无线电与阿丹取得联系，并提醒他不要靠近岸边。[73]加比沿着运河以东约5英里的一条平行于运河的路线向南推进——跨度如此之大，显然是由于读图错误导致。[74]该旅几乎没有遭遇任何抵抗，于9时到达希扎扬对面的前线，这里是阿丹防区最北端的一座要塞。到达后，加比便按命令重新部署，为连接各个要塞做准备。此时，沙龙在一座名为哈夫拉加（Havraga）的山丘上占据了有利位置，可以俯视各处，也能观察到加比的部队，因此他比阿丹更了解情况。沙龙部队最北部的

第六章　运动战大师

各营也处于警戒之中。[75]

9时，纳特克通知阿丹，他在坎塔拉附近进展顺利，并重创了部分埃及坦克。于是阿丹告知他要准备南下到马兹迈德，但"只有在我下达命令后才能行动"[76]。9时22分，葛农与阿丹取得联系，这一次他要求阿丹在希扎扬和马兹迈德渡河。[77]9时38分，南线指挥官发出无线电信息，并再次要求在希扎扬渡河——无线电报务员在这一天十分忙碌；阿丹请求空中支援来协助执行这项任务，并得到允许。[78]然而，即便如此，这也并非葛农的最终命令。9时55分，他要求阿丹将攻击范围扩大到原计划的之外，继续向南，直至密苏里（Missouri）和中国农场（Chinese Farm）地区。阿丹回复，"如果这十分重要的话"，他会尽力完成。[79]

10时许，纳特克在坎塔拉享受着平静，之前一切进展顺利。加比下属的两个营部署在希扎扬对面，正冒着埃军炮火前进，这是由于战争中以色列国防军无线电纪律松懈，才让埃军发现了目标。此时，阿里耶旅在后方约20英里处沿侧翼公路轻松行进，同样到达了与希扎扬齐平的战线，当然也没有遭遇任何埃及军队。虽然任务有种种更改变动，但考虑到葛农位高权重，他的命令不容置疑。针对葛农向南扩大攻击范围的要求，阿丹决定把这个新任务交给阿里耶旅，但他从中调离了一个营去协助加比。当天有许多任务调配令人费解，这仅仅是个开头。[80]

在阿丹与葛农最后一次对话后仅十分钟，也就是10时05分，本·阿里也与阿丹取得了联系，并带来一个惊人的消息。"有一些轻微迹象表明，敌人已经开始溃败，所以至关重要的是，你要以最快的速度率领所有部队沿整个轴线，从北部的坎塔拉向南进攻并消

293

灭敌军，否则他们很可能会逃跑。"[81] 根据阿丹本人后来所说，他接到命令，要从坎塔拉替下纳特克，并对希扎扬发动攻击。阿丹曾试图质疑，但他知道，南方司令部拥有（或应该拥有）除他以外的其他情报来源，于是决定服从命令。这包括从坎塔拉替下纳特克，但由于北部的马根表示无法负责该撤离后的地区，实际上只有两个营参与了行动。

尽管南方司令部突然不明缘由地乐观起来，但我们可以做出有根据的猜测。如前所述，以色列战术情报部门在战争最初阶段几乎没有发挥任何作用：几乎未曾进行地面侦察，空军也无法在运河上空执行低空照相任务。[82] 因此，葛农只能监听其下属的无线电网络，误解正是由此产生的。值得一提的是，8时到10时之间纳特克旅针对埃军的行动非常成功；但纳特克言过其实，使葛农受到了误导，[83] 而加比旅对其与少数埃军"战斗"的汇报也带有党派色彩。因此，直到下午3时左右，任何监听阿丹网络的人都认为不会有严重的问题发生。[84] 另有一种说法是，本·阿里和阿丹之间的对话可能被负责监听南方司令部网络的某军士误解，从而被歪曲。上午，阿丹和本·阿里进行了多次对话，其中有一次，阿丹向本·阿里询问其预备夺取的希扎扬地区埃及大桥的确切位置。这名军士不知为何认为渡河已经成功。正如我们现在所见，这个好消息像野火一样蔓延开来，很快人人都"欣闻"埃军溃败。[85]

然而，如果葛农不愿意轻易相信任何好消息，那么上述任何消息都不足以误导他。与其他许多以色列人一样，葛农早在战争初期便发现埃及军队实际在战争中占据主导地位，即便面对以军战无不胜的坦克也是如此，这一形势让人很难适应。葛农和埃拉扎

第六章　运动战大师

尔的话更是明证——他们谈到会把埃军"扫回"到运河的对岸，会"前去"各个要塞（仿佛无须从敌军中杀出重围），会让一个连的坦克渡过运河并"改变整个局势"。以军都坚信达扬所谓的"飞鸟理论"，即阿拉伯军队如同飞鸟一样，听到几声巨响便会四处飞散。毕竟，只有这一理论才能解释 10 月 8 日的反攻计划：这是一场在没有事先侦察、没有空中支援和炮火支援的情况下，由一个组织混乱、已被重创的坦克师在午夜匆忙准备了几小时后便发起的进攻。

由于确信进攻正取得进展，葛农于 9 时 55 分致电总部，报告进展情况，并按议定请求准许自己渡河。埃拉扎尔去参加内阁会议时，被助手泽维将军告知，阿丹部队正接近希扎扬，附近有一座埃及桥梁可以使用，但埃拉扎尔没有明确表示同意渡河。[86] 然而，泽维误解了他的意思，并让葛农继续前进。葛农依令行事，于 9 时 57 分命令阿丹在希扎扬渡河。仅 18 分钟之后葛农再次致电泽维，而这一次他不仅请求准许其在希扎扬渡河，还请求允许他在更南边的其余几处地点渡河。他的计划显然是在河对岸"占领"几处浅滩，防止埃军摧毁其桥梁——这又是那一天过度自信的另一种表现。埃拉扎尔犹豫不决，他对泽维说，葛农最好确保选定地区不受敌军控制，同时确保以色列军队在对岸的力量足够强大，以防队伍被切断。埃拉扎尔转身继续向在座的政府各部部长解释他的计划，他强调有必要远离运河，并补充说，根据最新汇报，与希扎扬已建立起联系。这其中包含着一种矛盾，不知为何埃拉扎尔未能洞察；或许这只能解释为，他既要设法向内阁汇报，同时又要指挥远在大约 200 英里以外的进攻，难顾周全。[87]

几分钟过去了，泽维第三次致电埃拉扎尔。此时，陪同埃拉

295

扎尔参加内阁会议的办公室主任沙莱夫中校回答了他的问题。泽维解释说,葛农只要求准许"有选择性渡河";到目前为止,他只下令在希扎扬渡河一次。当沙莱夫准确地反驳道,埃拉扎尔尚未允许在任何地点渡河时,泽维回答在第一次谈话中已经准许,现在的问题是,是否允许葛农"选择"在其他地点渡河。就在与沙莱夫交谈时,他收到了一条信息,称已经渡河。这一天,好消息的传播速度之快,令人难以置信。这一新情报,连同葛农的请求,都以书面形式送交埃拉扎尔。因满足自己之前规定的条件,总参谋长批准同意。

在内阁会议结束之前,埃拉扎尔注定要再被打断两次。在前文提及的谈话后不久,可怜的总参谋长又收到南方司令部的另一份电报:请求他批准将沙龙调至吉迪山口以南,准备攻击埃及第3集团军。埃拉扎尔表示同意。10点40分,葛农得知这一消息,并转告沙龙。当埃拉扎尔还在和内阁谈话时,收到了第五条消息。埃拉扎尔看了一眼,转身对部长们说:"从这么多令人头疼的消息来看,他们已经在对岸建起了桥头堡。"[88]确实很令人头疼,但这位总参谋长对此难辞其咎,因为是他坚持对几百英里外的连级行动都要亲自批准。

离开内阁办公室后,埃拉扎尔分别于11时和11时25分两次与葛农对话。[89]葛农仍主张他前一天提出的计划,即调动沙龙南下,不仅抵达吉迪山口,而且要前往米特拉山口,让其所属师从那里自东向西开始进攻。尽管埃拉扎尔担心沙龙无法在天黑前发动进攻,[90]葛农还是成功地说服总参谋长同意了他的计划。埃拉扎尔转身对手下说:"既然这无关紧要,就让他放手去做吧。"显然,埃拉扎尔只

## 第六章 运动战大师

愿意将无关紧要的任务交给他在南方的主要下属。[91]

据埃拉扎尔本人所说,"今天的战斗就这样结束了"。他感到很满意,于是前往视察位于迦南山(Mount Can'an)的北方司令部(据埃坦将军说,他和其他高级军官都未在10号即周三之前视察过戈兰高地),如此一来他的下属犯下了更多错误。葛农告诉阿丹,敌人正在"溃败",10时过后不久,本·阿里向阿丹施压,让各处的部队就近渡河。与此同时,阿丹必须从最初目标继续向南深入密苏里地区,在那里发动袭击。[92] 阿丹要求从沙龙师中调一个营来协助他执行任务,经过一番讨论,他的要求得到批准。

11时左右,阿丹师部署如下:纳特克带领两个营,终于在坎塔拉脱离战斗向南行进,按照计划远离埃及反坦克武器的射程,最终差不多脱离了战斗;阿里耶带着身边的两个营,从侧翼公路向西行进,来到一个名为哈穆塔尔(Hamutal)的地点,这里之前由沙龙的一个营负责控制,现在他们要向东行进并将按计划前往米特拉山口,结果双方的坦克在这里堵在了一起;在上述两个旅之间,加比旅仍然部署在希扎扬的对面,由阿里耶的第3营〔指挥官为埃利亚希夫(Eliashiv)中校〕在后方增援,他们遭到了埃军的炮火攻击,正徒劳地等待空中支援和炮火支援,以便对该据点发动攻击。11时,加比旅中由阿米尔(Amir)中校指挥的一个营由于燃料和弹药耗尽,在得到许可后撤退,其左方由阿迪尼(Adini)中校指挥的另一个营发现无线电设备失灵,无法与旅指挥部联系。阿迪尼监听南方司令部的指挥网络后,得知司令部正下令渡过运河,还发现几架以色列飞机向前方的埃军阵地投掷炸弹。他认为这是在过去两小时里一直等待的空中支援,因此率领其营发起了进攻。他们向

297

前推进了 1.5 英里，在离岸边不到 0.5 英里的地方，被一阵反坦克炮火拦住。阿迪尼本人也受伤并撤离，等到无线电秩序恢复并接到命令撤退时，该营 25 辆坦克中已有 18 辆被摧毁。[93]

阿丹仍然在兹拉克尔山上进行观察，他的通信状况一塌糊涂，甚至其本人也承认根本不了解战况发展，这一坦承产生了负面的影响。相比之下，沙龙在哈夫拉加的位置十分有利，他比加比更清楚地掌握其部队的动向。葛农打电话询问情况，沙龙告诉他，由阿迪尼率领的加比先头营受到炮火猛烈攻击，没有取得任何进展。然而，沙龙仍然可以看到加比部队有许多坦克部署在后方，这些可能是阿米尔营和埃利亚希夫营。[94] 由于阿丹不了解情况，而沙龙报告战事进展顺利，在这种情况下葛农没有理由重新考虑令沙龙撤出部队准备南下，沙龙也没有理由将所辖营调给阿丹。沙龙的下属再三催促，请求协助加比——有一次加比甚至接入了沙龙的通信网络，要求援助——但沙龙毫不含糊地拒绝了，结果其下属在动身前往米特拉山口时也还不明缘由。[95]

位于兹拉克尔的阿丹对阿迪尼的进攻行动并不知情，但他设法收集到一些零星汇报，11 时 40 分他得知中路旅遇到了麻烦。这名师指挥官已经在右侧看到纳特克的坦克部队在前进中的尘土；他们增援加比的话，一切都会好转。为了准备对希扎扬发动第二次进攻，这可能也是决定性的一击，阿丹命令纳特克与加比会合以"了解更新的地形和敌情"——这相当于承认他作为一师之长对地形和敌情都知之甚少。他在加比部和纳特克部之间划了一条分界线，然后等待第二次进攻的推进，同时他也在忙于应付其左（南）翼的问题，沙龙的撤离在此留下了一个缺口，只有阿里耶旅才能填补。后来阿丹抱怨说，沙龙没有按照命令支援他的师，反倒撤离了自己的阵地，并且没有安排其他部队填补，从而使阿丹的南翼被暴露了。[96]

阿丹说，南方司令部整个上午都在保证给予空中支援，但他一直没有等到。现在，各营在希扎扬周围大约4英里处集结成一个半圆形的阵形，于13时30分左右开始进攻。阿里耶的两个营在左侧几乎立即被遏止，这位旅长用无线电向阿丹报告，他的部队无法向哈穆塔尔和希扎扬同时推进。而无论如何，他们都必须应付一支刚投入战斗的埃及坦克部队，它们已越过费丹大桥（Firdan bridge），正在向南开进。在中路，埃利亚希夫营从阿里耶旅被调到加比旅，同样未能向前推进，因为他们也是在徒劳地等待空中支援和炮火支援。[97] 在现有的五个营中，似乎只有纳特克的两个营仍在前进；纳坦（Natan）中校的营几乎立即就被埃军炮火所阻断。纳特克本人率领的营和另一个营〔指挥官是阿萨夫·亚古里（Assaf Yagouri）中校〕一起继续前进；然而，当其前线指挥部引来埃军炮火时，他发现自己"只能以命一搏"，并且还与亚古里失去了联系。[98] 根据记载，阿丹联系了纳特克询问进展情况。纳特克并不清楚情况，他认为亚古里可能已经渡过了运河，并答应了解情况后再来报告。[99] 其实在他们进行交流时，也就是14时30分后不久，亚古里营几乎全军覆没，指挥官成为埃军阶下囚。

据阿丹自己承认，此时他对战局已经完全失去控制。在兹拉克尔与外界中断了联系，受埃军和南方司令部中继站的干扰，他的通信系统失灵（更不用说尝试接入下属通信网络来了解最新情况），这位将军还未下令开始进攻，就已得知亚古里的战败。当新的危机爆发时，他还在困惑一切究竟何以发生。阿里耶旅终于抵达哈穆塔尔附近，当他们自认为此地无人控制（沙龙部队此前已经撤离）正在进入该地区时，突然遭到"数千名埃及步兵的火力攻击，且有众多坦克支援"。阿丹刚要下达命令撤退，这时他的指挥所被埃军监听处发现，并成为炮火攻击的目标。他留下部分参谋来撤离伤亡人员，本人则前往哈夫拉加召集纳特克和加比会面。沙龙曾在这里准确观察着整场战斗。据阿丹所说，参会的三位男性肩膀宽厚、身材魁梧。他们刚刚到达，开始会议，埃军就发起了反击，这些旅长们随即被各自的副手紧急召回。

阿丹最后一次试图掌控全师的努力失败了，整个下午他都只能作为旁观者，在无线电网络中无助地听到下属先是惊慌失措，然后逐渐恢复勇气，重燃信心，向埃及坦克开火。在他身后，葛农也同样无能为力；南线司令官已经意识到出现了问题，于是在14时45分命令沙龙停止向南方行进，但最终也无法让这位倔强的下属去支援阿丹。[100] 最后，只有沙龙下属的一个连参加了哈穆塔尔周围的激战，但在全连8辆坦克损失3辆后被迫撤退。这一天就这样结束了，阿丹的兵力锐减到只有原来的一半多，并且撤出了阵地。这是以色列国防军历史上最惨重的失败。

## 第五节　结论：反向选择性控制

对历史事件做出判断绝非易事，特别是在这一战例中。这些事件距今时间不长且仍备受争议，做出判断则更为困难。许多参战人员依然健在，他们发表了各种回忆录、演讲和记录采访，更不用说

第六章　运动战大师

还有那些战争日记（有人说这些日记是伪造的），大量材料林林总总。在此，我们尝试通过研究指挥机制本身、进攻计划的制订和进攻的实际执行方式来了解这次战争的失败。

对于指挥机制的探讨已然颇多，没有必要再赘述。我们记得，葛农是一名新任的少将，曾在其两名主要下属的手下服役，而且他的三位主要下属的军衔也是少将。在这种情况下，他的命令传达就很不顺畅，充其量只能阻止种种过于激进的计划。但正如阿丹回忆录所述，葛农的权威仅限于一再要求改变计划或将某部队从一个师调往另一个师。虽然在任何一支军队中，下级指挥上级的情况都可能存在——特别是在以色列国防军，其退休的将官往往会被任命为师长。但葛农的处境更加困难，因为总参谋长显然对他信心不足。在这种情况下，南线司令官注定要失败，除了他可能会犯的过失，还有一个问题是他的指挥是否成为"彼得原理"[①]（Peter Principle）的一个范例。关于这一点，政府成立的阿格拉纳特（Agranat）调查委员会曾在战后发过声明。[101]

如果指挥机制不健全，那么进攻计划的制订就会更糟。由于没有侦察部队与敌人接触（值得一提的是，在战争后期发现了埃及第2集团军和第3集团军之间有缺口的并非任何技术设备，而是沙龙师的侦察部队，正是这一点才使以军能够渡过运河），以军被迫靠直觉来判断敌人的行踪，但他们的整个计划却要依赖于对埃军反坦克阵地的确切了解。埃拉扎尔将自己的构想强加给葛农，但同时也

---

[①]　由管理学家劳伦斯·彼得在1969年出版的《彼得原理》一书中提出，指"在组织或企业中，人会因某种特质或特殊技能，被擢升到不能胜任的高级职位，最终变成组织的障碍及负资产"。——编者注

让葛农制订具体的计划；随后由于埃拉扎尔未曾注意到他在 8 日上午收到的计划与他前一天发出的指示之间存在不同，这个错误演变得愈发严重。在计划已经下达给师长甚至旅长后，葛农又曾两次试图改变计划。尽管他最终主张原来的计划，但他的频繁改变还是引起了混乱。从这个意义上说，他在战后受到批评似乎并无不妥。

然而，要不是埃拉扎尔坚持用所谓的"反向选择性控制"（reverse optional control）（似乎没有更好的术语了）来指挥进攻，这些错误也未必都能导致进攻失败。1967 年 6 月的战争结束之后，以军沉浸在所谓的战无不胜的喜悦中，人们对其创造和完善的新型指挥系统——"选择性控制"系统（optional control）——进行了大量报道。选择性控制的目的是使下级指挥官获得最大独立性，同时给予上级指挥部选择权，可在任何时候进行干预，特别是在涉及改变进攻轴线或要避免过多伤亡时。这有点类似于毛奇的"指示"（Weisungen）制度，但适用于军事机构组织中较低层级部队，它要求初级指挥官们出类拔萃，而且更重要的是，他们要与上级之间相互信任。

在 1973 年时，以色列初级军官的素质颇高，甚至比 1967 年时军官的素质更加优秀；[102] 然而，由于高级指挥官之间交恶，南方司令部缺乏相互信任。[103] 正因如此，也因为埃拉扎尔完全没有独立收集情报的联络系统，他在 10 月 8 日采取的方法与选择性控制正好相反。他对葛农的不信任，导致他对最重要的行动都保留意见，而不是让下属自由发挥，只在需要的时候才介入。反过来，葛农也被迫以类似的方式限制阿丹和沙龙，于是这种做法就这样一直延续下去。由于所有军官都期待与上级保持联系，所以他在选择自己的指挥位置时，会思考如何随时与上级保持联系，即使这意味着他无法与下级保持联系。问题的根源在于这种"反向选择性控制"系统在许多方面更让人联想到索姆河上的英国军队，而不是以军自己所实施的现代装甲战。

想一想以色列指挥链在 10 月 8 日是如何实际运作的。排在末位的是纳特克，他在 14 时 30 分与直接上司阿丹取得联系，但无法联系到本应与他并肩战斗的下属亚古。阿丹则在兹拉克尔，特意选择此地是因为此地与葛农通信便利，但却无法像驻扎在哈夫拉加的沙龙那样清楚地掌握手下部队的情况。也正是在兹拉克尔，阿丹才在事后得知阿迪尼发起了攻击。葛农一整天都待在乌姆哈希巴指挥中心，这并非因为他胆小懦弱——没有人是懦夫——而或许是因为，考虑到通信困难，只有在这里才能与总部保持可靠的联系。在军事管理层顶端，埃拉扎尔把决策权把握在自己手中，但当他必须下决定（下令阿丹渡河，下令沙龙率师进攻）时，他正在向直接上级（即内阁）做汇报。他既要下决定又同时身处内阁的事实，意味着他和葛农之间必须增加另一个联系环节，如通过泽维或沙莱夫（有时两者皆有）来联系。即便不考虑亚古里的情况（他是后来才进攻失利的），指挥这次进攻的师长也显然对局势了解太少，而他又要向一名知之更少的前线指挥官报告，最后前线指挥官还要向几乎一无所知的总参谋长报告。然而，在这个反向选择性控制系统下，做出关键决定的人对情况了解最少。他每隔 15 分钟就要处理一个来电，[104] 还不断被其他事由打断，他在一张小纸片上记录命令，几乎未经过周密思考，便通过一两个联系人对几百英里以外发生的事件做出判断并下达命令。

受埃拉扎尔指挥系统所迫，或者出于对葛农的不信任——事实便是如此，指挥官们不得不留在能够随时与上级保持通信联系的地方，不得不依靠下属的报告来获取情报。部分原因是通信困难，部分原因则是自信过头的以色列战地指挥官把与埃军之间的轻微冲突夸大成了重大胜利，这些报告中有许多具有误导性。没有"定向望远镜"，就没有办法纠正这一错误印象，进而不断扩大传播。其结果是，反向选择性控制系统产生了适得其反的后果。不确定性不是因自上而下的监管引发的，而是自下而上蔓延开来的。

需要指出的一个重要问题是，以军失败的主要原因并非技术落后。在将西奈半岛变成防御堡垒，并在此享受了 6 年时光后，1973 年以色列国防军拥有了技术先进的通信系统。与 1967 年时的通信系统相比，它当然更为先进，并且或许性能过于优越才使得埃拉扎尔如此行事。世界各国许多军队（包括以色列军队）着力引进的这种先进技术，如果能够顺利运行且不受其他系统的干扰，可能已经解决了一些面临的问题。例如，方位测定系统或许能避免加比的读图错误，但它不会协助加比执行在射程以外摧毁埃及军队这类荒谬的任务。无论下属部队的相对位置如何，阵地位置报告制度使阿丹和葛农能随时确认各部队的位置，从而使他们能够决定渡河部队和渡河地点。各种传感器与电脑和电视屏幕相连，并被安装在能俯瞰战场的位置或高悬于战场上方，这至少在一定程度上解决了无法确定埃军阵地位置的问题。[105] 最后，技术的进步和无线电通信纪律的大大加强赋予了以色列指挥官在两地之间保持通信的真正能力，但在 1973 年时还有部分指挥官无论如何都不具备这种能力。缺乏这种能力，再加上反向选择性控制系统，他们就无法自己发现问题。

所有这些技术设备或许都代表着重要的进步，但也无法纠正1973年以军指挥系统的主要缺陷。这些不足之处包括：由胜利而滋生的过度自信；误以为坦克最为关键，然后假定敌军也是这种思想；指挥机制有缺陷，高级指挥官之间缺乏相互信任；参谋工作程序难以理解；缺乏"定向望远镜"补充来自基层部队的情报交流，而是从上层对情报进行积极研究，等等。毫无例外，这些问题和缺陷从本质上说都是组织结构上的缺陷，因此有可能加以改进，如派遣前总参谋长巴列夫将军于10月10日周三那天接替葛农。从此刻起，自特拉维夫通过反向选择性控制系统进行的指挥就结束了。尽管其中一名师长沙龙继续保持一种拒不服从的态度，但以军已经获得了足够的凝聚力，成功策划并执行了复杂的渡河行动。

　　本书的目的并非反对在指挥系统中引进日益复杂的电子技术。前四章应该已经明确指出，任何现有技术都具有极大的局限性。总的来说，关键因素并非硬件的类型，而是其使用的方式。具体来说，由于很难取得决定性的技术优势，而且优势往往只是暂时存在，与其说胜利取决于手头拥有的先进技术，不如说是对任何特定技术局限性的了解，以及找到规避这些局限性的方法。此外，正如以军在1973年和1982年的战争中所发现的那样，对技术的依赖难免会转化为弱点，聪明的敌人会迅速抓住这些弱点。此外，随着己方技术复杂性的增加，敌人利用这些弱点的机会也随之增加而非减少。[106] 最后，完全可能因为掌握了过多的技术，让技术变成自己最大的敌人，这一点将在下一章中进行说明。

## 注　释

1. 将这些数据与一些人口统计数据相结合，可以分析出俄国无法为其即将征募的庞大军队提供装备，英法两国合体在经济实力上比德国优越，但在军事上却与德国不相上下，美国的潜力则使其他国家相形见绌。

2. J. Wheldon, *Machine Age Armies* (London, 1968), p. 26.

3. R. G. Ruppenthal, *Logistical Support of the Armies* (Washington, D.C., 1953), vol. II, pp. 419 and 421.

4. 其中受影响最小的是战术机动的速度，即使在今天，也很难超过一个人的正常步速。

5. 参见 the German Heeresdienstschrift 300, *Truppenführung* (Berlin, 1936), vol. I, paragraphs 10 and 13。"战场需要独立思考和勇敢行动的战士，他们以深思熟虑、果断和大胆的方式应对每一种情况……从最年轻的战士开始，所有人都要符合精神、智力和体能方面的要求。"

6. 虽然由于过于简洁而可能出现错误，但对这些问题提出最佳分析的是 E. N.Luttwak, "The Strategy of the Tank," in *Strategy and Politics* (New Brunswick, N.J.,1980), 特别是 pp. 299–302。

7. 在第一次世界大战中，坦克乘员被隔离在嘈杂的钢盒子里，有时甚至需要通过锤子敲击对方头部的方式进行相互交流。由于没有无线电，"一战"的坦克完全就是个聋子，也几乎无法观察，这一因素充分解释了为什么其战斗力比较低下。富勒说，为了解决这些问题，坦克部队的高级军官定期与士兵一起作战，但他们是唯一这样做的军官，而且效果有限。参见 H. Blume, ed., *Die Führungstruppen der Wehrmacht* (Berlin,1937), pp. 167–168。

8. 关于指挥上在无线电使用方面存在许多非技术性问题，参见 S. Bidwell, *Modern Warfare* (London, 1973), 特别是 pp. 79–89。

9. 例子参见 C. Messenger, *The Art of Blitzkrieg* (London,1976)。

10. 关于这两个人和他们的成就，参见 K. Macksey, *Guderian, Panzer General* (London, 1976), 特别是 pp. 66–67。麦克西强调，发展指挥系统和适当的无线电信号服务对闪击战的发展和坦克自身至关重要。

11. 在我最终决定专注研究以色列战例之前，我研究了巴顿的指挥系统，结果并不出人意料。巴顿首先与他的主要助手进行非正式会面，并且在每天早上参加第 3 集团军的正式参谋会议之前，与其讨论当天的行动。通过改造菲克特（Fickett）上校的骑兵群（所谓的巴顿的皇家骑兵），以密切关注下属部队并监听其无线电网络，并让他的参谋长安排每名参谋人员每周一次带着预先确定的问题清单到前线视察，巴顿得以拥有一个无与伦比的定向望远镜。这反过来使得第 3 集团军要求和接收的报告比第 1 集团军要少得多，国家档案馆的统计记录证明这一点。此外，统计分析发现，与其他总部相比，第 3 集团军使用最高优先级通信的频率较低，其指挥方式非集权化也有一定原因。巴顿信任下属，而下属通过参加正式的和非正式的晨会也能了解和熟悉巴顿的想法。同样重要的是，下属们能够得到巴顿的大力支持。巴顿经常离开总部去下属单位访问，增长士气，这种非传统的方式非常有效。正如巴顿向下属发表的告别演说中所总结的那样，在他这个级别，没有一位盟军指挥官能有如此多的空闲时间可供支配。参见专栏 RG-2046 和 RG 94-10823，以及 the TUSA and FUSA After Action Reports, the National Archives, Suitland, Md; Patton's own *War as I Knew It* (London, n.d.); O. W. Koch and R. G. Hays, *G-2: Intelligence for Patton* (Philadelphia, Pa., 1971); R. S. Allen, *Lucky Forward* (New York, 1947); C. R. Codman, *Drive* (Boston, 1957); H. H. Semmes, *Portrait of Patton* (New York, 1955); H. Essame, *Patton: A Study in Command* (New York, 1974); H. M. Cole, *The Lorraine Campaign* (Washington, D.C., 1950); 和 M. Blumenson, ed., *The Patton Papers* (Washington, D.C., 1961)。马丁·布鲁门森花了一个下午时间和我分享他对巴顿的一些想法，对此深表感谢。

12. 参见 E. N. Luttwak and D. Horowitz, *The Israeli Army* (London, 1975), pp. 53–59, 161–164; D. Horowitz, "Flexible Responsiveness and Military Strategy: The Case of the Israeli Army," *Policy Sciences*, vol. I, 1970, pp. 191–205; 和 R. Gissin, "Command, Control and Communications Technology: Changing Patterns of Leadership in Combat Organizations," Ph.D. diss., Syracuse University, 1979。

13. M. Gur, "The IDF—Continuity versus Innovation" (Hebrew), *Maarachot*, March 1978, pp. 4–6.

14. 1947 年 11 月，新生的以色列国防军据说已经拥有 4.9 万名士兵，但只有 1.4 万至 2 万小型武器、200 挺机枪、700 挺轻型和 200 挺中型迫击炮。数据来自 T. N. Dupuy, *Elusive Victory: The Arab-Israeli Wars, 1947–1974* (New York, 1978), p. 8。

15. 在这些事件中，最突出的是南线司令阿萨夫·西姆霍尼

（Assaf Simhoni）将军决定比原计划提前24小时将第7装甲旅投入战斗。由于无法使用吉普车上的无线电设备，也无法与西姆霍尼联系，达扬无法阻止这一行动，直到行动发生后才知道这件事。

16. Dayan, Diary, pp. 39–40, 43, 60.

17. Ibid., pp. 112–115.

18. Ibid., pp. 97–99. 虽然未经授权，但沙龙的行动可能会得到防御，因为在帕克备忘录里，他所在的旅的位置全部暴露在埃及装甲部队可能的反击范围内。参见 B. Amidror, "The Mitla: The Fire Trap" (Hebrew), *Haolam Hazeh*, 9.10.1974, pp. 16–17, 26。

19. 以色列人发现，埃及在西奈半岛的防御计划基于全面的历史地缘研究，在所有可能的进攻方向上都做了充足的防御。上级总部已经按岗定人定枪，并演练快速部署。一旦就位，每个士兵都有充足的水、食物和弹药，以及备用武器，可以在没有人员或指挥官的情况下——换句话说，没有指挥的情况下——进行战斗。结果是，尽管以色列军队采用了欺骗的做法，但大多数防御阵地还是被迅速占领。一旦阵地被占领，上级指挥实际也就结束了，埃及指挥官们除了拔腿逃跑外，无所作为。一位以色列军官写道，这就像下棋，自己每走两步，而对手只能走一步。参见 M. Illan, "The Use of Surprise in the Sinai Campaign" (Hebrew), *Maarachot*, October 1966, pp. 23–27。

20. 有关这些经验教训的讨论，参见 Luttwak and Horowitz, *The Israeli Army*, pp. 149–152。

21. Ibid., pp. 190–191; 也参见 S. Teveth, *The Tanks of Tamuz* (London, 1969), chap. 9。

22. Y. Rabin, "After the Great Maneuvers" (Hebrew), *Maarachot*, Aug. 1960, pp. 6–9.

23. M. Gur, "The Experiences of Sinai" (Hebrew), *Maarachot*, Oct. 1966, pp. 17–22.

24. 这一段和下一段是根据我1982年2月7日在特拉维夫采访加维什将军的情况编写的。

25. 加维什说，他平均每30分钟与每位师指挥官交谈一次。

26. 参谋科跟随塔勒将军和约菲将军，分别在北部和中部执行任务。南部的沙龙将军没有直接的定向望远镜（情报联络官）服务于他。事实上，他在战役中的角色主要限于最初的24小时。

27. 除了第一天有部分火箭运载福加机教练协助塔勒将军实行装甲突破外，南线没有其他空中支援。每天早晨，指挥部都会得知白天将分配多少架次，不过后期可能会有所改变，于是各师之间如何分配飞机架次就成为了问题。通过协调和移动"轰炸线"来解决这个问题，在这条轰炸线外可以随心所欲飞行。轰炸线内的架次必须与各师指挥官协调，可以要求在Y地进行X型攻击。每个师的前进空中控制员负责具体的战术协调。

28. 关于沙龙和塔勒计划战斗方式的不同，参见B. Amidror, "The Race for El Arish" (Hebrew), *Haolam Hazeh*, Dec. 18, 1974, pp. 11, 26。

29. 加维什回忆说，1967年，来自总部的干扰很小。拉宾和他的副手巴列夫将军每人都访问了南部总部，每次都得了解一些情况，但没有当场做出决定。

30. B. Amidror, "Gorodish's Error" (Hebrew), *Haolam Hazeh*, Feb. 26, 1975, pp. 18–19.

31. 在约旦河谷也发生了类似的事件，一支装甲部队未经许可就渡过了河，因此不得不被召回。参见 M. Dayan, *Story of My Life* (London, 1976), p. 370。在这篇文章和接下来的很多参考文献中，我遇到了一个问题，很多希伯来书的英译本都很糟糕，有些都失去了原意。因此，我通常给出英译本的页码，翻译却是我自己提供的。

32. 即使到了 1964 年，仍有大量的人力资源过剩，必须在选择性服兵役和短期征兵中做出选择。如果纯粹出于军事考虑应该选择前者，但出于社会原因考虑则应该选择后者。

33. 1967 年的数据来自 N. Safran, *From War to War* (New York, 1968), appendix B, pp. 441–444。1973 年的数据来自 International Institute for Strategic Studies, *The Military Balance*, 1973–1974 (London,1973), p. 30。

34. International Institute for Strategic Studies, *The Military Balance, 1981–1982*, pp. 30–31。但是，如果以德国联邦国防军的动员兵力为算，这一数字将分别下降至 2160 人和 343 人。

35. A. Adan, *On the Banks of the Suez* (n.p., 1980) , p. 7.

36. 修建巴列夫防线遭到了塔勒将军和沙龙将军的反对，他们都认为西奈半岛最好的防御方式是在前方进行巡逻，在后方部署装甲重拳。1972 年，当埃拉扎尔接替巴列夫担任总参谋长，沙龙为南部地区总指挥官，通过疏散并封锁了一些据点，实施了这项计划。葛农于 1973 年夏天从沙龙手中接过政权，他颠覆了沙龙的政策，开始重新使用并守卫防御工事。参见 A. Dolav, "The 8th of October of General Gonen" (Hebrew), *Maariv*, Feb. 7, 1975, pp. 23, 27。

37. C. Herzog, *The War of Atonement* (London, 1977), p. 53.

38. 参见 the Agranat Committee Report (Hebrew), 载于 *Haaretz*, Jan. 30, 1975; 以及 Z. Schiff, *October Earthquake: Yom Kippur, 1973* (Tel Aviv, 1974), pp. 78–79。

39. Herzog, *The War of Atonement*, pp. 156–157.

40. 有关这些旅的故事, 参见 ibid., pp. 163–167。

41. Ibid., p. 182.

42. H. Bartov, *Dado: Forty-Eight Years and Twenty Days* (Tel Aviv, 1978), vol. II, p. 59. 由于这本书的英文版本被大量删节了, 所以我用了希伯来语版本。

43. Dayan, *Story of My Life*, p. 500.

44. Herzog, *The War of Atonement*, pp. 182–183. 关于这次会议, 也可参见 Schiff, *October Earthquake*, pp. 91–92, 和 Bartov, *Dado*, pp. 59–60。达扬声称只记得和葛农"喝了很多黑咖啡"。

45. Adan, *On the Banks of the Suez*, p. 61.

46. Bartov, *Dado*, vol. II, pp. 61–62.

47. Ibid., p. 62.

48. Dayan, *Story of My Life*, pp. 63–65.

49. Bartov, *Dado*, vol. II, pp. 63–65.

50. 出处同上。虽然巴尔托夫对这一事件的叙述很混乱, 但毫无疑问, 埃拉扎尔将军不如在南部的下属乐观, 也不打算让他们在10月8日前发动进攻。

51. Ibid., vol. II, p. 66.

52. G. Meir, *My Life* (London, 1975), pp. 360–361. 达扬对于这次会议的描述, 参见 *Story of My Life*, pp. 500–501。也可参见 Herzog,

*The War of Atonement*, p. 183。

53. 这次会议的叙述内容基于 Bartov, *Dado*, vol. II, pp. 66–67。

54. Ibid., pp. 70–71. Schiff, *October Earthquake*, pp. 79–80, 90–91. 指出空袭是埃拉扎尔在下午两点左右亲自下令的，理由令人相当困惑。如果确实如此，那么从发布命令到报告桥梁被毁仅用了两个半小时确实足够短暂，而总部更愿意相信佩莱德的报告，那就是他们太过自信了。

55. 转引自 Dupuy, *Elusive Victory*, p. 413, footnote。

56. Adan, *On the Banks of the Suez*, p. 95.

57. Ibid., p. 60. 由于埃及人使用的苏联架桥设备只能承载相对较轻的苏式坦克，而不是以色列人使用的更重的美式坦克，所以无论使用哪种坦克，考虑的关键就是能否跨越埃及桥梁。

58. 这次会议的叙述内容基于 Adan, *On the Banks of the Suez*, pp. 95–100; Bartov, *Dado*, vol. II, pp. 73–75; Dayan, *Story of My Life*, pp. 503–504; 和 Herzog, *The War of Atonement*, p. 184。

59. Adan, *On the Banks of the Suez*, p. 117.

60. A. Sella, "Soviet Training and Arab Performance," *Jerusalem Post Magazine*, Feb. 8, 1974, pp. 6–7.

61. 参见泽埃夫所写的特别有趣的文章, Lt. Col. Zeev, "The Entire System Was Creaking" (Hebrew), *Maarachot*, April 1979, pp. 6–11。

62. Bartov, *Dado*, vol. II, p. 78. 他们做了各种各样的估计，西奈半岛上大约有900辆以色列坦克，事实上只有500辆（其中多辆仍在途中），并且估计还有500辆埃及坦克，事实上有600辆。

63. Adan, *On the Banks of the Suez*, p. 100; Herzog, *The War of*

*Atonement*, p. 184.

64. Bartov, *Dado*, vol. II, pp. 97–99.

65. Adan, *On the Banks of the Suez*, p. 107.

66. Bartov, *Dado*, vol. II, p. 87.

67. Adan, *On the Banks of the Suez*, p. 115.

68. Ibid., pp. 112–113. 关于这次交谈，也可参见 E. Tavor, "The Longést Day" (Hebrew), *Haolam Hazeh*, Dec. 11, 1974, pp. 18–19, 22。

69. 参见 B. Amidror, "A Foolish Plan" (Hebrew), *Haolam Hazeh*, Aug. 20, 1975, pp. 14–15, 以及同一作者的"Firing from the Hip" (Hebrew), *Haolam Hazeh*, Aug. 20, 1975, pp. 8–9, 43–44。

70. 一个以色列坦克营由24辆坦克组成，因此，如果把跟其有关的和旅部的坦克包括在内，阿丹大约有200辆坦克。

71. Adan, *On the Banks of the Suez*, p. 119.

72. Ibid., p. 119.

73. Ibid., p. 120. 以及 A. Dolav, "The Eighth of October of General Gonen" (Hebrew), Maariv, Feb. 7, 1975, pp. 23, 27. 这是葛农为自己解释的唯一理由。

74. Dolav, "The Eighth of October," p. 23.

75. B. Amidror, "The Fist Disintegrates" (Hebrew), *Haolam Hazeh*, Jun. 25, 1975, pp. 32–33.

76. Adan, *On the Banks of the Suez*, p. 120.

77. Ibid., p. 121. Bartov, *Dado*, vol. II, p. 93, 有一个稍微不同的版本，本·阿里（不是葛农）对阿丹说，让他先与希扎扬联系，然后继续行进并穿过马兹迈德。

78. Dolav, "The Eighth of October," p. 23. 根据 Adan, *On the Banks of the Suez*, p. 121, 葛农说阿丹得到了空中支援——如果这是真的，说明了双方互不理解。

79. Adan, *On the Banks of the Suez*, p. 122.

80. Ibid.

81. Ibid., p. 123.

82. Z. Schiff, "Tactical Intelligence Difficulties in Disseminating Information" (Hebrew), *Haaretz*, Feb. 14, 1975, p. 2.

83. Dolav, "The Eighth of October," p. 27; Amidror, "The Fist Disintegrates," p. 33.

84. Z. Sternhall, "Hamutal as an Example" (Hebrew), *Haaretz*, Feb. 2, 1975, p. 2.

85. Tavor, "The Longest Day," p. 19. 必须补充的是，在哈夫拉加观看的沙龙士兵也认为事情进行得很顺利。B. Kedar. *The Story of "Mahatz" Battalion* (Hebrew) (Tel Aviv, 1975), p. 19.

86. Adan, *On the Banks of the Suez*, p. 129.

87. 埃拉扎尔相信他在只有一支力量薄弱的师时可以发起进攻也是出于同样的原因，要过四五个交叉口，但是这个师有足够的力量避免在这些地方被切断。

88. Bartov, *Dado*, vol. II, p. 97.

89. Ibid., pp. 98–99. Adan, *On the Banks of the Suez*, p. 131, 将这两次对话合并在一起。

90. So Bartov, *Dado*, vol. II, p. 98. 根据阿丹的自述，情况令人更加悲观，他未能理解南部总司令如此乐观的原因。

91. Ibid.

92. Adan, *On the Banks of the Suez*, pp. 123–126.

93. Adan, *On the Banks of the Suez*, pp. 135–136. 另一种说法是，阿迪尼看到阿米尔撤退，请求加比允许他也这么做，但却被告知他要对此负责。Amidror, "The Fist Disintegrates," p. 32.

94. Tavor, "The Longest Day," p. 19.

95. 参见 Adan, *On the Banks of the Suez*, pp. 124–127。凯达尔（Kedar）在《"玛哈兹"营的故事》(*The Story of "Mahatz" Battalion*)第20页也描述了这一事件及其对士气的毁灭性影响。分配给阿丹的营信号士官能够通过无线电跟踪整个战役过程。

96. Adan, *On the Banks of the Suez*, pp. 156–157.

97. 这个营的指挥官后来声称他没有接到任何命令，而阿丹在他的回忆录中并没有直接反驳他。参见 M.Talmai, "The 8th October of Asaf Yagouri" (Hebrew), *Maariv*, Feb. 7, 1975, pp. 4–6, 45。

98. Adan, *On the Banks of the Suez*, p. 140; A. Yagouri, *To Be with Them, They're All Mine* (Hebrew) (Tel Aviv, 1979), pp. 12, 72–75. 尽管先前不知道，但是在阿迪尼先前被击败的同一地形上进行攻击，亚古里很容易被埃及大炮瞄准并摧毁。

99. U. Millstein, "The Day That Was: The 8th of October" (Hebrew), *Maariv*, Feb. 7, 1975, pp. 10–11, 和 Z. Schiff, "Notes on the 8th of October" (Hebrew), *Haaretz*, Feb. 7, 1975.

100. Adan, *On the Banks of the Suez*, pp. 148–151.

101. Agranat Committee's Report, 30 January 1975。"彼得原则"指的是人在组织里的晋升过程，是根据他在前一职位上的表现，而不是他是否适合新职位。

102. 1967年和1973年关于以色列士兵与阿拉伯士兵素质方面的对比数据可以参见 T. N. Dupuy, "The Arab-Israeli Conflict: A Military Analysis," *Strategy and Tactics*, no. 90, Jan./Feb. 1982, pp. 39–48, 57。然而，1982年以色列入侵黎巴嫩时，其初级官员的素质已明显下降，只好把比较随意的管理替换为非常严格的训练。结果是战术缺乏想象力，战场表现急剧下降。

103. 在人际关系更为融洽的戈兰高地，没有出现这样的问题。

104. 相比之下，戈兰高地的指挥官每天只与上级通话三次至四次，主要是获取其他前线的消息。[1982年4月29日，在特拉维夫对拉斐尔·埃坦（Rafael Eytan）中将的采访。]

105. 能想到的一些系统是全源分析系统（ASAS）；AN/TPQ-37火炮定位雷达；遥控飞行载具/目标获取/指定系统。此外，在美国之外，以色列人在黎巴嫩操作各种目标获取雷达和遥控飞行载具。

106. 参见 P. T. Rhona, "Weapon Systems and Information War" (Seattle,Wash.,1976), 特别是 pp. 10–14。这篇论文比较有说服力，文中表示，在任何给定的指挥系统中，信息流中包含许多薄弱环节，易于被敌人阻塞、过载甚至仿冒。

# 第七章
# 直升机与计算机

*The Helicopter and the Computer*

本章的分析将不再关注大规模常规战争，而是转向反暴乱行动。本章以1965年至1968年间越战中的美军为例。当时，美军正处于所谓的"战略推进阶段"，取得军事胜利的希望还未破灭，而令全部军事行动前功尽弃的撤军尚未成为压倒一切的考虑。

在1945年核武器出现之前，以及在那之后没有超级大国参与的冲突中，对于可在战争中有效使用的兵力在原则上没有限制。只要有足够兵力可供调用，每一方都可以把自己的目标尽量定高——有时，正如希特勒入侵苏联或盟军要求德军"全面投降"一样，这几乎等同于完全摧毁。在这种情况下，克劳塞维茨关于"战争是政治的工具"的名言几乎失去了意义，因为战争的作用被不断夸大，使得政治手段几乎没有用武之地。

然而，自1945年以来，情况发生了变化。广岛事件之后，即便是最疯狂的独裁者也再不能为了获得绝对胜利而单纯依靠军事手段，因为这样做无异于自杀。因此，曾在1914年至1945年间由于现代"全面"战争的发展而被边缘化的政治手段，以"复仇者"的姿态出现了，并在控制武装冲突方面发挥了比以往更大的作用。选择越战作为案例研究正是因为它充分说明了这一点，也就是说，这并非纯粹的军事冲突，而是一场政治影响无处不在的战争。当然，这意味着，对指挥方式的分析不能局限于观察战场或丛林，而须扩

321

展到最高决策系统——换言之，必须扩展到华盛顿特区，这里既是战争开始之地，也是最终失败之所。

从另一个角度来看，越战也值得深究。在这个日益被武器所掌控的世界，武器强大到无法使用，长期持续进行大规模常规战争似乎越来越没有发挥的空间。很难想象未来的冲突会像希特勒在1940年至1942年间和巴顿在1944年时那样，组织成千上万辆坦克碾过数百英里。生活在核武器阴影下的人们越来越倾向于没有核武器的冲突形式，其中主要便是暴乱和反暴乱行动。有些人可能并不乐见这种发展，他们仍然渴望原来那种旷日持久、有明确胜负的战争。然而，鉴于越战仍是迄今为止规模最大、记录最完整的反暴乱行动，我们不能不对此认真思考。

对越战军事行动指挥的分析并非没有疑问，这些问题在一开始就暴露无遗。前文讨论了许多战役，选取那些战例是因其耗时不长，但越南战争则不同，本章研究的战争阶段持续了大约3年之久。与其他战争不同的是，越战并非只是一场战斗，而是由一系列行动组成。其中许多行动高度标准化，因此被集体命名，诸如"雄鹰翱翔"（Eagle Flight）、"毒蛇行动"（Bushmaster）和"搜索摧毁"（Search and Destroy）等。研究这一战争的指挥之道，需要数据资料，尽管在历史上对越战分析最多，但在笔者感兴趣的领域，这类数据资料并无多少可用。数据资料的缺失并非偶然，越战与1973年10月的战争一样，仍然属于当代事件，并非历史，许多基于官方记录而非凭印象杜撰的文件才公布不久。

最后，提出一个警告。在所有的科学研究中，要对任何单一因素的影响进行准确评估，需要抵消掉其他所有因素的影响，历史也

## 第七章 直升机与计算机

是如此。对战争的指挥方式加以研究当然不无道理，但要时刻牢记还有许多其他因素的存在会塑造战争。无论本章的结论如何，都不应误导读者，让他们误以为越战的失败仅仅在于指挥失误，要么是高层指挥要么是战场指挥。正因为越战是一场游击战，针对的是反暴乱之道，越南的经济、社会和文化因素几乎影响着各级指挥，所以越战在某种程度上超越了本书研究的其他任何战役。当然，这并不是说在指挥方面没有任何错误，也不是说避免这些错误就能为美国带来更成功的结果，但这确实意味着必须从正确的角度来看待事物，对历史和指挥都是如此。

## 第一节 错综复杂的年代

在 1945 年以后的 20 年间，又有一系列伟大的技术进步影响了各国军队，使它们比以往任何时候都更加复杂。在这 20 年里，喷气式飞机和直升机相继问世，电子与自动化技术在火力控制、通信、电子对抗、后勤等方面投入应用，医学电器、模拟器和气象雷达相继出现，战场上用于反坦克或防空的制导武器也横空出世。因此，不仅有许多新武器装备入列，而且每一代新武器装备往往比它所替换的上一代装备复杂好几倍，并且需要更多不同的零部件。随之而来的管理和后勤负担日益加重，这一点或许在成本上体现得最为明显。例如，1965 年时一辆主战坦克或战斗轰炸机的成本是"二战"时期同类产品的 10 倍到 20 倍。[1]

军队情况日益复杂，这在人事领域也有所反映。第二次世界大战末期，970万名美国士兵被划分到1407个军事职业专业（MOS），每个专业的平均受训人数为6894人。[2]战后几年军队规模收缩时，军事职业专业的数量也有所下降，1952年降至最低点，但随后又开始增长。截至1963年，4个军种分布在1559个专业中的总人数约为222.5万人，即各专业的平均人数下降到1427人。但这一数字也并未反映真实情况，因为在1963年有许多专业实际上是由几个不同的专业结合而成的，尤其是那些与电子传动装置维护和操作等快速发展领域相关的专业。此外，各军事职业专业的人员分配也发生了变化。1945年，地面作战相关专业有50个，人数在全体人员中占25%，但到了18年后，同样50个地面作战专业只占全部人数的14%。因此，包含相对较少的军事职业专业的大型同质化部队所占比例下降，而容纳许多不同专业人员的部队所占比例上升。因此，如果将1963年时军队的复杂度与规模之比计算为6894∶1559，或将其等同于1945年比例的四倍半，那可能显得过于保守和谨慎。[3]

专业化与复杂度互为因果。专业化意味着，为了完成下达的任务，需要越来越多不同专业的人员进行合作。随着专业数量的增长，协同所有专业所需的信息量不是随之逐渐增长，而是呈几何级数扩大，每个人（或每个组）都必须与其他所有人员协同合作。单位中的每位成员不仅负责向直接上级汇报，还要向本兵种或专业的负责人汇报，这就进一步增加了信息量。尽管无法了解确切数字，当然这个数字也意义不大，但据现有粗略的数据显示，1963年控制美军部队所需的信息量，可能比1945年时高出20倍。专业数量是决定执行某一任务时管理某一单位所需信息量的主要因素。但是，该单位的组织结构同样重要，其稳定性越好，成员之间的相互了解

第七章　直升机与计算机

就越深，彼此信任度就越高，对规定、标准操作程序、命令和报告的需求也就越少，反之则越需要在人员和单位之间传递信息。几千年来，军事计划制订人员已经认识到这一事实，并利用他们所掌握的一切手段来增强各单位的凝聚力，甚至不惜牺牲全面管理的灵活性。[4]

越战中的美军组成极不稳定。[5]对派驻越南的人员实施四人一组的年度轮换制度，这使得人员相互之间无法充分了解，并且连长和营长的平均任职时间不到6个月，而旅长和师长的情况也好不到哪里去。[6]过度专业化也不利于整个部队的稳定，因为这意味着，为了执行某项任务，就必须不断地重复成立特遣部队，然后在任务结束后再予以解散。没有人会理所当然地听从他人，因此单位内部人员之间以及各单位之间的合作总是很难实现，除非信息流非常充分才有可能。

专业化的反面必然是集权化。机构的下属成员和单位越专业化，下属中牵一发而动全身的情况就越少，也就越需要高层的全面指导。此外，与决策门槛低的组织相比，决策门槛高的组织（只有高级官员有权做出重要决定的组织）需要更大、更流畅的信息流。在1945年之后的20年里，几种因素共同作用，导致美军经历了前所未有的集权化过程。首先，电子通信和自动数据处理设备发生了革命性突破，这使得华盛顿方面要在全球范围内实现有效的指挥控制在技术上变得切实可行。其次，20世纪50年代人们关注的重点是，需要有万无一失的积极控制系统来防止核战争的意外爆发。在这种背景下，美军于1962年首先建立了全球军事指挥控制系统（WWMCCS）。该系统最初是为战略空军司令部设计，然后逐步扩展到常规部队。新的管理技术进一步促进了集中管理的趋势，而数据处理硬件的上市则使之成为可能。以成本效益分析技术为例，其内在的重点在于资源的汇集和各部分之间的悉心配合。

华盛顿的决策者毫不犹豫地抓住了这次实施中央集权的机会。罗伯特·麦克纳马拉（Robert McNamara）在就任国防部长的18个月内启用了国防情报局（DIA）来取代各军种情报组织，国防供应局（DSA）来负责监督各军种使用的所有装备的采购，以及国防通信局（DCA）来接管五角大楼的中央通信设施。此外，国防研究与工程办公室（ODRE）得到进一步扩大，并被授权监督五角大楼资助的所有研究项目。[7] 上述所有发展都体现了，通过远程控制而做出决策，具有令人难以抗拒的吸引力。1946年至1975年间，在全球发生的200起危机中，美国总统对其中的73%做出了决策，但其中只有22%的干预是合乎法律要求的。[8] 1962年古巴导弹危机受到高度关注，肯尼迪总统亲自监督并确认了参与封锁的每一艘美国海军舰艇的位置，这类事件进一步加强了日益严重的中央集权的趋势。[9]

复杂度与专业化，以及组织的不稳定性和集权化——所有这些因素将矛盾焦点糅合在一起，造成了各级在做出决策时或各军种特定单位在执行任务时所需的信息量过度增加。为了处理所有信息，军队内部的通信部队自然扩大了许多倍，表2中的数据是对变化程度的最好说明。无线电台数量从1943年时每38.6人一套上升到1971年时的每4.5人一套，增长了857%，远远超过任何一种设备。这使各师指挥部的通信频道扩大了4倍，从朝鲜战争时的8个增加到越战时的32个。[10] 当时，多通道甚高频（VHF）通信已经进一步

表2　1943年至1971年团级单位实力与装备情况

| | 1943年团级 | 1971年旅级 | 变化（%） |
|---|---|---|---|
| 人员（人） | 3135 | 2553 | −19 |
| 步枪（支） | 2725 | 2119 | −22 |
| 机枪（支） | 74 | 129 | +74 |
| 反坦克武器（支） | 153 | 396 | +159 |
| 无线电台（台） | 81 | 539 | +565 |
| 车辆（辆） | 205 | 415 | +102 |

引自：Z. B. 布拉德福德（Z. B. Bradford）和F. J. 布朗（F. J. Brown），《转型的美国军队》(The U.S. Army in Transition)，加利福尼亚州比弗利山庄（Beverly Hills, Cal.），1973，p138。

扩展至炮兵连等单位，对第1步兵师等单位除了正常提供信号设备之外，还在其作战室增加了35条单独的用户线路终端。[11]此外，得益于1945年以来的技术进步，信息传输能力得以大大增加，上述数字并没有对此充分说明。越南战争爆发时，晶体管已经在大多数电子设备中取代了真空管，大大提高了可靠性和便携性。经过特别设计的甚高频无线电台，如AN/PRC-25和AN/VRC-12，即使在恶劣的丛林条件下也能提供理想的近距离通信。1966年到1968年之间在越南耗资5亿美元建造的综合宽带通信系统（IWBCS）采用地形散射新技术取代了旧的有线网络，可从越南国土的一端向另一端提供语音、电传打印[12]和数据中继服务。该系统还集成了首个在战区部署的全自动电话系统。为了架起太平洋与关岛（Guam）、菲律宾、檀香山（Honolulu）、旧金山（San Francisco）和华盛顿

（Washington）之间的联系，美国动用了从海底电缆到卫星中继等一切现有技术设备，其中卫星中继同样是首次使用。

要提高通信的质量和灵活性，就必须增加后勤支出，并且扩充负责安装、操作和维护新设备的人员。截至1963年，与上述工作相关的军事职业专业大约有400个，超过了美军专业总数的四分之一，[13]而且还在继续增加。在越南境内，战略通信司令部第1通信旅负责向军事援助越南司令部（MACV）提供通信保障，该旅规模超过一个师，编有2.3万名军人，足足占了驻越美军总数的5%。[14]各师全体人员中约20%是无线电话务员，其中一半是专业人员，另一半则是从其他岗位上兼职过来的。据估计，美军运往越南的主要装备中有三分之一是电子通信设备，存储了超过50万种零部件。第1通信旅不得不在南越地区建立了150处基地来维护设备。事实上，这些单位和设备非常复杂，以至于各师的通信营长将90%的时间都花在了设备管理上。简而言之，因技术革命而建立的通信机构，本身是为了应对专业化和复杂度带来的后果，却同时又成了导致专业化和复杂度的主因。正所谓"是药三分毒"。

单是通信系统，不论其数量和复杂程度如何，也只能部分解决军事技术革命引发的问题。人们认为，现在需要的是分析和理解战争的全新技术，这种技术将充分考虑技术自身的复杂性，并提出准确的定量解决方法，以取代过去的定性判断。事实上，这些技术在20世纪60年代初以系统分析的形式出现。罗伯特·麦克纳马拉将系统分析引入五角大楼，旨在为高层决策提供更为理性的依据。系统分析源自商界人士和经济学家长期使用的预测、协调生产运行的模型。正如系统分析办公室（OSA）和所谓"天才"——他们大多是来自大学和智库的专业经济学家——所做的那样,据说这种技术有三个特点:(1)试图将每个独立问题的参数清晰界定为某个更大问题的一部分,同时本身也包含更小的问题,从而建立起一系列的关联。例如,从理论上讲,美国的整体安全问题与五角大楼女性工作人员的裙子长度会产生联系;(2)尽量明确基本假设,以便根据假设提出若干备选解决方案;(3)在可以量化的情况下采用量化手段。[15]虽然很少牵涉极其复杂的数学计算,但结果在很大程度上要归功于统计数据,并且常常用方程式来表达,这也是系统分析在那些无法理解或不愿理解它的人中间不受待见的原因之一。

有些人认为利用系统分析来解决战争问题本身就是错误的,这种看法未免过于偏颇,但系统分析确实和其他技术一样有其局限性。[16]首先,系统分析本质上是一种建模和量化方式,因此它更适合于解决财政问题和技术问题而非作战问题,因为在作战问题中,敌人的独立意志并不完全受其所掌握的手段控制;系统分析更适合于海空作战而非地面作战;更适合于相对简单的小规模作战而非复杂的大规模作战;更适合于纯粹的军事战争而非由社会和政治因素决定一切的战争。[17]其次,侧重于数字运算的方法可能会试图排除道德因素和精神因素,尽管这些因素在战争中非常重要,但却无法轻易量化(如果可以的话)。再次,计数和理解之间存在差异,这一点在越战中表现得最为明显。美军对"敌人"尸体和"已平定"村庄进行的计数,是伪科学的,往往毫无意义,而且极不准确。把握事物的本质需要深入了解当地情况,如果并未把握事物本质而只是对其进行计数,此时定量分析方法就有可能取代认识,而非仅仅作为认识理解事物的一种辅助手段,这一点相当危险。

总的来说，系统分析方法及其负责机构，在越战中所扮演的角色经常被夸大。二者均非战争产物，最初的引入和成立都是为了帮助审查和制订国防计划（包括最重要的财政计划），而这些问题在当时越战中还不突出。这个未来之星主要应用于如下方面：战争的财政预算（计划）、与派往越南的部队数量及类型相关的高层决策、制订后勤计划以预测飞机的损耗率和下一步生产需求。美国系统分析办公室对越战的影响相当有限，不过它坚持每月发布一份非官方的《东南亚分析报告》（*Southeast Asia Analysis Report*），受到华盛顿决策者们的重视。[18]此外，除了办公室成员偶尔赶赴"现场"探访外，系统分析办公室从未有过独立的资料来源，只能满足于整理和分析军事援助越南司令部收集的统计数据。正如其主管阿兰·恩托文（Alain Enthoven）指出，该办公室虽然是总统和国防部长下属"定向望远镜"，但其能力受到了极大的限制，而且办公室成员也不具备发挥这一重要作用所必需的专业军事技能。甚至连威斯特摩兰（Westmoreland）将军也没有提到过，该办公室（或办公室秘书）曾在越战行动方面尝试给过他任何细节上的报告，因此后来许多针对该办公室的指责也就可以忽略不计。不过，系统方法及其所需的数据类型确实对"信息病态"（information pathology）的出现有影响，信息病态是越战的特点，并在很大程度上决定了战争的结果。下一节将专门讨论信息病态及其性质和症状。

## 第二节 多少才够？

如果把复杂度作为判断一支武装力量是否与时俱进的标准，那么，美军的越战指挥部门确实达到了这一点。部门顶层是国防部长，他是除总统之外拥有战争最高指挥权的人，但对他（对总统也是如此）来说，指挥越战只是他的诸多职责之一，而且并非总是手头最重要的问题。国家安全委员会（NSC）和参谋长联席会议（JCS）仅次于总统和国防部长。由麦乔治·邦迪（McGeorge Bundy）和沃尔特·罗斯托（Walt Rostow）领导的国家安全委员会在决策过程中发挥了重要作用，最终导致美国卷入越南战争，但它在1965年之后影响力逐渐减弱；参谋长联席会议致力于保护其下属各军种的利益，是上下沟通的渠道，哈金斯（Harkins）将军和威斯特摩兰将军就先后通过它，不断要求补充人员和资源。海军上将奥利·夏普（Ole Sharp）时任太平洋总司令（CINCPAC），相当于战区指挥官（如果设置的话），其指挥部在夏威夷（Hawaii），离越南大约3000英里。他是威斯特摩兰的军事援助越南司令部的直接上级，还指挥着驻关岛和泰国的第7舰队和战略空军司令部B-52轰炸机中队。太平洋总司令部与参谋长联席会议一起负责对北越开展空战，但他们的作战计划受到国防部长与其助理的严密监督，而后续的落实则直接受到总统本人的监督。

威斯特摩兰将军指挥着越南境内的所有美军。然而，他无权管辖驻泰国、老挝和柬埔寨等邻国的部队和基地，也无权入侵这些国家。通过秘密行动以及与美国驻上述各国的大使定期会晤，虽然可在一定程度上解决这个问题，但出于政治原因，威斯特摩兰完全无法控制南越和韩国的军队，并且对于规模小得多的澳大利亚和新西兰军队，他的控制权也非常有限。美国驻南越的民间组织，如罗伯特·科默（Robert Komer）领导的民事行动和革命发展支持组织（CORDS），同样不属于他管辖，要与它们合作必须由美国大使馆协调。还有许多信息和情报机构不在他的命令范围内，它们也参与了越南战争，其中部分由华盛顿直接管理。[19]

而且威斯特摩兰显然也未能完全控制自己手下的军队。他对在南越参加战争的战略空军司令部和第7舰队没有任何控制权。作为陆军上将，他还指挥着空军、海军和海军陆战队，但与海军陆战队的关系一直问题重重：他们不仅不愿意远离自己珍爱的海滩（这在很大程度上解释了他们为什么宁愿采取"飞地战略"和"绥靖政策"，也不愿意执行侦察和破坏任务），而且还拒绝让军事援助越南司令部自由调用他们的空中部队。[20]在向他们下命令时，威斯特摩兰不得不小心谨慎，同时顾忌在华盛顿的海军陆战队总部，要尽可能免受其干预。他对海军陆战队的控制权比对空军和海军（河流巡逻）部队的控制权要小得多；空军与海军都愿意与陆军合作，受到了高度评价。[21]

美军的指挥结构与越南战争格格不入，这一直是评论的焦点，绝大多数批评集中于缺乏全面协调的人员，或是威斯特摩兰与南越人民及部分下属部队之间关系紧张。[22]然而，笔者在这里并不是要提议建立另一个或许可行的组织结构，而是要讨论这种复杂度本身对指挥方式的影响。有人指出，军事援助越南司令部这一机构本身非常复杂，需要有200页厚的篇幅才能概述该司令部的数十个组成单位和它们所处理的成百上千个任务、关系和职能。此外，军事援

## 第七章　直升机与计算机

助越南司令部还只是美国众多参与越战的机构之一（或许也是迄今权力最大的机构），对协调工作和信息数量产生了难以满足的巨大需求。正如目前我们所见，即使世界上最先进的军事通信网络最终也无法应对这种需求。权力结构的分散与多变还造成了一种趋势，即使直白的军事命令也会用含蓄的"请求"语气来表达，这一点在越南相当典型。

《五角大楼文件》(The Pentagon Papers)中的一段文字明确阐释了高层处理问题之道："实际上，参谋长联席会议坚持（该时间不确定——原书作者）要建立一个非共产主义的南越政权，其军事目标也符合这种观点。他们坚持采用一个月前写入JCMS 702-66的基本战略观点，而这一观点几乎没有在麦克纳马拉或其参谋人员那里引起任何反应。毫无疑问，参谋长联席会议的抵制行为在很大程度上是因为'美国武装部队总司令（COMUS）—军事援助越南司令部—太平洋总司令部'对国家安全行动备忘录（NSAM）草案的反应……。"[23] 成千上万页的备忘录中提到了总统、国防部长、系统分析办公室、太平洋总司令部、美国武装部队总司令—军事援助越南司令部以及其他无数机构，他们一直在记录和分发备忘录，来进行评论和开展行动。各级决策者埋首于大量文件之中，极少能看完其中个别文件，更遑论实施。[24] 威斯特摩兰一直忙于案头文书工作，他的日程安排很紧凑，极少有人在他身边逗留较长时间。[25] 如此大量的案头工作甚至在当时也引起了注意，参谋长联席会议称驻越美军"办公文具用量太大"，并一度发布了一项指令，限制高级军官申请更多文具。因此，人们要寻求一种行之有效的办法，结果导致了更严重的集权化。[26]

如果说复杂度是导致越战中所需信息过多的原因之一,那么集权化则是原因之二。有些文献往往会夸大这个问题,虽然从理论上说白宫是可以直接指挥炮兵阵地的,但在实践中并无迹象表明有过如此尝试。不过,集权化还是显而易见地体现在越战中的两个重要方面。一是对北越的空中战争。根据国防情报局、参谋长联席会议和太平洋总部提供的情报和目标清单,这场空中战争是由麦克纳马拉与副官自华盛顿发起的。由此建立的指挥系统让人亲眼确认了,国防部长办公室发出指令明确要打击什么目标、天气条件能否执行任务,甚至飞行员必须具备什么程度的最低个人训练水平。由于作战表现是根据统计数据进行评判的,会考虑到成本—效益计算和资源有效利用,那些真正身处战场的官兵极有可能会无视局部战术态势。[27] 此外,作战结果要从航母发往太平洋总部、参谋长联席会议,到麦克纳马拉的办公桌前,然后再返回,这就产生了海量的信息流。

集权化的另一领域是为驻越美军提供服务的后勤系统,它也引发了巨大的信息需求,甚至到后来都无法得以满足。后勤系统是基于深思熟虑而做出的决定,当时在 1965 年,威斯特摩兰急于在最短时间内让更多美国作战部队进入越南,不得不冒着后勤保障跟不上的风险。[28] 这场战争的特点相对稳定,而且成本—效益考虑倾向于中央集权和资源集中,这使得后续的后勤保障没有重新恢复。补给和维护转而由专门的后勤指挥中心提供,它们逐步覆盖南越,进行区域保障。该制度要求在后勤指挥中心和战场部队之间保持详细和持续的沟通,此外还需要发挥后勤指挥中心的能力来构建并维护一个部队的需求统计模型,但因为各部队一直在不同的战术区域之间不断机动,这项任务显然难以完成。反过来,由于无法预测需求,这又加大了对供给的要求,导致美军往往需要从太平洋彼岸的货源地来请购特定物品。事实证明,尽管请购系统已经电子化并且相当复杂,但还是无法处理完这些必要的信息量。美军部队不是利用信息来协调供需关系,而是被迫向后方派遣士兵(那些后勤指挥中心位置固定,与任何一支部队都没有长期联系,坚持要留在后方而非前线),走遍大大小小的商店和仓库,甚至远赴冲绳,来选取所需物资。当找到这些物资时,往往会发现其中包括总部坚称没货的装备。[29] 第 1 后勤司令部的海泽(Heiser)将军写道,将来有必要采用集权化程度相对较低的制度,把各军种的部队交还给各自的管理部门,从而减少相当一部分信息需求,即使代价是造成部分资源冗余。[30]

鉴于指挥系统的结构问题,要求高层部门解决琐碎问题的事例举不胜举,这里仅举两例就已足够。其中一个是在 1967 年 7 月,参谋长联席会议和系统分析办公室之间曾发生了一场争执,分歧在于是否应派两架 C-141 运输机增援驻越美军,这个问题最终不得不由麦克纳马拉亲自做出决定。同年 10 月,在 50 万美军已经驻扎在越南境内及周边的局势下,有一个是否应增派 3 个营的问题被迫提交给约翰逊(Johnson)总统来决定。[31] 每一个类似的决定都需要匆忙细致地起草大量行动备忘录,都必须经过威斯特摩兰在西贡(Saigon)的军事援助越南司令部详细论证,然后再逐级上报到华盛顿进行评估审查。诺思科特·帕金森曾写道,把这种方法与现代通信手段那不可思议的能力相结合,可以触及每个角落、每条缝隙,往往会把所有的力量集中在一个人身上,不过显然此人会由于劳累过度而失去理智。

在越南发动战争所需的信息量无法充分记录,但一些例子可以说明其流量大小。仅军事援助越南司令部的情报部门〔由麦克里斯琴(McChristian)将军领导的联合情报中心,为南越军队和美军服务〕每月能收到长达 300 万页的敌方文件,其中大约 10% 被证明具有"情报价值",并会进行翻译。在 1967 年年初,仅这一情报来源每天印刷出来的报告就超过半吨,"各种迹象表明该数量还在逐日增加"[32]。早在 1965 年,位于富林(Phu Lam)的陆军战略通信机构还只是其最终规模的三分之一,每天处理往来南越的信息大约有 8000 条。后来随着信息流量的不断增加,他们不得不于 11 月在芽庄(Na Trang)建立第二个情报中心。到 1966 年年底,这两个中心每月共处理 50 万条信息,[33] 次年该数字又翻了一番——这还不包括每月的 500 万张计算机打孔存储卡片。

许多因素,包括现代战争中的一些固有因素和时间、地点等其他特定因素,造成了这种对信息永无止境的需求,而通信和数据处理系统最终无法满足这种需求。这种无能为力在对敌情报领域体现得最为明显。用巴顿的话来说,这类情报"就像鸡蛋一样,越新鲜越好"。驻越美军依靠许多不同的情报来源,包括侦察兵驾车行驶在纵队前方的探测观察、在野外对越南农民的审问记录、空军最新的高频和红外探测设备等。其中一些手段下发给营级甚至连级部队使用,其他手段,尤其是复杂或昂贵的部分,则集中在高级指挥部甚至是各军种部门。当然,对任何手段的运用越是集权,就越需要依赖可靠快捷的通信设备,以便及时收集处理情报并反馈给部队。如图 2 所示,系统无法应付对实时信息的需求。在越南这种艰苦的

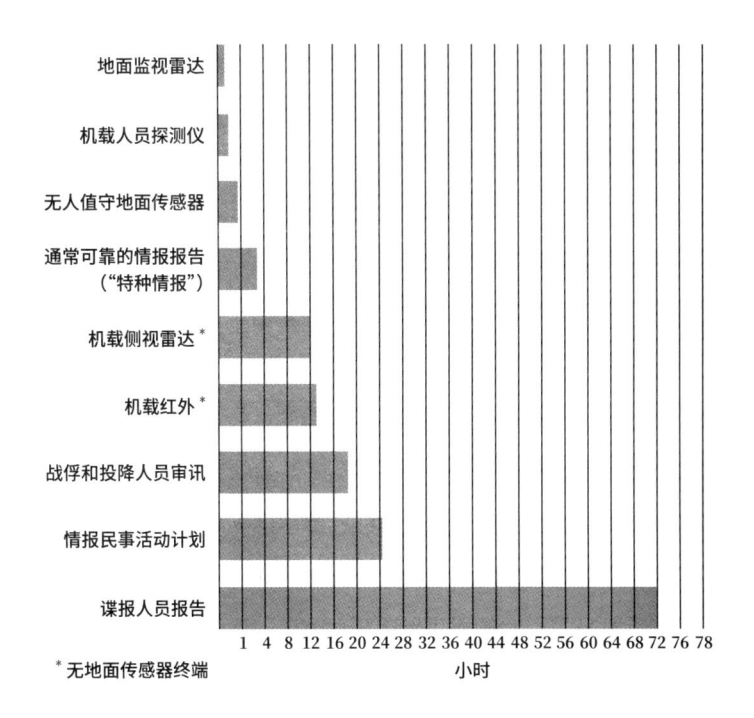

| 情报来源 | 小时 |
|---|---|
| 地面监视雷达 | |
| 机载人员探测仪 | |
| 无人值守地面传感器 | |
| 通常可靠的情报报告（"特种情报"） | |
| 机载侧视雷达* | |
| 机载红外* | |
| 战俘和投降人员审讯 | |
| 情报民事活动计划 | |
| 谍报人员报告 | |

\* 无地面传感器终端

**图 2** 情报报告的实时性（从事件发生到收到报告的平均时间）

环境下，面对越共 / 北越军队（Viet Cong/North Vietnamese Army），该系统经常无法及时传输信息，这意味着师级部队手中的某些情报来源已经几乎毫无用处。[34]

这个问题或许同样体现在不同优先级别的消息发送方面。越战期间，信息需求和通信系统的信息传输能力之间存在差距。1944 年至 1945 年间，美国陆军第 1 通信司令部在法国和德国处理的所有信息中，大约只有三分之一属于最高级别。[35] 然而，在越南，被划分到"即时"或"快速"的信息比例有时超过了半数，这就造成了堵塞，并且表明部队认为最低级别的信息几乎没有机会及时发送出去，然后这又迫使参谋长联席会议增设了一个新的"超快"类别，以确保他们自己的信息能够及时发送出去。[36] 正如第1通信旅指挥官冯·哈林根（von Harlingen）将军在他总结汇报中所说，试图及时传递所有信息会不可避免地导致流量明显放缓，这可能而且确实会造成信息堵塞，甚至完全丢失。

如果说高优先级的流量激增是信息病态的一个标志，那么高密级情报的滥用则是另一标志。[37] 大量命令和报告被标记为"绝密"，因此需要专门的传输设备，据说这是越战的典型特征。[38] 原因之一可能是美军长期无法区分越南友军和敌军；之二是美军人员在越南境内外的快速轮换制度，导致士兵或指挥官都无法充分了解或信任对方。设定密级过高的代价是，由于所需专业设备超载，通信速度经常会下降。与本章讨论的其他内容一样，密级设定作为信息病态的表现和原因，体现得非常明显。[39]

正如上文所述，越战信息病态的又一表现是各个指挥层级上针对单一用户的线路（即"热线"）激增，一间普通的作战室中至少有35条此类线路。如此多的线路表明指挥部门在试图克服通信系统的拥堵，确保信息顺利发送和接收，即使这些资源有时会空闲而且其他人也无法利用。所有的大单位必然都会这么做，但是这种减少预留线路过载情况的方式，却加重了其他线路的负担。

所有这些因素结合在一起——专业化、不稳定性、集权化、复杂度，以及由此产生的信息病态——确实导致了指挥过程的缓慢滞后，从计划、准备到付诸行动经常需要很长时间便足以证明这一点。因此，1967年秋的"雪松瀑布"行动（Cedar Falls）和"枢纽城市"行动（Junction City）都动用了两个师以上的兵力，从做出

## 第七章 直升机与计算机

决定到采取行动也同样都用了大约 4 个月的时间。制订一个通过入侵老挝来切断胡志明小道（Ho Chi Minh Trail）的计划花了 6 个月，[40] 另一个从区区 30 英里外的基地去救援溪山（Khe San）的计划则用了两个月。[41] 然而，计划过程缓慢最典型的例子是 1970 年对山西（Son Tay）战俘营的突袭失败：

| | |
|---|---|
| 1970 年 5 月 9 日 | 第 1127 情报部队发现在阿鲁（Ap Lo）和山西有战俘营。 |
| 5 月 25 日 | 计划和政策部副部长艾伦（Allen）准将与反暴乱和特殊行动特别助理（SASCA）布莱克本（Blackburn）准将安排了简报会。对艾伦的计划进行了讨论。 |
| 5 月 25 日 | 空军向参谋长联席会议主席递交了营救战俘的请求。 |
| 5 月 26 日 | 反暴乱和特殊行动特别助理要求国防情报局提供情报数据。 |
| 5 月 27 日 | 反暴乱和特殊行动特别助理向参谋长联席会议作战部部长提出任务要求；向参谋长联席会议主席提出行动建议。 |
| 5 月 29 日 | 反暴乱和特殊行动特别助理就计划进行中的任务向即将继任参谋长联席会议主席的海军上将穆勒（Moorer）做简报。 |
| 6 月 1 日 | 参谋长联席会议作战部部长和国防情报局局长共同审核救援任务的备选方案。成立可行性研究小组（计划人员共有 25 名）。 |
| 6 月 2 日 | 参谋长联席会议主席听取反暴乱和特殊行动特别助理所做简报。 |
| 6 月 5 日 | 参谋长联席会议主席听取反暴乱和特殊行动特别助理所做关于任务建议的简报；要求进行深度可行性研究。 |
| 6 月 8 日 | 分管作战的副参谋长听取简报。 |
| 6 月 9 日 | 要求中央情报局东南亚事务特别助理参与可行性研究小组。 |
| 7 月 10 日 | 参谋长联席会议讨论营救任务行动建议；反暴乱和特殊行动特别助理的最终建议在参谋长联席会议通过。 |
| 7 月 13 日 | 西蒙斯（Simons）上校任行动指挥官。 |
| 7 月 14 日 | 美军战俘从山西移走。 |

339

续　表

| | |
|---|---|
| 7月15日 | 参谋长联席会议任命美空军准将马诺斯（Manors）为行动指挥；指定埃格林空军基地（Eglin Air Force Base）为执行该任务的训练场所。开始在布拉格堡（Fort Bragg）招募志愿者和军事专家。 |
| 8月8日 | 由安全处组织的为期5天的详细计划开始制订。 |
| 8月10日至14日 | 由反暴乱和特殊行动特别助理召集计划小组。 |
| 9月9日 | 针对任务开始训练。 |
| 9月28日 | 陆空军演习联合进攻。 |
| 10月6日 | 训练结束。 |
| 10月8日 | 国家安全顾问亨利·基辛格（Henry Kissinger）听取行动简报。 |
| 10月10日 | 原定的行动日期后来被延后。 |
| 11月18日 | 尼克松（Nixon）总统听取参谋长联席会议主席的简报。 |
| 11月21日 | 开始执行任务；总体上取得成功，只是敌军营地中空无一人。[42] |

　　事情的经过是这样的，就在被指定执行任务的美军部队经过4个月的计划之后开始着手训练的当天，美军战俘被带走，山西战俘营人员也撤离了。面对像越共/北越军队这样难以捉摸的敌人，如此漫长的准备时间完全不妥；换句话说，复杂的组织结构与现代通信共同导致了美军决策周期比敌人的决策周期长，而敌人在这两方面远没有那么复杂。为了避免大家认为这种提前量是当今战争复杂度的某种特征，请对比一下1941年德军组织两个师——包括伞兵、空军和海军——对克里特岛（Crete）发起的联合攻击，他们仅用了三周时间就完成了这一行动的计划和实施。或者，另一个更好的例子是，1976年以色列空军飞机被劫持到恩德培（Entebbe），而以军迅速采取行动，在一周后便完成了营救任务。[43]

第七章　直升机与计算机

## 第三节　迷失方向的"定向望远镜"

到目前为止，本章的分析集中在指挥驻越美军所需的信息量上。然而，美国为了应对越战而利用的信息种类也值得深入研究。正是在这一领域，我们才有望找出这场奇怪战争中为什么会出现一些特别的指挥方式。

一般说来，每个时期的人们都有自己偏好的方式来观察和理解外部世界。打个简单的比方，只要人们相信上帝直接统治人类，那么就必须将精神错乱视为上帝的特殊作品，因此就要让精神病人接受祈祷和驱魔治疗。17世纪的科学革命推翻了上帝的统治，取而代之的是牛顿的机械宇宙观。用机械原因来解释精神失常，如头部受到重击，这不再是上帝的意志使然。人们转向机械设备来寻求合适的治疗方法，如冷水浴或用离心机来旋转病人。弗洛伊德透过梦、催眠和自由联想来研究精神现象，结果他发现潜意识是疯狂的根源，并试图控制它。高度灵敏的测量仪器发明后，现代人开始关注人体生化学和电子学，潜意识则被束之高阁；取而代之的是，同样的情况——如抑郁症或精神分裂症——现在都用电击疗法和药物治疗。

对待战略与对待精神错乱一样，不同地区、不同时代的人们都用自己最倾向的方式来理解它。正如克劳塞维茨所说——从我们这个角度来看，这并不令人意外——在18世纪之前，他认为几乎不存在经典的战略著作。[44]最早提出战略理论的尝试源于包围战，因此需要借助几何学来帮助人们理解这一理论，这导致各种理论书籍读起来像是欧几里得（Euclid）学说的延伸，里面关注的是内线和

341

外线、数量优势、精神力量和侧翼机动等，每一条在当时都被认为是赢得战争的关键。1914年至1918年包围战的挫败催生了间接路线战略，同样地，它随后也经历了历史的检验。后来，人与技术之间的平衡发生了变化，产生了我们现在的观点，即过于简单地理解为，人类用机器发动战争，战争就是机器的产物。[45]

美国国防部门最喜欢用统计数字来了解、计划和发动越南战争。如前所述，高层选择系统分析这一方法对预算和军队结构做出决策，这种做法带有量化倾向，后来又扩展到其他领域。麦克纳马拉和威斯特摩兰这两位最重要的决策者，都曾与哈佛商学院有过联系，他们似乎都是出于自身原因热爱统计学，身边也聚满了兴趣相似的人。在计算机还是令人兴奋的新鲜事物时，人们有时会认为，利用计算机来解决问题，这本身就是更理想的分析方法。越南战争所需的信息流规模之大，很可能加剧了统计的趋势，因为信息无法被完全阅读，只能量化统计。

虽然推动统计发展的因素一部分来自指挥系统内部，但不可否认的是，越战是一场没有战线的游击战，只能运用统计手段来进行把握。在这场终极目标是追求人民拥护和国家发展的战争中，地图上的箭头或色块，甚至是战斗本身，相对来说都没有什么意义可言。但任一个目标都难以衡量，因此必须采用间接方法："村庄评价系统"（HES）来测算在"恢复和平"区域的人口比例；公路或水路的交通里程；用城市市场的大米供应数量来衡量国家经济活动等。反过来，敌人的情况是由事件数量和阵亡人数来衡量，[46]友军的表现是根据毁伤率来计算。这些数字要用到上千种方法来分析，因此在任务中会经常使用计算机。

## 第七章 直升机与计算机

该系统的一些缺点经常受人指摘,[47]特别是数据的准确性极差,但其他缺点则不太为人所知,在此必须简要介绍。再准确的数据也取代不了对环境进行深入了解,而驻越美军就对越南的环境几乎完全不了解。[48]这种缺乏了解就把真实的政治和军事问题转化为臆想的技术问题。虽然计算机打印输出的大量数据貌似非常全面和准确,但其含义往往模棱两可:事件发生率的下降可能意味着(除了其他方面)要么敌人已被打败,要么是友军没有发现敌军进行战斗。[49]统计分析目标的构成模式只有高级指挥层知晓(这些数字对于下级单位毫无意义),依赖这种分析本身就会引发集权化和信息病态,而集权化也是信息病态的原因之一。统计可能是处理大量上报消息的唯一方法——在五角大楼这一级别上每天都会涌来数十万条消息——在此过程中,统计按最小公分母的方式对这些消息进行缩减。最后,统计数据算得上人类掌握的最抽象的信息形式之一,虽然可以清楚明确地描述整体现象,但任意一组数字与特定地点发生的特定事件之间的相关性或许接近于零。

因此,在基于大量数据分析之后,位于西贡的军事援助越南司令部或华盛顿的系统分析办公室都可能会生成表格(这些是实例),显示出以下信息:作战行动在1968年和1972年达到顶峰;最激烈的战斗总是发生在上半年,这并不奇怪,因为此时是旱季;每年都发生许多袭击事件(规模、类型不一),还有各种骚扰、恐怖主义、破坏、宣传和防空火力;通过这些方法分析出,越共的战略是"集中力量不断实施小规模骚扰行动";在各个地区中"恢复和平"的村庄占比多少;在某一时期战斗轰炸机的出动架次是多少,等等。[50]用系统分析办公室某位支持者的话来说,系统分析办公室"最大"

的发现也许是，美国没有赢得这场消耗战，即使增派更多的部队也解决不了这个问题。鉴于数据性质和分析方法，这一发现并不令人惊讶。顺便提一句，这个关于不应或无法派遣更多部队的结论，麦克纳马拉早已通过其他途径自主推断得出了。[51]

这一切对越南的实际指挥系统有什么影响？统计基于事后报告，这并不是真正意义上的敌方情报。要收集第一手资料，对部队来说又是个沉重负担，有时还充满危险，如统计死亡人数等。而这是不是部队的具体需要，往往也令人怀疑。上级一直施压部队提供更多的此类数据，因此部队不以为然的反应也很正常，他们认为只要战斗力报告看起来不错就可以了。最终的结果，借用杰里米·边沁（Jeremy Bentham）关于自然权利的严厉措辞，就是"一派胡言"。军事报告系统充斥着准确性和相关性都不确定的数据，因此其价值大打折扣，必须用其他形式的信息来源加以补充甚至取代这些数据。

直升机在越战指挥中的独特作用一直是经常讨论的话题，也是大家的兴趣所在。[52]但是，注意到这一现象的人很少探究其原因，或将其归入指挥系统的一般运作方式。一位观察人士写道，直升机放大了美国民族性格中的两个基本特征：急躁和好斗[53]——这一评价或许中肯，但并不是真正的解释。其他对直升机在指挥中所起巨大作用的解释，定然包括这一新装备的酷炫造型，和拥有这样一架随时待命的直升机所带来的名声；飞行员倾向于以此来积累飞行时间，从而获得空军奖章并最终晋升。事实上，直升机的确快速灵活，可以让指挥官在各地来去自如，并了解战场全景。[54]正是这个因素促使每一支现代军队都采用直升机作为指挥工具。在地形复

第七章　直升机与计算机

杂、往往无路可走的越南境内，快速灵活这一特点使得直升机的优势格外突出。

在越战特有的环境中，各大部队很少有两支下属部队会同时对敌作战。在这种情况下，一般本应允许每位指挥官控制更多下属，从而实现权力下放和管理层级扁平化，但事实正相反。比如，一名倒霉的连长正在地面上与敌人交火，营长在其上空盘旋督战，旅长在营长上空约1000英尺盘旋督战，他又受到在更高空的直升机上的师长监督，而如果运气不好的话，师长的一举一动也在野战部队（军）指挥官的监视之下。每位指挥官都要求地面部队接入他的频道来说明局势，由此便产生了大量的情报需求，这必然会干扰部队的运行效率。然而，中高级指挥官应该怎么做呢？我们讨论到现在已经知道，越战中正常的军事报告渠道往往充斥着大量不准确的无关信息，而且不能及时传送和处理。为了彻底解决这一问题，威斯特摩兰将军麾下的各位指挥官都必须采用异常强大的"定向望远镜"制度（情报联络系统），将军坚持要求有权在不事先通知的情况下对各级部队进行视察。[55] 这些情报联络系统非常强大，几乎足以使其监督的行动搁浅，这在当时的情况中并不令人意外。

还有另一个现象与越战指挥有关，也就是媒体尤其是电视发挥出了巨大的作用。这只能解释为普通军事报告系统的不足。这里再次强调，不要失去洞察力，要知道还有其他的因素，包括美国社会的开放包容，以及公众对政府声明的日益不信任等。然而，华盛顿的决策制定者，甚至还包括西贡的军事援助越南司令部，最好这样来理解，即媒体作为重要的信息来源，部分是由于它们有绕过军事情报系统的能力。

在越南工作的媒体与指挥系统有很多共同之处。新闻记者和指挥官往往只在此地因公停留很短时间，因此他们都无法全面了解局势情况。他们都花费大量时间往来于有重大事件发生的地方，有时甚至共乘一架直升机。[56]但是，与指挥官不同的是，新闻记者的优势在于他们不必处理统计数据，因此能够对事件进行直接报道。这些报道也无需经过中级指挥部的重新整理，这就节省了大量时间。一般来说，新闻工作者，特别是电视记者，主要处理具体情况而非总体情况，在这个方面，他们提供的情况往往比从大量统计报告中提炼出来的结论更加准确。但媒体常常由对国家或战争缺乏了解的人来控制，并且没有任何外界监督，就像一架没有方向的望远镜，会把注意力集中在单个事件上，而不利于了解整体情况。所以，他们的长处——绕过正常信息渠道的能力——也就构成了弱点。

1968年的"春节攻势"（Tet Offensive）可能是媒体作为"非定向望远镜"影响越战的最好例证。彼时，南越90%的地区都没有新闻记者采访，但那其中部署了美军85%的机动营，伤亡情况也占了全军的80%（1968年3月16日美莱村事件的发生地也处于无媒体区域）。整个越战经媒体报道后，看起来似乎战斗只发生在西贡、顺化（Hue）和溪山。[57]高层决策者的目光都在盯着威斯特摩兰将军，为此将军直接住到了作战指挥室，而此时越共对溪山海军基地的"包围"仍在继续。在华盛顿，溪山所具有的"象征性"和"历史性"的意义首先促使约翰逊总统从参谋长联席会议获得一份书面承诺，保证基地不会陷落，然后在白宫的地下室里建造了基地模型，总统及其顾问都在那里反复研究。事实上，武元甲（Giap）将军是否曾经想要占领基地，目前还不清楚；有一点似乎确定无疑，那便是美国媒体将注意力都集中在这个包围战上，忽视了即将开始的"春节攻势"，而不管北越是不是也是如此计划的。

或许最好将直升机、媒体和战术电台的运作看作是为克服对越军事报告系统的缺陷而做的尝试。由于直升机占据了天时地利之便，因此被融入强大的"定向望远镜"中，强大到足以妨碍军事报告系统的运行甚至使其停滞，尽管它本来是应协助对其开展监管的。媒体失去了控制，只关注精彩的特定事件，将其搬上报纸头条和电视屏幕，结果使大众关注不到战争全貌。野战无线电台作为通信手段快捷有效，但牺牲了安全性。再重申一次，这一切的发生都是因为最初缺乏正常的军事信息渠道。

## 第四节　结论：信息病态

美军在越南的部署空前复杂。不仅上层组织分散混乱，以致无人负责或人人负责，而且把为常规战争设计的普通指挥结构也照搬到水土不服的游击环境中。人员和部队的高度专业化，加上坚持传统的三三制指挥链，使得各级指挥部层层重叠，只有通过大量的信息流通才有可能实现相互协调。[58]中央集权化、资源集中化，以及对战争的远程控制——尤其是在后勤领域和对北越的空中战争中——进一步增加了对信息的需求。虽然美军在南越建立的通信网络是史上最广泛、最昂贵和最复杂的，但事实证明，正如艾布拉姆斯（Abrams）将军所说，它最终也无法处理这个"无底洞"[59]。

由复杂度和集中化造成的信息病态导致在越南准备和发起行

动需要很长时间，这是在军事上产生的最突出的后果，其他的影响则表现在直升机和媒体所发挥的作用以及野战无线电台的使用方式上。面对一个复杂到难以应对的军事信息网络，决策者们试图动用全部现有手段来绕过该网络，这种反应也是情理之中。驻越美军指挥人员依靠直升机来补充情报，而华盛顿的官员们则依靠媒体，因为通过正常军队和国防渠道传递的信息往往极为抽象，缺乏准确性和时效性，士兵们甚至会通过无线电装备聊天。

为了避免误解，必须强调，使用其他信息来源本身并没有错；事实上，利用这些信息来源或许是建立有效指挥系统的先决条件。然而，当正常的渠道因信息病态堵塞或扭曲时，如果使用药效太强、不明确或不安全的药物进行治疗，这不太可能成功。

因此，本来打算通过成千上万个小齿轮的协调行动来尽量降低成本效益比，设想所有这些齿轮既相互联系，又能在最高管理小组的指导下根据其任务的执行情况进行微调，但最后的结果却事与愿违。非但没有节省资源，反而在投掷或发射了几十万吨弹药后，几乎没有给敌人带来伤亡。[60]战争并没有像外科手术一样，有选择地对神出鬼没的敌人进行针对性打击，同时又不伤及当地居民，反而是为了收复某个地区，会把整片区域都夷为平地。这些数据并没有全部提供给高层决策者，他们最终了解到的都是一些过于分散和抽象的内容。直升机的超凡能力并未用来改善指挥过程，却往往以阻碍指挥而告终。高层施压本来是为了追求精准性和确定性，但因为要求越来越多的信息而最终导致了不准确性和不确定性。美军对自己的行动不确定；他们不得不在本应把握十足的行动之后测算战果，而这通常是唯一可以精确测算的东西。

第七章　直升机与计算机

毫无疑问，造成这种混乱局面的因素部分是现代战争的本质所固有的，部分是由特定的时间和地点所决定，但还有一些是可以通过充分理解战争特点来避免的，包括过度专业化、中央集权化和部队编制不稳定等。[61]然而，本章的真正意义是，虽然通信和数据处理的最新技术手段对于所有类型的现代战争都是绝对重要的，但它们本身不足以建立有效的指挥系统，如果理解和使用不当，它们会从治病的药方变成病因。驻越美军的指挥系统开支巨大，加重了后勤负担，最终在自身的重压下崩溃。作为管理者，设计并试图运行这一系统的人与任何时期任何国家的国防机构管理者具有同样的智慧。然而，他们为达到成本效益最大化所做的努力却导致了这场战争成为历史上成本效益最低的战争之一。指挥系统的各种技术能力把其影响降到了前所未有的最低水平，但是这种能力很可能在协助指挥工作的同时，也对指挥过程造成了不利影响。事实上，研究越战期间的指挥，几乎足以对人类的理性感到绝望；我们看到了未来，但它行不通。

## 注　释

1. 例如，第二次世界大战中 P-51 "野马"（Mustang）战斗轰炸机的造价为 5 万美元，1965 年的 F-4 "鬼怪"（Phantom）战斗机造价约为 100 万美元。

349

2. 此处和后面所有数字都来自 H. Wool, *The Military Specialist* (Baltimore, 1968), chap. 3。

3. 这种尝试对复杂性的评估自然只是粗略的指导。有关组织规模、技术发展水平和复杂性之间关系的讨论，参见 R. M. Marsh and H. Mannari, "Technology and Size as Determinants of the Organizational Structure of Japanese Factories," *Administrative Science Quarterly*, 26, 1981, pp. 35–37。

4. 参见 van Creveld, *Fighting Power*, 特别是 chap. 12。

5. 关于这种不稳定性及其结果的记录，参见 R. A. Gabriel and P. L. Savage, *Crisis in Command: Mismanagement in the Army* (New York, 1978)。

6. W. C. Westmoreland, *A Soldier Reports* (Garden City, N.Y., 1976), pp. 296–297.

7. 麦克纳马拉领导下的五角大楼改组，参见 C. W. Borklund, *Men of the Pentagon* (New York, 1966), p. 215, 和 J. Raymond, *Power at the Pentagon* (New York, 1964), p. 293。

8. L. Hazlewood, J. J. Hayes, and J. R. Bronwell, "Planning for Problems in Crisis Management: An Analysis of Post 1945 Behavior in the U. S. Department of Defense," *International Studies Quarterly*, 21, 1977, pp. 75–106.

9. 参见 Gissin, "Command, Control and Communications," pp. 196–200。

10. T. M. Rienzi, *Vietnam Studies: Communications-Electronics 1962–1970* (Washington, D.C., 1972), p. 57.

第七章 直升机与计算机

11. J. H. Hay, *Vietnam Studies: Tactical and Material Innovations* (Washington, D.C., 1974), p. 82.

12. 电传打印速度被冻结在每分钟100字多年之后，20世纪60年代末引进了每分钟打字速度最高可达3000字的新设备。

13. Wool, *The Military Specialist*, p. 42.

14. 此处及后面的数据来自 Rienzi, *Communications-Electronics*, p. 159。

15. 关于五角大楼在这些年中使用的系统分析技术和假设，参见 A. Enthoven and K. Wayne Smith, *How Much Is Enough? Shaping the Defense Program, 1961–1969* (New York, 1971), 特别是 pp. 10–30 和 45–47。

16. 例子参见 G. Palmer, *The McNamara Strategy and the Vietnam War* (Westport, Ct., 1978), pp. 3–18。由技术开发人员进行平衡而非技术角度的评估，参见 S. Zuckerman, "Judgement and Control in War," *Foreign Affairs*, 40, 1962, 特别是 p. 205 ff。

17. 甚至那些在越南尝试使用该方法的人也认为是对的。J. Ewell and I. A. Hunt, *Sharpening the Combat Edge: The Use of Analysis to Reinforce Military Judgement* (Washington, D.C., 1974), p. 233 and passim. 尤厄尔说，当他从师指挥部调到陆军总部时，这种方法失去了很多用处。

18. Enthoven and Smith, *How Much Is Enough?*, pp. 270–306. 关于系统分析办公室（OSA）的角色，也可以参见 T. C. Thayer, *How to Analyze a War without Fronts: Vietnam, 1965–1972* (Washington, D.C., 1972), passim; 和 Palmer, *The McNamara Strategy*, chap. 4。

19. 参见 B. M. Jenkins, "The Unchangeable War," RAND Paper RM-6278-ARPA (Santa Monica, Cal., 1972), pp. 8–9。

20. 直到1968年5月，在无休止的内斗之后，才达成一项协议。根据该协议，海军陆战队飞机的飞行架次以30%/70%的比例分配给海军陆战队和军事援助越南司令部。

21. D. Kinnard, The War Managers (Hanover, N.H., 1977), pp. 59–63. 然而，空对地合作的标准作业程序要求陆军每天10时提交次日的详细保障请求（包括目标位置、目标类型、友军情况等）。如此长的保障周期是不可能维持的，结果导致该计划形同虚设，在最后时刻经常改变架次。

22. 参见 Westmoreland, *A Soldier Reports*, pp. 75–77; 和 G. S. Eckhardt, *Vietnam Studies: Command and Control* (Washington, D.C., 1974), pp. 61–63。

23. *The Pentagon Papers*, ed. Senator Gravel (Boston, n.d.), vol. IV, p. 395.

24. 当被问及对威斯特摩兰每月的作战计划有何感想时，一名美军指挥官回答说："我从来没有读过这些计划，它们只会让我感到困惑。"Kinnard, *The War Managers*, p. 58.

25. E. B. Ferguson, *Westmoreland: The Inevitable General* (Boston, 1968), chap. 1, 描述了他的日程安排。

26. Rienzi, *Communications-Electronics*, p. 169.

27. 例如，鼓励战斗轰炸机飞行员走最短的路线抵达目标，而不是最安全的路线。Gissin, "Command, Control, and Communications," pp. 297–300.

## 第七章 直升机与计算机

28. Westmoreland, *A Soldier Reports*, pp. 185–186.

29. D. A. Starry, *Vietnam Studies: Mounted Combat in Vietnam* (Washington, D.C., 1978), pp. 181–182.

30. Ibid.

31. *The Pentagon Papers*, vol. IV, pp. 530, 531.

32. J. A. McChristian, *Vietnam Studies: The Role of Military Intelligence, 1965–1967* (Washington, D.C., 1974), pp. 34–37.

33. Rienzi, *Communications-Electronics*, pp. 27–29.

34. J. J. Tolson, *Vietnam Studies: Airmobility* (Washington, D.C., 1973), pp. 128, 200.

35. FUSA After Action Report, Feb. 23–Sept. 5, 1945, annex 8.

36. Rienzi, *Communications-Electronics*, p. 81.

37. 所谓"信息病态"指由于结构缺陷，组织无法及时获得周围环境和自身功能的清晰图像。参见 H. L. Wilensky, *Organizational Intelligence: Knowledge and Policy in Government and Industry* (New York, 1967), 特别是 chap. 3。

38. Rienzi, *Communications-Electronics*, p. 161.

39. 自相矛盾的是，高度保密通信的扩散与战场上需要在不考虑安全的情况下自由使用无线电并存，这种情况也许最好理解为部队本能地试图克服信息的病态。

40. W. Scott Thompson and D. D. Frizzel, *The Lessons of Vietnam* (New York, 1977), pp. 179–180.

41. Tolson, *Airmobility*, pp. 165–179.

42. 华盛顿特区的戴维·托马斯博士编撰并好心地交给我。

43. 恩德培营救行动的初步计划实际上是由当时的参谋长古尔将军主动执行，甚至在他得知首相突然召见他是怎么回事之前。Y. Rabin, *Memoirs* (Tel Aviv, 1977), vol. II, pp. 525–526.

44. Clausewitz, *On War*, vol. I, pp. 95–97. "战略"一词源于希腊语 stratos，意为"军队"或"东道国"。其中的 strategos 指"将军"，strategia 指"他的职位或任期"，stratagema 指"战争的策略"。

45. 最早尝试用这样的术语来理解战争的是 J. F. C. Fuller, *Armament and History* (New York, 1945)。

46. 具有讽刺意味的是，阵亡人数最初是由军事援助越南司令部提出的，目的是说服持怀疑态度的记者，让他们相信其关于"胜利"的报告是准确的。这并没有阻止该报告成为一个非常不可靠的决策者和各种引导和误导批评的靶子。参见 Kinnard, *The War Managers*, pp. 68–75。

47. 参见 Thayer, *How to Analyze*, pp. 854–855。

48. 据说，即使到了 1968 年，美国大学里也只有大约 30 位越南问题的"专家"，其中大约仅有 12 位通晓越南语。

49. 明显的补救措施是将事件分为友军挑起的事件和敌军挑起的事件。例如，敌军发起进攻次数的下降可能意味着（当然还可能存在其他一些情况），要么太弱，无法发起攻击，要么太强大，不需要发起攻击。

50. 所有这些例子出自 Thayer, *How to Analyze*, passim。

51. Ibid., p. 722; 和 *The Pentagon Papers*, vol. IV, pp. 456–458, 468–469, 478。

52. D. R. Palmer, *Summons of the Trumpet* (San Rafael, Cal.,

## 第七章　直升机与计算机

1978), pp. 143–144; M. Mylander, *The Generals* (New York, 1974), p. 194; Kinnard, *The War Managers*, pp. 55–56; Hay, *Tactical and Material Innovations*, p. 84; Scott Thompson and Frizzel, *The Lessons of Vietnam*, pp. 176–177; Bradford and Brown, *The U.S. Army*, pp. 236–237.

53. R. Thompson, *No Exit from Vietnam* (London, 1969), p. 136.

54. 然而，从空中观看战场与从地面体验战场是两码事，许多临时指挥官应该牢记这一事实。

55. Westmoreland, *A Soldier Reports*, pp. 269–271.

56. 越南的新闻工作者在现有空间的基础上获得了免费的军事运输。

57. P. Braestrup, *Big Story: How the American Press and Television Reported and Interpreted the Crisis of Tet 1968 in Vietnam and Washington* (Boulder, Colo., 1977), vol. I, p. xxix.

58. 关于另一种指挥链的提议，参见 S. L. Canby, B. Jenkins, and R. B. Raincy, "Alternative Strategy and Force Structure in Vietnam," RAND Paper D 19073 ARPA (Santa Monica, Cal., 1969), appendix A, pp. 29–37。有人建议将营和旅的控制范围扩大到 5 个，取消师，从而使指挥结构更加灵活，减少信息负载。

59. Rienzi, *Communications-Electronics*, p. 157.

60. 浪费方面的数据，如用 75 枚炸弹和花费 40 万美元杀死 1 名敌军士兵，参见 *Life magazine*, Jan. 27, 1967, 和 the *New York Times*, Dec. 7, 1967。当然，即使在那时，也有人可能会说，许多被杀死的人根本不是敌军，而杀死他们的结果也适得其反。

355

61. 重要的是，艾布拉姆斯取代威斯特摩兰，停止大规模搜索和摧毁行动后，美军大大提高了对敌军的杀伤力，并在军械消耗方面有显著改善。参见 D. S. Blaufarb, *The Counterinsurgency Era: U.S. Doctrine and Performance* (New York, 1977), p. 254。

# 第八章
## 结语：反思指挥

*Conclusion: Reflections on Command*

从本书这些案例研究中得出的最重要的一点认识可能是：不能孤立地去理解指挥。例如，可用的数据处理技术和所用武器的性质；战术和战略；组织结构和人力制度；训练、纪律，以及人们所说的战争精神；国家的政治建设和军队的社会构成——所有这些以及更多的东西都影响着战争中的指挥，并反过来受到它的影响。

指挥与战争的其他构成因素密切相关，因此不可能存在一个或多个所谓的"主要原则"来决定其结构和运作方式。通信或数据处理技术、组织制度、程序方法，没有哪个要素能够单独保证指挥会在战争中得以成功甚至充分地实施。在过去，完全不同的指挥系统也能带来同样好的结果。相反，一个指挥系统在某个时间和地点取得了成功，并不能保证它在其他时间和地点也同样成功，即使二者的技术和其他条件都没什么根本区别。事实证明，一个指挥系统在某一级别上可能比另一级别更成功（实际上，在某一级别上的成功会抵消掉在另一级别上的失败，不管是有意还是无意为之），或者在战斗的某个阶段比在下个阶段更成功。套用腓特烈大帝评论指挥者的话说，理想的指挥系统，就像柏拉图的理想国。

更具体地说，适用于静态防御的指挥系统可能不允许——实际就是不允许——部署机动部队进行远距离快速进攻。再如，在义务兵或民兵部队中的指挥原则，如果应用于在训练、纪律和官兵关系等方面都大相径庭的正规部队，可能也发挥不了全部的效果。常规战争中的指挥思想在反暴乱行动中可能需要修改甚至完全调整，因为此时纯粹的军事因素已不如心理和政治因素那么重要。在武装冲突中，适用于后勤方面的指挥系统可能与战斗行动毫无关联，同样使准备工作顺利开展的各项原则也有可能在后期反而阻碍任务的执行。最后，在核战升级的阴影下，很有必要采取一种完全不同的方法，其主要目标不仅是确保在危急关头发挥作用，而且甚至更重要的是，从根本上防止危急关头的到来。

本书所研究的指挥系统包括组织结构、程序步骤和技术手段，而指挥本身就是该系统在运行（或假定运行）中的一段过程。为了捕捉到这一过程的实际运行情况，同时避免在研究中出现不连续或掺入主观因素，那么必须要引入数据定量分析，这包括系统的大小、方向和信息流类型等数据，但据我了解，历史上还没有哪个指挥系统的数据足以进行统计分析。此外，即使有这样的数据，它们也很可能没有捕捉到多少我们认为指挥中最重要的方面。例如，组织中非正式甚至约定俗成的内部沟通；用于区分获取的相关和不相关信息的能力，这种能力至关重要却难以准确定义；一名指挥官的心理过程，虽然确实发生在自己头脑中，但常常不为人知；发出报告或者发布命令的语气；当接到这条或那条信息时的表情或眼神——所有这些都不会被记录下来。

"系统"这个词是当今最时髦的词之一，在我们所生活的技术环境中应运而生，但事实上，所有非纯机械式系统（如自控式蒸汽机）中都至少有一部分包含人的因素，而这些人并不能等同于整个系统或这个系统的产物。因此，同一套组织结构、程序步骤和技术

## 第八章 结语：反思指挥

手段由不同的人来操作，在性质上很可能也会出现根本性区别。

最后，鉴于所有因素之间密切的相互依存关系，"指挥系统"一词本身在某种意义上是不恰当的。我们采用这种把"发出指令"的大脑和"接受指令"的躯体区分开来的二分法，其实是有意忽略一个事实，即在任何武装部队中，在任何时间和地点甚至是极短时间内，都不会出现有人员不在履行某些指挥职能的情况。反过来，一旦指挥系统自身超过一定的规模，其中就会出现有些人员必须接受指挥，而这往往是一件非常重要的任务。没有一名指挥官会把所有时间都用在计划或通信上，也没有一名列兵或其他最初级的军人时时刻刻都在服从命令。建立一个单独的类别称为"指挥系统"，把它与组成武装部队的其他成分区别开来，这才有助于真正理解其内涵。但是，这样做必须百分百地谨慎，否则容易造成曲解，反而背离了我们的初衷。

综上所述，试图对指挥的性质和职能进行概括还是充满了冒失，但这件事情又必须要做，那么在此之前，应首先对已经完成的研究再次明确界定。我把指挥看作是一个过程，它利用信息对人和事进行协调，最终完成他们的任务。至于动机的问题（动机会影响指挥，在一定程度上，动机越强，指挥越弱，反之亦然），以及个人行事的区别（这也必然会影响指挥），都被排除在外。这里的研究主要涉及常规地面战争，或者应该说是地面战争中的常规方面，回避了影响战法的非军事因素或核武器的运用。关注点在于战场上的部队，而非他们在基地时的动员、行政管理或装备情况。尽管不时受到其他因素的干扰，但对敌军事力量的作战行动始终是关注的重点。我努力把研究局限在中等程度的作战行动上，也就是介于小规模战术的低层次问题（当然也非常重要，如指挥一个四人坦克车组）和高深的上层领域（其中的政治、经济和军事事务已不分彼此）。我也很少或根本没有关注心理问题，例如，鉴于大脑和感觉器官的生物属性，信息应该如何有效地传递给指挥系统内的个人。

这样，赛场已经圈好，围绳也拉紧，摔跤手们就只能里面移动了。正如我们从一开始就采用的方法，角逐的一方代表着战争提出的挑战，而另一方则代表着指挥系统试图应对这一挑战的方式。

## 第一节　追求确定性

从柏拉图到北约（NATO），战争指挥史的核心就是对确定性的无尽追求，其内容涉及敌军部队的状态和意图，共同构成作战环境的天候、地形、放射性、化学战剂等各种因素，以及己方部队的状态、意图和行动等所有方面。2300年前古希腊指挥官兼历史学家波里比阿（Polybius）曾说："战争中每一个深思熟虑的行动，都要求开始于一个固定的时间和固定的地点，经过一段固定的时期，同时做好保密工作、明确联络信号、确定适合行动的人员和手段。显然，乐于选择并完成选择的指挥官会百战百胜，而怠于进行选择的指挥官则会毁掉所有计划。事实上，人的本性可以让一个计划最终失败于一个微不足道的错误上，但是对每一个细节都进行纠正却不足以带来成功。"[1] 为了从浩如烟海的细节里把每一点都弄清楚，就必须协调好它们两两之间的关系，才能取得令人满意的结果，这也是所有指挥系统的终极目的。无论这一目标显得多么虚无缥缈，正

第八章　结语：反思指挥

是人们不懈地追求，才在历史上推动了指挥系统的发展以及对组织结构、技术手段和程序步骤的改进。

简而言之，确定性来源于两个因素，即用于决策的信息数量和需要完成任务的性质。就像亚当·斯密关于供需调节的理论一样，这里也有"一只看不见的手"决定着这两个因素之间的关系。在其他条件相同的情况下，要执行的任务越艰巨越复杂，要求的信息也就越多。反之，在信息不足（或不能及时获取，或过于庞杂，或内容错误，所有这些都可以定量计算）的情况下，任务的完成情况也自然随之降低。因此，指挥的历史可以看作是一场竞赛，一方是对信息的需求，另一方是指挥系统满足这个需求的能力。这场竞赛是永恒持续的，它存在于每一个军事（实际上也包括非军事）组织内，不论级别，不分时间。

如上文所述，指挥系统已取得了巨大的发展，从古代酋长的独自思考演变成由千万专业人才组成的现代参谋制度，由树皮草纸进化为数字计算机，那么可以说指挥系统赢得了竞赛吗？尽管最近有很多关于自动化或电子化战场的时髦言论和文章，其中还描绘了一种"一切皆可见，可见即命中"的美妙蓝图，但在我看来，前面问题的答案百分之百是否定的。从整体上看，尽管当今的军事力量有一大批令人印象深刻的电子设备可供使用，却没有任何证据表明他们比 100 年甚至 1000 年前的前辈们更有能力处理指挥过程中所需的信息。尽管现代技术手段无疑使现代指挥系统能够比以往更快更多地传输和处理信息，并不用考虑距离、运动或天气等因素，但是它们达成确定性的能力并没有显著提高。在过去，组织结构、技术手段和程序步骤等方面出现了若干次变革，但是每次都没有实现这

363

一目标，那么在可预见的将来，实现这一目标的希望似乎也不大。克劳塞维茨有句名言："战争中得到的情报，很大一部分是互相矛盾的，更多的是假的，绝大部分是相当不确实的。"当时的环境还非常简单，但是放在今天仍然正确。[2] 要是因为在计算机或远程控制传感器等领域出现了一些非凡的技术进步，就相信未来的战争将会变得更透明，并因此更加容易进行理性计算，这完全是一种错觉。

为什么现在的指挥系统已经如此复杂，相比起它们的前辈们来说，却仍然不能带来更大的确定性？第一个原因在于战争的本质。克劳塞维茨也曾指出，战争释放出了一些人类已知的最强大的情感，包括恐惧、愤怒、报复和仇恨。更不用说人类思维在处理信息的过程中还存在太多种曲解信息的方式。因此，在对确定性的追求中，不能过于指望人类能够在全部甚至大部分时间里都保持理性。[3]

其次，战争是由两种相互对立的独立意志组成——只有一种意志的地方不可能有战争，只有屠杀。虽然对立的每一方都在某种程度上受限于他所用手段和所处环境的性质，但无论是手段还是环境都没有把人局限到无法自由行动的地步。既然双方都是自由的，而且可能都愿意尽最大能力去欺诈对方，因此他们之间的斗争在很大程度上是无法预料的。由此可知，完全获得确定性也是不可能的。

比这些思考更重要的是——毕竟只要人与战争仍然存在，这些考虑就持续有效——在追求确定性中所面临的逻辑障碍。为了获得确定性，我们首先必须拥有所有相关的信息。然而，获取的信息越多，处理信息所需的时间就越长，在相关和不相关、重要和不重要、可靠和不可靠、真实和不真实信息之间无法区分的风险就越大。[4] 除了具有拿破仑所说的"卓越的理解力"之外，似乎没有什

## 第八章 结语：反思指挥

么办法可以走出这种适得其反的困境——当然，这种理解力虽是建立在训练和实践的基础上，但最终来看，对直觉判断的依赖并不少于理性计算。

鉴于这些实际障碍和逻辑困难，从任何角度上来看，追求确定性的代价十分高昂，这并不奇怪。在大约公元 1800 年以前，这一代价一直被控制在一定范围内，因为当时信息非常少，特别是远方信息稀缺，一个人就可以处理。然而从那之后，军队及其通信工具日益复杂，由此导致必须处理的信息数量产生了飞跃式的增长。为了应对这种"信息洪流"，参谋人员、程序步骤、机器设备也都开始成几何级数增加。在参谋制度的发展过程中，参谋内部各部分之间以及参谋整体与部队之间的协调问题变得日益复杂。随着新程序或新术语的采用，非正式通信、信息冗余和灵活性都会相应减少，但这些方面在产生新观点方面至关重要，反而抵消了在可靠性和精确性方面的提高。随着机器数量的增加，为了促进自动化的实现，程序必须进行更加严格地定义，同时研究、开发、操作和维护的费用也在急速上升。这一过程刚开始时相对缓慢，但在 1870 年以后，特别是 1945 年以后，逐渐开始加速。从那之后的 40 年中，在一支典型的西方军队中，"指挥人才"的比例已经上升了 5 倍。[5] 相对于整个部队来说，指挥系统费用的增长更加巨大，甚至出现了这样一个问题：假如这种趋势持续到下一代，那么届时他们还会留有什么东西？换句话说，对确定性的追求，只有到了没有什么可以确定的时候，才在逻辑上有结束的可能。

总而言之，自公元前 500 年以来发生的许多次组织变革，以及自 1850 年前后出现的技术进步，都没有显著改变或减少任何指挥系统所面临的核心问题，即如何应对不确定性。从旗语到观测气球，类似的进步常常误导同时代的人，让他们认为这一问题会得到解决，或至少会减少，但希望最终都化为了泡影。

## 第二节　指挥的本质

变通一下克劳塞维茨那句关于战略的名言，最好的指挥体系永远是由一位天才在负责，首先是整体上的，其次是在关键点上。然而，无论在理论上描述得多么好，这一建议在实践中却没有多大用处。问题的关键在于，军事（和非军事）组织既无法稳定地培养天才，也不能确定什么是关键点，一旦有了人才，也不知如何处置。

不确定性是所有指挥系统都必须面对的核心事实，它对于确定指挥的结构方面起着决定性的作用，而且在大多数情况下都是如此。[6] 一般来说，在特定情况下，人的因素相对于技术因素越重要，并且敌人的行动对战事的影响越大，那么不确定性就越大。这些因素相互作用的各种方式，造成了在古代和现代指挥系统中无穷无尽的多样性；例如，它解释了为什么面向职能（如后勤）的指挥系统往往比面向结果（如作战）指挥系统更加机械化且更容易集权，以及为什么成功完成组建军事单位的指挥系统在单位运行期间可能并不适合甚至还有害处。换句话说，至关重要的是，任何指挥系统的结构和运作方式都必须适应于当前任务执行中的不确定性的程度。

任务的性质并不是决定执行所需信息量的唯一因素，同样重要的还包括组织本身的结构。

# 第八章 结语：反思指挥

一个组织对下属部门划分得越多越细化，相互重叠的指挥层级越多，决策的最低层级要求越高，个体成员越专业化，那么组织内部需要处理的信息数量也就越多。换句话说，不确定性并不仅仅取决于所要执行任务的性质，它同样也可能是组织本身变革的一项职能。

当面对一项任务时，如果可用信息少于执行该任务所需的信息，一个组织可能会做出两种反应：一是提高其信息处理的能力；二是对组织甚至是任务进行设计，使之能够适合在较少信息的基础上执行。这已经概括的很全面，无需思考其他方法。不采用其中一种的话，将必然降低任务执行水平。

反之，如果要提高任务执行水平，同样可以选择这两个方法。因为任务执行水平的提高与信息需求的增加相关联，所以可以提高组织的信息处理能力，或者重组组织，使其在能力简化时也能顺利运行。前一个方法将极大地拓展通信渠道（纵向、横向或二者兼有），并提高中央指挥机构的规模和复杂性；至于后一个方法，可以选择大幅简化组织，使其能用较少的信息运行（如古希腊方阵或腓特烈大帝像机器人一样的武士），也可以选择把任务进一步细化，再组建能够半独立地分别处理细节部分的各种单位。本书的核心观点是，通过研究历史上发生的每一次变化和每一个技术发展阶段，上述前两个办法有着明显不足，有可能会弄巧成拙，而第三个办法虽然也可能存在进一步变数，但在几乎所有情况下都优于前二者。

第三种办法的优势，自库诺斯克法莱会战［Cynoscephalae，公元前197年，一位不知姓名的罗马护民官带领十个支队，从后方袭击腓力国王（King Philip）的方阵，最终削弱了马其顿王国的统治］

就已得到证明，不过这对指挥系统的组织结构及其运行方式有什么影响呢？我试着从本书研究的历史经验中归纳出五个相互影响的要求：（1）要求尽可能确定最低决策层级，并在军事结构的最基层实现行动自由；（2）要求建立一种组织结构，在较低层级上组建独立自主的单位，从而降低决策门槛；（3）要求有一个上传下达通畅的定期报告与信息传递系统；（4）总部要积极搜集信息，定期补充到由下级单位报来的信息中；（5）要求在组织内维持一个非正式（当然也包括正式）的沟通网络。

从历史上讲，那些没有把军队变成机器的军队是最成功的，他们没有试图自上到下控制一切事务，并且允许下级指挥官有相当大的自由，这样的例子不胜枚举。例如，罗马的百人队和支队；拿破仑的元帅们；毛奇的集团军指挥官；鲁登道夫的风暴突击队；加维什（Gavish）在1967年的师长们——所有这些都是在各自的技术发展阶段，一些最成功的军队在运行方面的范例。德军认识到，确定性既是信息又是时间的产物，因此他们愿意用较少的信息来节省更多的时间；其上级指挥部倾向于提出最低目标而不是最高目标；下级指挥官们则被赋予更多的自由，可以根据现场情况来自行选择目标，从而减少了所需的数据处理数量；上级司令部会有意克制越级发号施令——所有这些都遵循了沙恩霍斯特和毛奇的传统，在德军所谓的"任务式战术（Auftragstaktik[①]）"，即以任务为导向的指挥系

---

[①] 德语的 Auftragstaktik，是由"任务"（Auftrag）和"战术"（Taktik）构成的组合词，其基本含义是，上级通过简洁的命令向下级明确任务和意图，不规定完成任务的具体方法，赋予下级最大限度的决策自主权和行动自由权。英语中对应的术语是 mission command，通常译为"任务式指挥"。——编者注

## 第八章 结语：反思指挥

统中，是不可或缺的要素。在这一切的背后是有一个认识，由于战争涉及巨大的不确定性，在其中出现大量混乱和浪费是不可避免的，而这种混乱并非与结果相抵触，甚至可能是产生结果的某个前提。

然而，仅仅赋予下级指挥官广泛的自由权后就要求他们发挥主观能动性，这还远远不够。为此，必须首先对他们进行适当的培训，然后提供正确的组织手段。罗马军团中的大队和支队，就像拿破仑的"军"和鲁登道夫在1918年组建的风暴突击队，在战术和指挥系统方面，都是充满凝聚力、独立自主的单位。这种凝聚力的获得，通常是首先仔细遴选士兵和指挥官，然后让他们在一起长时间共同训练，甚至不惜牺牲整体的灵活性；而这种独立自主，在对内和对上两方面降低了对通信和信息处理的需求，并且确保如果发生错误也能将其控制在一定的范围内。此外，下级单位的独立自主还有助于简化作战计划，因为它减少了必须花在全面协调上的时间和精力。要最大限度地提高成本效益，对有限的资源实行中央控制算是一种方法，而通过消除下级单位对计划、协调和内部通信的大多数需求从而优化配置这些资源，也不失为另一个良方。既然通信容易失联以及因此产生的不确定性是战争所固有的，因此我认为优化配置资源或许能更有效地使成本效益最大化。

为了使上级指挥部能够保持对下级指挥部的控制，就必须建立一个既能上传下达又能在下级单位间横向传送信息的日常系统，而且随着最新技术的发展，这种系统必然会变得更加复杂，那么各种形势报告、汇总、表格和信息副本就不可或缺了。然而，为了在实施过程中防止出现弊端，还必须采取几项预防措施。首先，评估报告必须遵守的一条标准是，其准确性要与"结果"放在同等重要的位置上，否则相互信任将很快荡然无存，这将动摇所有军事组织的根基。其次，向下级指挥部收取例行报告的数量和范围应仅限于最低要求，其编制方式也应基于下级指挥部本身的需要。如果下级单位要无休止地填写很多报告，但内容却与本单位毫不相干；或者，如果上级指挥部由于大意而忽视了下级的报告，并不断向下级索取他们本已发过的信息，无论哪种情况，想必下级单位都会很快感到这些报告的内容其实无关紧要。

再次，所有上述内容的一个重要先决条件是，上级单位要独立、积极地搜集信息，而不只是例行公事地支使下级。上级指挥部在需要时自己着手搜集信息，避免让下级时刻报告所有的事情，这可能会为自己和下级单位都节省大量的时间和精力。与此同时，信息在层层上报的过程中会被反复概括，而"定向望远镜"能够让指挥官不受其影响，有助于确保即时性和准确性。如果没有建立这样一个联络系统，上级指挥部就有可能会被自己的报告系统所左右，并且随着权力的下放，他们在面对下级单位逐渐演变成一种半独立状态并对决策开始讨价还价时，也会无计可施。

为了使"定向望远镜"能够发挥其应有的功能，就必须谨慎地进行设置，既不能恐吓下级指挥官，也不会受到他们的轻视。例如，选择所用的人员和技术手段，检查的频率和运行方式，该制度与检查对象之间的组织关系等——所有这些都必须仔细设计，不得影响下属的主观能动性，也不能招致怨恨或过于粉饰。如果一个联络系统不能满足所有这些要求，就有可能需要建立两个不同的联络系统，每个联络系统针对组织或其运行中的不同部分。拿破仑、毛奇、巴顿、加维什都对如何使用这种联络系统提供了经验教训，而

## 第八章 结语：反思指挥

威灵顿和蒙哥马利（建立了所谓的影子制度）对此也有贡献。黑格的军队在索姆河上的命运很好地说明了没有设置联络系统会发生什么情况，而威斯特摩兰在越南战争中则显示了使用过于强大的联络系统会怎样——毫无疑问，过于强权的原因部分在于常规的信息系统一开始就存在缺陷。

最后，为了防止整个系统像过热的发动机一样失灵，必须在正式的通信系统之外辅以一套非正式系统，起到润滑油的作用。当然，在每个大型组织中，正式的通信系统都具备标准、简洁、精确等优点，但也正是这些优点导致该系统更容易受到干扰，在传递原始意图的灵活性方面还不如那些频道不定、繁琐麻烦、精度较低的非正式系统。[7] 本书研究的多项战例都显示，在正式通信中确实存在指挥命令甚至指挥思想的受重视程度层层衰减的风险。对此，就必须重新设计，预留空间，让相互熟识的人员进行当面、坦诚的交流，而不局限于他们各自的职权范围。要实现这种交流，需要在组织架构中建立一定的稳定性和兼容性，而这必然会引起整体灵活性的降低。当超过某个限度时，甚至可能导致任人唯亲、机能退化、群体思维等问题。不过，这种交流可以简化必要的通信内容，并能提高沟通的质量。

因此，本书认为当前有些观点是错误的，如未来指挥部如何防御以电磁辐射为导引的精确制导弹药的袭击。[8] 其解决办法，如采用分散和机动的方式，让每位军官分别坐在自己车辆内通过现代技术进行联络，既费用高昂，又可能出现人员之间因连接故障或士气低落而大量交换无用数据的情况。其实以色列军队的做法就好得多，他们让所有核心军官集中到一辆车内，进行面对面交流。据说这种做法节省了大笔的开支。以军的旅级战术指挥部和美军的连部差不多规模，并且额外的优点是它们不引人注目，产生的电子信号也较小，并因此能够获得更好的保护。[9]

　　现在回到处理不确定性的两种基本方法：集权和分权。必须指出，这两种方法与其说是相互对立，不如说是相互联系。在战争中，在技术发展的任何阶段中，提高决策门槛并减少下级单位的主观能动性和独立自主性，就是在限制下级单位独立完成任务的能力，从而提高了他们所面临的直接风险；换句话说，上级单位拥有越大的确定性（如更多的预备队，更多的控制），只会给下级单位带来越少的确定性。反过来，如罗马军团、法国大军团、毛奇的集团军和鲁登道夫的风暴突击队，他们的高水准表现，最终可能要归功于上级指挥部乐于接受更多的不确定性，同时减少了下级的不确定性。因此，两种处理方法并不是把减少不确定性和接受不确定性对立起来，而是将其在不同层级之间重新分配。在第一种方法中，各部分的安全应由整体的确定性来保证，而对于第二种，情况恰恰相反。

　　需要注意的一点是，这些评论似乎适用于本书研究的所有时期，从而独立于技术发展的任何特定阶段。本书认为，它们之间的关联性在未来不会降低。只要指挥系统仍然不完善——直到没有什么可供指挥之前，它会一直处于不完善的状态——所有级别的指挥官都可以使用这两种方法来应对不确定性。如果以2500多年的历史经验为指导，第二种方法要优于第一种方法。

　　为了从不同的角度研究这个问题，本研究最重要的结论可能是，不存在一种技术决定论，能支配着如何选择应对不确定性的方法。在历史的不同时期，面对其中战争艺术所产生的各种要求，不

## 第八章 结语：反思指挥

同的军事组织虽然采用了相同的通用通信和数据处理技术，但它们从截然不同的角度来处理这个问题，就产生了截然不同的结果。无论是基于信号还是电话、信使或计算机，这些技术在性质上都没有规定应该采用哪一种解决方案。

因此，通信及信息处理技术仅仅构成了指挥环境的一部分，还远不足以确定指挥的本质。[10]虽然我们经常用这一部分来说明指挥系统的结构和职能，但这会让我们既受制于技术，又忽略了指挥的内涵。此外，由于任何技术都不可避免地存在局限性，指挥在历史上的发展进步通常并不来自一方对另一方的技术优势，而是出于正确认识这种局限性并采取相应措施的能力，如改进训练方法、完善规章制度或优化组织结构等。关键是不要将行动囿于既有技术的束缚，而要明确技术的局限，并为其所不能为。关于这一点，很久之前中国的老子曾说过：

"执大象，天下往。往而不害，安平泰。"

"三十辐共一毂，当其无，有车之用。埏埴以为器，当其无，有器之用。故有之以为利，无之以为用。"

## 注 释

1. *The Histories*, ix. 12.7–10.
2. *On War*, vol. I, p.75.

3. 参见 J. D. Steinbrunner, *The Cybernetic Theory of Decision:New Dimensions of Political Analysis* (Princeton, N.J., 1974), 特别是 pp. 327–342, 对认知因素对人脑处理信息方式的影响进行了特别深入的讨论。

4. 涉及的逻辑问题，参见 M. I. Handel, "Intelligence and Deception," *Journal of Strategic Studies*, 5, 1982, p.164。

5. 1939年至1945年，德国国防军参加第二次世界大战时所有部队仅有3%的参谋人员，而且，从严格的军事角度来看，德国国防军的战斗力不亚于历史上任何一支军队。到1975年，精英化部队在西德联邦国防军中的比例已经上升到14%。

6. 支配组织结构的不确定性观点被称为组织的权变理论。参见 J. Galbraith, *Designing Complex Organizations* (Reading, Mass., 1973), 特别是 chaps. 1 and 2。

7. 心理学家认为，创造力是将事物以新的、不可预见的方式组合在一起。相反，与正式通信系统相关的精确度是通过限制事物组合的方式和防止新事物的产生来实现的。具体分析参见 J. F. Crovitz, *Galton's Walk* (New York, 1970), 特别是 pp. 98–102。

8. 例子参见 P. Mallorie, "Command, Control, Communications," *NATO's Fifteen Nations*, Jul. 27, 1981, pp. 42–45。

9. J. R. Rowland, "Combat Readiness: Fifty Percent," *Armor*, May–June, 1982, pp. 42–43. 此外，如果这个系统与下属的独立系统相结合，那么即使总部损失了也不一定会导致灾难。

10. 有关技术决定论的详细讨论，参见 L.Winner, *Autonomous Technology* (Cambridge, Mass., 1977), 特别是 chaps. 1–3。